유라시아와 일대일로

통합, 협력, 갈등

Development of Eurasia and China's Belt and Road Initiative
Integration, Cooperation, and Conflict

이 도서의 국립중앙도서관 출판예정도서목록(CIP)은 서지정보유통지원시스템 홈페이지(http://seoji.nl.go.kr)와
국가자료종합목록 구축시스템(http://kolis-net.nl.go.kr)에서 이용하실 수 있습니다.
CIP제어번호: CIP2019050806(양장), CIP2019050807(무선)

유라시아와 일대일로
통합, 협력, 갈등

Development of Eurasia and China's Belt and Road Initiative
Integration, Cooperation, and Conflict

한양대학교 아태지역연구센터 러시아 · 유라시아 연구사업단, 김영진 엮음

한울
아카데미

차례

2부 일대일로와 유라시아 각국의 협력과 갈등

책을 펴내며

   일대일로(BRI: Belt and Road Initiative)는 중국의 시진핑(習近平) 국가주석이 제안한 유동적이고 유연한 지정학적 개발 전략이자 구상으로, 당초 이 구상과 관련된 지역은 세계 GDP의 약 32%, 세계 상품 무역의 39%, 세계 인구의 63%를 차지하며, 65개국을 포괄하는 것으로 알려졌다. 이 구상 혹은 전략은 실크로드경제벨트(Silk Road Economic Belt) 또는 21세기 해상실크로드(21st Century Maritime Silk Road)라고도 불리며, 고대의 '실크로드'를 따라 인프라를 건설하는 것 등을 목표로 하고 있다. 이 구상은 유럽과 서아시아, 중앙아시아, 남아시아, 동남아시아 등 유라시아 전체와 북아프리카와 동아프리카 등 아프리카 일부 지역에 걸친 광범위한 연결 및 협력 네트워크를 발전시키고자 한다. 2018년 들어 중국은 일대일로의 범위를 더욱 확대하려는 움직임을 보였는데, 일대일로의 범위를 북극권까지 확장하겠다는 '빙상 실크로드(Ice Silk Road)' 구상과 중남미·카리브해 국가까지 일대일로의 자연스러운 연장에 편입하겠다는 뜻을 나타냄으로써 현재 일대일로의 범위는 아시아, 아프리카, 유럽, 라틴아메리카, 남태평양을 비롯해 거의 세계 전역에 미치고 있다.

　일대일로 구상과 전략은 당초 환태평양경제동반자협정(TPP: Trans Pacific Strategic Economic Partnership)에 대항하는 경제권의 구축, 중국 내 과잉생산의 해소, 무역과 직접투자의 확대에 의한 중국 내 지역개발 등을 목적으로 한 것으로 보였지만, 시진핑 주석이 새로운 국제협력의 틀이라는 사고를 전면에 내세우면서 중국 대외 전략의 사고와 정책을 담고 있는 지정학적 개발 전략으로 발전했다. 한편, 해외에서는 2017년 후반 이후 중국의 일대일로 구상에 대한 비판이 거세지고 있다. 그 계기는 차입금 상환을 못 한 스리랑카 정부가 함반토타항의 운영권을 중국 기업에 넘겨준 것이다. '중국 채무의 함정'에 대한 경계심은 지금까지 이 구상에 협력적이던 연선국가에도 파급되었다. 일부 국가에서는 중국과의 경제협력에 적극적이던 여당이나 대통령이 선거에서 패배하고, 새로운 정권에 의해 각종 인프라 구축 프로젝트의 재검토가 이루어지기도 했다.

　그러나 이러한 재검토 움직임은 일부 사업의 정지나 규모 축소에 그쳤고, 많은 연선국가의 정부는 여전히 중국과의 경제 관계를 유지하거나 심화하려는 움직임을 보이고 있다. 무역과 직접투자, 원조 등에서 중국의 위상이 높아지는 가운데 과도한 중국 의존을 피해야 한다는 리스크 회피에 대한 추구가 강해지고는 있지만, 자국의 경제발전을 위해서는 중국과 관계 강화가 불가결하다는 생각도 뿌리 깊어 중국 의존을 전면적으로 재검토하려는 국가는 적다. 일대일로가 중국의 패권을 확립하기 위한 정책은 아닌가 하는 해외의 비판에도, 시진핑 정권은 이 구상 혹은 전략을 흔들림 없이 추진하고 있다. 그 배경에는 눈부신 경제발전을 이룩한 자국의 경험에 대한 강한 자신감이 자리 잡고 있다.

　이 책은 2013년 중국의 시진핑 국가주석이 카자흐스탄의 아스타나와 인도네시아의 자카르타에서 각각 발표한 실크로드경제벨트와 21세기 해상 실크로드로 대표되는 일대일로 구상과 전략이 유라시아의 변화와 발전에 미치는 영향과 유라시아 지역 국가의 일대일로에 대한 전략과 대응을 분석함으로써 한국의 대유라시아 정책에 시사점을 얻기 위함이다. 즉, 유라시아의 지역통합과 협력 및 연결 등에 대해 러시아와 중국은 각각 어떠한 접근방법을 취하고 있는가, 유라시아의 금융과 에너지 협력 등에 대해 중국의 일대일로는 어떤 역할을 하고 어떤 영향을 미치는가, 유라시아의 소지역 및 국가들의 경제개발과 인프라 구축에 대해 중국의 일대일로는 어떠한 긍정적·부정적 영향을 미치는가, 그리고 중국의 일대일로에 대한 각국의 정책과 대응은 어떠한 모습을 보이고 있으며, 이를 어떻게 바라보아야 할 것인가를 평가하려는 것이다. 물론 이러한 주제와 관련해 아직 확정적인 평가가 이루어질 만큼 기간이 경과했다고는 할 수 없으므로, 향후 변화와 전개에 대한 지속적인 관심이 필요할 것이라는 점을 밝힌다.

1부에 실린 다섯 편의 글은 중국의 일대일로 구상과 유라시아 지역 간의 통합·협력·갈등의 문제를 지역통합(1장), 인프라 연결 및 경제협력(2장), 러시아가 구상하는 확대유라시아와의 관계(3장), 유라시아의 금융 협력(4장), 유라시아의 에너지 협력(5장) 등 주요 이슈별로 검토한다. 즉, 유라시아 지역 내의 중요한 통합·협력·갈등의 이슈를 일대일로 구상과의 관계를 중심으로 분석하고, 이를 통해 중국의 일대일로가 유라시아의 지역통합을 비롯한 각종 이슈와 현안에 어떠한 영향을 미치고 향후 발전에 어떠한 시사점을 제공하는지 고찰한다.

1장에서 김영진은 유라시아 지역의 대표적인 비서구 지역통합 프로젝트인 유라시아경제연합(Eurasian Economic Union)과 일대일로를 비교분석 하고 이 두 지역통합 프로젝트의 경쟁과 협력, 그리고 그 잠재력과 걸림돌을

짚어본다. 필자는 러시아와 중국의 지역통합 프로젝트인 유라시아경제연합과 일대일로 구상이 모두 경제에 초점을 맞추고 있음에도, 두 프로젝트에는 상당한 차이가 있다고 주장한다. 러시아는 포스트소비에트 공간에서 배타적인 영향권을 창출하는 데 관심이 있으며, 그 목표는 러시아의 강대국 지위를 강화하는 것이다. 지역 차원에서 정치적 우위를 달성하는 것이 러시아가 주도하는 지역통합 프로젝트의 핵심 동인이다. 이에 비해 중국은 가시적인 경제적 성과에 초점을 맞추고 있으며, 영향력 형성을 위해 기능주의적인 논리를 채택했다. 중국의 정책은 무역과 투자를 위해 시장을 적극 개방함으로써 역내 다른 세력의 경제통합 프로젝트를 우회하려는 것으로 보인다. 필자는 유라시아경제연합 프로젝트의 상징적인 영향력에 초점을 맞추는 러시아의 태도와 경제에 초점을 맞추는 중국의 접근방식이 대립을 피하면서 조화를 이룰 수 있는 여지가 있다고 본다.

2장에서 김영진은 유라시아경제연합과 실크로드경제벨트 그리고 러시아와 중국의 상호작용 가능성을 검토하고, 이 두 프로젝트의 '연결' 가능성에 대한 잠재력과 장애요인을 분석하고 있다. 양측 간의 협력과 연결은 유라시아경제연합의 성공을 위한 핵심 조건일 뿐만 아니라 중국의 일대일로가 성공하기 위한 열쇠이기 때문이다. 특히 양자 간에는 인프라와 무역 관련 협력을 강화하기 위한 실질적인 필요 영역이 존재한다. 필자는 궁극적으로 유라시아경제연합과 일대일로 간의 협력이 성공하기 위한 핵심적인 요소는 낮은 수준의 협력을 유지하고 가능한 협력 분야와 범위를 확대해 나가면서 서로의 목표와 관할권을 인정하는 것이라고 주장한다. 또한 EAEU와 SREB의 연결점을 "아시아로의 회귀"라는 러시아의 대외정책 목표와 수사에서 찾을 수 있지만, 이것이 협력을 위한 충분조건이 될 수는 없다고 본다. 두 프로젝트 간의 협력을 실질적으로 진전시키기 위해서는 지정학을 강하게 내세우는 러시아의 대외정책으로부터 양측의 협력을 가능한 한 분리시킬 필요가 있다는 것이다. 이것이 달성될 수 있을지는 아직 단언하기 어렵지만, 필자는 EAEU와 SREB 간의 협력이 이루어지지 않는다면 유라시아 전역에 걸친 운송 인프라의 발전이 심각하게 제한될 수 있을 것으로 본다.

3장에서 이상준은 러시아가 확대유라시아 구상을 통해 유라시아 대륙 동서남북의 연계를 적극 추진하고 있으며, 자국의 안보에 끼치는 영향을 감안해 일대일로와의 협력을 고려할 것이라고 주장한다. 필자에 따르면, 러시아가 유라시아 대륙에서 자국의 전략적 목표를 실현하기 위해 다른 나라와 협력을 추진하고 있으며 중국의 일대일로 역시 이러한 자국의 전략에 도움이 되는지에 따라 평가할 것이라고 본다. 러시아 정부는 중국과의 협력을 통해 유라시아 내륙으로 진출하려는 서구를 견제하고 원리주의·분리주의·테러리즘의 확산을 통제할 수 있었다. 이러한 협력 요인 덕분에 중국은 미국, EU에 비해 중앙아시아 진출에서 상대적으로 큰 성과를 거둘 수 있었다는 것이다. 그러나 중국의 일대일로가 유라시아 대륙에서 러시아 전략을 방해하거나 안보 위협을 늘릴 경우에 대비해, 러시아는 EAEU의 제도화를 추진하고 아시아·태평양지역 진출을 더욱 촉진하며 동시에 유라시아 내륙 국가들에 대한 영향력을 확보할 수 있는 다양한 수단들을 모색하고 있다. 저자는 러시아의 확대유라시아 구상이 서구의 정치적 압력으로부터 벗어날 수 있는 기회를 제공하지만, 중국의 일대일로와 대규모 협력을 추진하는 데 걸림돌이 될 수 있는 구조적인 제약이 쉽게 해소되지는 않을 것이라고 주장한다.

4장에서 강명구는 유라시아 지역의 일대일로와 인프라 현황, 중국 및 유라시아 각국의 인프라 건설을 위한 노력, 일대일로의 한계 등을 분석함으로써 유라시아 지역의 인프라 건설을 위한 금융협력 방안과 관련 인프라 건설에 대한 한국의 참여 방안을 모색한다. 유라시아 지역은 지리적으로 교통과 물류의 중심지임에도 인프라 관련 지수는 전 세계와 비교해 볼 때 낮은 수준이어서, 유라시아 각국은 중국과 국제 금융기관의 금융지원으로 인프라를 건설하고 있다. 중국은 일대일로를 위해 아시아인프라투자은행(AIIB: Asian Infrastructure Investment Bank)을 설립했으며, 국책 금융기관과 실크로드펀드 등을 통해 유라시아 지역의 인프라 건설에 참여하고 있다. 유라시아 지역 국가들은 자체적인 인프라 펀드 조성과 국제 금융기관들의 금융지원을 통해 인프라를 건설하고 있다. 저자는 한국이 유라시아 지역 인프라 건설에 참여하기 위해서는 한국 금융기관이 다자개발은행(MDB: Multilateral Development Bank)과 공동으로 투·융자 플랫폼을 조성하고 중국의 실크로드펀드와 같은 전문 펀드를 조성해 유라시아 지역의 인프라 개발에 자금을 지원할 수 있는 기반을 마련해야 한다고 주장한다.

5장에서 조정원은 중국의 일대일로와 유라시아 에너지 협력 및 전력망 연계 시도의 현황과 문제점을 분석하고, 향후 지속적인 성과 창출 조건을 고찰한다. 2017년 5월 중국이 일대일로와 대외 에너지 협력의 연계를 추진하면서, 중국과 중앙아시아 에너지 수출국 간의 협력은 중앙아시아 국가들의 관련 정책, 경제발전 단계와 국내 수요에 초점을 맞춰 진행되고 있다. 중국은 중앙아시아에서 국민소득 수준과 산업발전 단계가 가장 높은 카자흐스탄과 함께 석유화학산업 기반 구축, 태양광발전소와 풍력발전소 건설, 전기자동차 생산과 판매를 진행하고 있다. 국민소득 수준이 낮고 수력발전과 석탄 선호도가 높은 우즈베키스탄과는 중소형 수력발전소 건설 및 탄광 현대화 사업을 추진하고 있다. 국내 산업기반과 전문인력이 빈약한 투르크메니스탄과는 중앙아시아-중국 가스관 4기 공사를 통해 투르크메니스탄 천연가스의 수입량 증대를 준비하고 있다. 그러나 중앙아시아 국가들의 자본과 기술, 전문인력 부족과 정책 지원체계 미비, 신재생에너지 보급의 어려움, 중앙아시아 국내 전력망의 노후화 등은 일대일로와 유라시아 에너지 협력의 유기적인 연계와 성과 창출에 장애요인으로 작용하고 있다. 중앙아시아 국가들은 자력으로 에너지 협력의 장애요인을 제거하기 어렵다. 그러므로 필자는 중국의 중앙아시아 국가들에 대한 자본과 기술, 인력의 지속적 지원 여부가 일대일로와 유라시아 에너지 협력의 성패를 좌우할 것이라고 주장한다.

2부에 실린 다섯 편의 글은 중국의 일대일로와 유라시아 내의 각 지역과 국가들 간의 협력과 갈등 문제를 다룬다. 동북3성과 극동 지역의 중·러 협력(6장), 중앙아시아의 인프라 개발(7장), 동남아시아의 항만 네트워크(8장), 서아시아의 중·파 경제회랑(9장), 터키와 아제르바이잔 경제회랑(10장) 등 지역과 국가들에 중국의 일대일로가 어떠한 영향을 미치는지 분석해 의미를 파악하고, 그 긍정적 또는 부정적 시사점을 살펴본다.

6장에서 변현섭은 중국 동북3성과 러시아 극동 지역에서 이루어지고 있는 중국과 러시아의 교통물류 협력 정책을 분석하고 있다. 중·몽·러 교통회랑과 중국 동북3성의 참여 계획, 러시아 프리모리예-1, 프리모리예-2 프로젝트 계획과 경제효과 등을 상세히 분석하고, 중·러 간 교통물류 협력의 최근 동향을 구체적인 사례를 통해 분석하고 있다. 필자는 이를 통해 문재인 정부가 추진하고 있는 신북방정책이 어떠한 의미를 담고 있는지 고찰했다. 그 결과, 동북3성과 중국·몽골·러시아 경제회랑, 프리모리예 프로젝트 간의 연계 문제가 결국 한국의 신북방정책 추진과 동아시아 철도 공동체의 긴요한 교통축이라는 점에서 중요한 의미가 있다는 사실과 이를 활용하기 위한 전략 및 고려 사항을 제시했다. 즉 중국은 동북 진흥 전략과 일대일로를, 러시아는 신동방정책을 한국의 신북방정책과 연결시키려는 의지가 강하다는 점을 적극 활용할 필요가 있으며, 또한 한국 정부는 신북방정책-일대일로-신동방정책 구상 간 연계를 통해 인프라·건설업 진출 확대, 신흥시장 진출을 위한 교두보 확보뿐만 아니라 중국 및 러시아와 정책적 대화를 지속할 수 있는 기반을 마련해야 한다고 주장한다.

7장에서 윤성학은 중국의 일대일로에 대응하는 중앙아시아 국가들의 반응과 정책을 고찰하고, 중국식 해외 인프라 투자 모델을 비판적으로 분석한다. 저자에 따르면 중앙아시아 국가들은 일대일로를 기회이자 새로운 도전으로 생각한다. 중국은 2008년 세계 금융위기 이후 중앙아시아 국가들의 최대 교역 대상국이 되었다. 중국은 주로 제조품을 수출하고 중앙아시아 국가들은 대개 자원을 수출하는데, 중국이 중앙아시아에 관심을 기울이는 중요한 이유는 막대한 에너지 자원 매장량 때문이다. 중국은 중앙아시아에서 일대일로를 추진하기 위해 2014년 자본금 615억 2500만 위안 규모의 실크로드기금(Silkroad Fund)을 설립하고 '신유라시아 대륙교량(국제철도)'과 '중국-중앙아시아-서아시아 에너지 회랑(석유·가스 수송관)'을 건설 중이다. 중앙아시아 국가들은 나라마다 일대일로에 대한 시각 차이가 있지만, 갈수록 일대일로에 대해 부정적인 태도를 취하고 있다. 특히 중국식 인프라 투자 모델로 인해 결국 중국 기업만 혜택을 받고 주요 자원을 약탈당한 지역의 주민은 여전히 실업에 시달리는 데다, 중국발 부채 규모가 갈수록 늘어나고 있기 때문이다. 저자는 중앙아시아 국가들이 역사적으로 중국을 러시아 못지않은 대외 불안 요인으로 간주해 왔고, 중화제국과 중앙아시아 유목민 간의 종족 대결은 오래전에 사라졌지만, 일대일로가 또다시 중국의 영향력에 대한 우려를 불러일으키고 있다고 본다.

8장에서 민귀식은 일대일로에서 경제적 가치가 더 큰 중국의 해상실크로드 전략을 살펴보고, 이에 대한 동남아와 서아시아 각국의 반응을 분석한다. 일대일로는 중국의 발전 전략에 따라 그 개념이 확장되고 있다. 즉, 일대일로의 대상 범위가 아메리카 노선과 북극 노선으로까지 확대되고 있는 것이다. 하지만 여전히 가장 중요한 곳은 아시아라고 하면서 이 지역을 집중적으로 살펴본다. 왜냐하면 중국의 발전 전략에서 이 지역은 경제성장 속도뿐만 아니라 군사안보 측면에서도 중국의 미래를 좌우할 전략적 핵심지역이기 때문이다. 특히 미국과 일본의 '인도-태평양 전략'과 부딪치는 동남아 해역은 중국 부상의 성공 여부를 결정할 만한 지역으로 떠오른 지 오래다. 그래서 이 지역 국가들이 중국과 미국 사이에서 어떤 결정을 내리는가는 세계적인 관심사가 되고 있다. 저자는 일대일로가 중국의 의지와 역량을 가늠하는 시험대이기도 하지만, 여기에 편승하는 동시에 중국을 견제하려는 주변국의 전략이 종횡으로 교차하는, 협력과 갈등의 연속 과정일 수밖에 없다고 주장한다. 그런 가운데 항구를 중심으로 한 중국의 진출 전략과, 강대국을 활용해 이를 견제하려는 국가들의 대응 전략을 분석한다.

9장에서 강봉구는 중·파 경제회랑 사업이 어떤 정치경제적·국제적 맥락에서 진행되며, 중국·인도·파키스탄 관계에 어떤 영향을 미칠 것인지 논구한다. 중국과 파키스탄의 양자 관계에서 중·파 경제회랑의 핵심적 의미는 장기간 유지되어 온 정치·외교·군사적 관계에 전면적 경제협력을 더해 다면적인 '전략적협력동반자관계'로 전환되었다는 점이다. 이러한 변화는 양자관계의 안정성과 지속성을 확보하는 데 큰 도움이 될 것으로 전망된다. 필자는 인도양과 남아시아 지역에서 중·파 경제회랑 사업으로 더 심화될 중국과 파키스탄의 전략적 동반자관계와 미국, 인도, 일본이 주도하는 인도-태평양 전략 간의 경합과 대립이 반드시 중국·인도 관계의 냉각과 정치군사적 긴장으로 귀결되는 않을 것이라고 주장한다. 먼저, 중국과 인도 간에는 위협 인식의 비대칭성이 존재하기 때문에 적대국 간의 '안보딜레마'가 자동으로 가동될 가능성이 낮다. 다음으로, 인도는 중국 견제를 위한 전선국가 역할을 거부할 것이며, 미국과 일본의 구상에 따라 인도의 전략적 독자성을 포기할 의도가 없기 때문이다. 저자는 중·파 경제회랑 사업이 중국, 인도, 파키스탄 삼자관계에 미칠 영향은 단선적이기보다는 복합성, 다면성, 다층성을 보일 것이라고 전망한다.

10장에서 박지원은 터키와 아제르바이잔이 구상하는 일대일로상에서의 경제회랑 연계 계획 및 전략을 분석하고 있다. 양국은 유라시아 지역에서 중국의 일대일로 구상을 자국의 경제회랑 건설과 연계해 활용하려는 전략을 추진하고 있다. 아제르바이잔의 경우, 이미 완공된 바쿠-트빌리시-카르스(BTK: Baku-Tbilisi-Kars) 철도와 현재 건설 중인 국제남북교통회랑(INSTC: International North–South Transport Corridor)의 일부로서 러시아와 이란을 연결하는 운송로가 완성되면, 바쿠를 중심으로 일대일로를 활용한 물류 허브화 기능이 활성화되리라고 기대한다. 다만 단순한 물류 중개 기능뿐 아니라 바쿠 인근 지역의 제조업 시설과 연계하여 기능을 더 다양화해야 다른 중앙아시아 국가들과 다른 차별성과 경쟁력을 갖출 수 있을 것이다. 터키의 경제회랑 연결 전략은 일대일로상 중국의 중앙아시아 물류 활성화 기능을 역으로 활용해, 자국의 중앙아시아 시장에 대한 접근성을 개선하려는 것이다. 전통적으로 중앙아시아 국가에 대해 강한 유대감을 가지고 있는 터키로서는 중국-중앙아시아-카프카스 지역의 물류 활성화를 통해 자국 기업의 중앙아시아 시장 진출 확대와 수출 증대를 기대하고 있다. 또한 터키는 중국이 중앙아시아와 서아시아를 연결하는 에너지 운송로 경제회랑 건설을 일대일로에서 추진하는 데 발맞춰, 수송관 건설 등 에너지 운송과 개발에 협력하고자 한다.

이 책은 한양대학교 아태지역연구센터가 HK+ 연구사업의 일환으로 추진하는 도서 발간 작업에 따른 성과물이다. 연구사업단이 지난 10년간 3단계에 걸쳐 진행한 HK 연구사업의 유라시아 관련 성과를 30여 권의 단행본으로 발간한 바 있다. 새로 진행하고 있는 HK+ 연구사업의 1년차 성과물인 이 책은, 중국의 일대일로와 관련된 유라시아 지역의 변화와 발전에 초점을 맞춘 연구 성과를 모은 것이다.

이 책의 저자들은 집필자 회의와 학술회의, 최종 원고 검토 회의 등을 거쳤으며, 글의 완성도를 높이기 위해 저명 학술지에 각자 게재한 후 이를 본 단행본으로 묶었다. 약 1년간 저자들이 노력한 결과로 훌륭한 단행본이 나오게 된 것을 진심으로 기쁘게 생각하며, 바쁜 시간을 할애해 참여해 준 저자들에게 감사드린다. 또한 이 책의 편집을 맡아 더욱 충실한 책이 될 수 있도록 수고해 준 한울엠플러스(주) 관계자들께도 감사드린다.

2019년 12월
집필진을 대표하여
김영진

1부

유라시아의 통합과 일대일로

$$1장$$

유라시아의 비서구 지역통합 프로젝트
유라시아경제연합과 일대일로

| 김영진 |

1. 서론

냉전 종식 후 거의 20년 동안, 많은 국가들은 경제적으로나 정치적으로 서구에 수렴되기를 원했다. 자유시장 자본주의 경제 모델은 가장 원시적인 형태를 띤 러시아에서 커다란 불평등을 야기하기도 했지만 한동안 잘 작동되는 듯 보였다. 그리고 대다수 정치 엘리트들은 민주주의의 외양을 취하거나 최소한 민주주의로의 도정에 있는 듯 보이는 것이 스스로의 이익에 부합한다고 생각했다. 그런데 2008~2009년의 금융위기와 잇따른 선진국의 경제 혼란은 냉전 이후의 국제질서를 뒤흔들었다. 서구에서도 점

---

*   이 장은 《슬라브학보》, 34권 1호(2019), 177~210쪽에 「유라시아의 비서구 지역
     통합 프로젝트: 유라시아경제연합과 일대일로」라는 제목으로 게재된 글을 수정·보
     완한 것이다.

점 더 많은 사람들이 자유주의적인 국제질서와 세계화 과정이 자신들에게 경제적 이익을 제공하는지에 대해 의문을 품었다. 또한 서구 진영의 통합 기구에 더 많은 회원국을 끌어들이려는 열의는 감퇴되었다. 이 와중에 상대적인 힘과 능력을 키운 러시아와 중국은 자국 주위로 여러 국가를 끌어들일 수 있는 입지에 서게 되었다. 양국이 경제·정치 통합의 서구적 모델에 도전할 수 있게 된 것이다(김영진, 2016a).

러시아와 중국은 스스로의 물질적 능력과 강대국을 지향하는 야심 및 정책 선택 등을 통해, 국제 정치·경제 질서를 비서구 국가가 어떻게 변화시킬 것인지에 대한 논의를 주도하는 위치에 서게 되었다. 두 국가가 국제 정치·경제 질서를 개편하려는 시도는 특히 이 국가들과 인접한 지역에서 두드러졌다. 러시아는 크림반도를 병합하고 우크라이나 분쟁을 야기했다. 중국은 남중국해에서 방대한 간척 프로그램을 수행하고 군사적 입지를 강화하면서 인근 해역에서 영토 주장을 제기했다. 또한 중국은 논란 중에 있는 센카쿠 열도를 둘러싸고 동중국해에서 일본에 대한 정치적·군사적 압력을 강화했다. 양국은 이러한 시도와는 별개로 실제적인 통합 구상을 제기하여 강압적인 조치와 균형을 맞추려 했다. 중국과 러시아는 국제협력과 지역통합이 유라시아 지역에서 어떻게 작동되어야 하는지를 보여주는 복합적인 구상을 제시했는데, 유라시아경제연합(Eurasian Economic Union, 이하 EAEU)과 일대일로(Belt and Road Initiative, 이하 BRI)[1]가 그것이다.

유라시아 대륙에는 유럽연합(European Union, 이하 EU), EAEU, BRI라는 세 가지 주요 통합 프로젝트가 전개되고 있다. EU는 가장 큰 경제 블록이

---

1 중국 정부는 당초 일대일로의 영어 약어로 OBOR(One Belt, One Road)를 사용했으나 나중에 BRI(Belt and Road Initiative)로 변경했다. 이에 따라 이 장에서는 일대일로의 영어 약어로 BRI를 사용한다.

고, EAEU는 가장 큰 면적을 포괄하며, BRI는 가장 큰 인구를 포함한다. 이 세 개의 프로젝트는 서로 다른 동기에서 출현했다. EU는 역사상 대규모 전쟁이 치러졌던 유럽에서 평화를 보존하고 유럽인을 더욱 부유하고 자유롭게 만들기 위해 경제적 상호의존성을 활용하려는 기구로 등장했다. EAEU는 군사력보다는 경제적 영향력을 이용하여 가능한 한 많은 구소련 국가들을 재조직하려는 러시아의 최근 시도이다. BRI는 중국 서부의 경제 발전을 촉진하고 육지와 바다를 통해 중국과 유럽을 연결하는 등 중국이 의도하는 다양한 목적을 위해 제안되었다. 지리적으로 세 프로젝트는 겹친다. BRI는 적용 범위가 가장 광범위하지만, 그 제도적 구조는 가장 느슨하다.

이 장에서는 러시아 주도의 EAEU와 중국의 BRI에 초점을 맞추어 두 개의 비서구 지역통합 프로젝트의 시각과 관점 및 접근 방법을 비교한다. EAEU와 BRI를 비교하는 데서 가장 큰 어려움은 이 두 프로젝트가 구상 및 목표 측면에서 근본적으로 다르다는 점이다. EAEU는 5개국(러시아, 키르기스스탄, 카자흐스탄, 벨로루시 및 아르메니아)이 체결한 지역통합 협정이다. 현재 여러 유형의 지역통합 협정이 전 세계적으로 시행되고 있지만, EAEU는 지역통합에 대한 가장 일반적인 접근법인 EU 모델(강력한 초국가적 제도와 거버넌스 중시를 수반함)에 따라 구축되고 있다. EAEU가 구소련 유라시아 국가들에 의해 시작된 이러한 유형의 첫 프로젝트는 아니지만, 회원국들이 실제로 스스로의 공약을 존중하고 직접 서명한 협정을 이행한 최초의 통합 프로젝트다. EAEU의 정책적 초점은 초국가적 제도 및 교역에 대한 공통의 규제 체제를 창출하는 데 맞춰져 있다(김영진 외, 2015).

이와 대조적으로 BRI는 지역통합 기구가 아니다. 사무국이나 다른 일반적인 거버넌스 기관(초국가적 기관)은 물론이고 분명한 회원국조차 가지고 있지 않다. BRI의 범위와 목표는 대단히 모호해서 중국 내에서도 집중적인 논란의 대상이 된다. 어떤 면에서 볼 때, BRI는 중국이 유라시아에서의 대외 경제정책 접근 방법을 설명하기 위해 선택한 용어라고 볼 수 있다. BRI는 공동 규정의 작성이나 관세 및 표준의 조화를 상정하지 않는다. 그 초점은 주로 인프라(운송, 전기, 파이프라인 등)뿐 아니라 관심 있는 참여자 간의 대화 및 협력을 위한 수많은 플랫폼을 구축하는 데 맞춰져 있다. 또한 아시아인프라투자은행(AIIB: Asia Infrastructure Investment Bank), 실크로드기금(Silk Road Fund), BRICS의 신흥개발은행(New Development Bank) 등을 필두로 공동 인프라 구축을 위한 금융기관들의 네트워크를 발전시키려는 계획을 갖고 있다(김옥준, 2015). 일반적으로 말해 APEC보다 규제적 요소가 훨씬 약하기는 하지만, BRI는 APEC의 '개방적 지역주의'와 더 유사하다.

따라서 양자가 매우 상이한 틀과 내용을 갖고 있다는 사실을 감안하면, 일견 BRI와 EAEU의 비교와 '연결'은 곤란해 보일 수도 있다. 그러나 역설적으로 두 프로젝트의 공존과 상호작용을 가능케 하는 요인을 바로 이러한 차이점, 특히 BRI 구상의 유연성에서 찾아볼 수 있다(Libman, 2016: 43~44). 이 점에서 볼 때, EAEU와 BRI 간의 관계는 동유럽에서 전개된 정치·경제적 관계와는 크게 다르다. 동유럽에서는 EAEU와 EU의 지역 프로젝트[제휴 협정(association agreements)]가 동일한 목적(예컨대 대외무역 자유화와 공통 표준 창출)을 가지고 있었기 때문에 양립하거나 공존할 수 없는 것으로 드러났다. 또한 글로벌 시대의 지역주의 혹은 지역통합은 글로벌화에 따른 경제적 도전, 안보딜레마, 불확실성과 위험에 대한 즉자적인 대응일 뿐 아니라, '글로벌화'를 향한 새로운 대응 방식이다. EAEU와 BRI는 글로벌화에 대한 상이한 대응 및 접근을 취하고 있다는 점에서는 차이를 보이지만, 서방 중심의 글로벌화에 대한 대응이라는 측면에서는 공통점을 가진다.

이에 따라 이 장에서는 양자를 비교하고 연결하려는 시도가 유의미한 평가 및 결론을 가져올 수 있다는 점을 보일 것이다.

국내에 유라시아의 지역통합이나 EAEU에 대한 논문이나 보고서는 많지는 않더라도 다소 찾아볼 수 있으며(성원용, 2015; 김영진, 2016b), 중앙아시아에 초점을 맞춰 한국과의 경제협력 방향을 모색하는 논문이나 보고서도 일부 찾아볼 수 있다(박정호 외, 2017a; 박정호 외, 2017b). 또한 일대일로(BRI)에 대한 논문이나 보고서는 더 많이 찾아볼 수 있으며 그중 다수는 한국과의 경제적 연계 및 참여 방안을 모색하고 있다(이주영, 2017; 주용식, 2015; 이승신 외, 2017). 그러나 지역통합 프로젝트로서 EAEU와 BRI의 비교·분석을 통해 협력 및 경쟁의 가능성을 분석한 논문은 찾아볼 수 없다. EAEU와 BRI를 동시에 분석한 김홍중(2017)의 논문이 있으나, 이는 주로 일대일로가 러시아에 미치는 영향과 그에 대한 러시아를 비롯한 유라시아 국가들의 인식을 검토한 것으로, 두 가지 지역통합 프로젝트를 일정한 기준에 따라 비교하고 그에 따른 연계 및 협력의 가능성을 분석한 것으로 볼 수는 없다.

이 장의 목적은 유라시아 지역의 대표적인 비서구 지역통합 프로젝트인 EAEU와 BRI를 비교·분석하여 이 두 지역통합 프로젝트의 경쟁과 협력 그리고 '연결' 가능성에 대한 잠재력과 장애를 확인하는 것이다. 이를 위해 우선 2절에서는 오늘날 유라시아 지역에서 전개되고 있는 대표적 서구식 통합모델인 EU와 비서구식 통합모델이라 할 수 있는 EAEU 및 BRI의 주요 특징을 검토한다. 3절에서는 기본적 사고와 논거에 따른 몇 가지 기준에 따라 EAEU와 BRI를 비교하고, 이에 기초하여 두 프로젝트의 지역통합에 대한 관점을 분석한다. 4절에서는 EAEU와 BRI 간의 경쟁과 연결을 둘러싼 상이한 주장 및 시각을 분석한다. EAEU와 일대일로 간의 향후 협력 가능성을 어떻게 평가할 것인지를 둘러싸고 논자들의 주장은 나뉘어 있다.

마지막으로 5절에서는 본문에서의 논의를 정리하고 이에 따른 몇 가지 결론을 제시한다.

2. 유라시아의 통합모델: EU, EAEU, BRI

1) 서구 통합모델: EU

EU는 유럽 강국들 간에 계속되어 제2차 세계대전으로 절정에 달했던, 오랜 대규모 전쟁으로 고통받은 유럽이 성공시킨 평화 프로젝트였다. EU는 회원국들에게 공동 협력을 위한 인센티브를 제공하고, 어느 국가도 다른 국가들에 대한 지배력을 가질 수 없도록 하는 강력한 규칙의 틀 내에서 경제협력을 도모했다. 2017년 3월 로마조약 체결 60주년을 맞이하면서 EU 회원국은 최초 6개국에서 28개국으로 성장했는데, 여기에는 정식 가입 과정의 각 단계에 있는 7개국이 포함된다. 그러나 2019년 이후에 영국이 탈퇴하면 EU는 회원국 하나를 잃을 것이다.

EU는 세계 최대의 단일시장으로 약 5억 1000만 명의 인구와 약 15조 유로의 GDP를 자랑한다. 이는 세 가지 통합모델 중에서 현재까지 가장 앞선 형태로서, 대부분의 회원국들에서 사용되는 단일통화와 선출된 의회를 비롯한 광범위한 제도 및 강력한 초국가적 거버넌스를 가지고 있다. 그러나 EU는 대내외의 다양한 문제들로 어려움에 시달리고 있다. 경제적으로 볼 때, 금융위기 이후 EU의 성장은 정체되고 그리스는 국가채무 불이행 상황에 빠졌다. 정치적으로 볼 때, EU는 EU 프로젝트를 중단하거나 파기하려는 각국의 대중주의 정당의 도전에 직면해 있다. 외적인 위기로 인해 대중주의자들의 세력이 강화되었다. 이들 세력은 이민자의 유입 현상을 이용하여 EU의 제도를 공격하고 회원국들을 분열시켰다.

이와 동시에, 한때 주변국들에게 개혁을 촉구하는 가장 강력한 도구였던 EU의 확대 과정이 멈췄다. 2014년 7월에 장클로드 융커(Jean-Claude Juncker) EU 집행위원장은 향후 5년간 새로운 EU 확대는 없을 것이라고 말했다. 유럽 주변 국가들의 안정과 번영 그리고 좋은 거버넌스를 창출하기 위해 만든 EU의 유럽근린정책(European Neighborhood Policy)은 거의 실패한 상태이다. 2008년에 착수한 EU의 동방파트너십(Eastern Partnership)은 "안정과 더 나은 거버넌스 및 경제발전"을 도모하기로 되어 있었다. 그러나 동방 파트너십에 속한 6개 구소련 국가 중 4개국은 유럽과 중앙아시아에서 가장 부패가 심한 10개국 중 하나다(EUR-Lex, 2008; Transparency International, 2018). EU 회원국들은 동방 파트너십에 속한 국가들이 원할지라도 EU 가입 준비를 돕는 역할을 할 것인지에 대해 끝내 합의할 수 없었다. 어쨌든 이 6개국은 EU와 러시아에 대한 태도에 따라 나뉘어 있다. 이 중 세 국가는 브뤼셀과 더욱 긴밀한 관계를 원하여 EU와 제휴 협정(association agreements)을 맺었으며, 두 국가는 EAEU 회원국이다.

2) 비서구 통합모델 1: EAEU

EAEU는 1994년 유라시아연합(Eurasian Union)에 대한 나자르바예프 카자흐스탄 대통령의 제안으로 등장했다(Kilner, 2011.10.6). 그 당시 카자흐스탄은 국제적인 연결고리가 거의 없는 신생독립국이었고 따라서 러시아의 경제·안보 세력권으로 돌아가려는 시도는 타당한 것이었다. 그 후 카자흐스탄은 석유 및 가스 부문에 대규모 외국인투자를 유치하고 세계의 모든 주요 강국과 외교관계를 구축했다. 그러나 동시에 구소련 지역에 대한 영향력을 증가시키려는 러시아의 야심도 커졌다.

최근 들어 EAEU는 러시아가 이웃 국가를 자국의 보호 아래 두기 위한 가장 정교한 제도적 수단이 되었다. 현재 EAEU 회원국은 러시아, 카자흐스탄, 벨라루스, 아르메니아, 키르기스스탄 등 5개국이다. EAEU는 지구 육지 면적의 1/7에 달하는 2000만 km²의 면적과 약 1억 8000만 명의 인구를 포괄하며, 2015년의 GDP가 약 1.6조 달러에 달했다. EAEU의 경제 규모는 EU보다 작지만 막대한 양의 석유와 가스를 (대부분 러시아와 카자흐스탄에서) 생산한다. 2014년에 EAEU는 세계 석유의 14%와 가스의 거의 20%를 생산했다(Eurasian Economic Commission, 2015).

EAEU는 느슨한 형태로나마 EU 모델을 따르고 있다. EAEU는 각 회원국 대표로 구성된 집행위원회(Eurasian Economic Commission)를 두고 있다. EU와 달리 EAEU는 모든 회원국이 강력한 행정 권한을 가지는 반면, 집행위원장의 권한은 제한적이다. 따라서 EAEU는 유럽이사회(European Council)와 같은 단일 의사결정 기관이 아니라 국가 정상 수준의 최고 이사회(Supreme Council)와 총리 수준의 정부 간 이사회(Inter-Governmental Council)를 두고 있다. 경제위원회 이사회[Council of the Economic Commission; EU의 각료회의(Council of Ministers)와 흡사]는 부총리 수준에서 회합을 가진다. 또한 민스크에 법원을 설치하고, 카자흐스탄의 금융 수도인 알마티에 유라시아 개발은행(EDB)을 설립했다. 그러나 EAEU는 의회를 두고 있지 않다. 왜냐하면 대부분의 회원국에 행정부를 견제할 수 있도록 민주적으로 선출된 의회의 전통이 없기 때문이다.

EAEU는 또한 회원국 전체에 걸쳐 '네 가지 자유'(상품·서비스·노동·자본의 자유로운 이동)를 적용하기 위해 EU를 모방하고 있다. 부문·국가별로 다른 점진적 방식이기는 하지만, EAEU 회원국들은 자국 시장을 개방하는 데 합의했다. EU와 마찬가지로 EAEU는 상품과 노동의 자유로운 이동을 촉진하는 것이 서비스와 자본의 자유로운 이동을 보장하는 것보다 훨씬 용이하다는 사실을 받아들였다. EAEU의 모든 회원국은 이미 2011년에 체결한 독립국가연합(Commonwealth of Independent States, 이하 CIS) 자유무역협정의 회원국이기 때문에 대부분의 상품무역에 관세가 부과되지 않지만 비관세장벽은 아직 남아 있다. 따라서 EAEU의 목표 중 하나는 비관세장벽을 제거하는 것이다.

노동의 자유로운 이동은 러시아와 EAEU의 빈곤한 회원국들, 특히 아르메니아와 키르기스스탄 양국에 중요하다. 러시아에서 일하는 이주노동자로부터의 송금액은 2015년 아르메니아 GDP의 9%와 키르기스스탄 GDP의 거의 20%를 차지했다. 송금의 필요성은 타지키스탄과 몰도바가 EAEU 가입에 관심을 갖는 이유를 설명해 준다. 2015년 타지키스탄 GDP의 거의 22%를 러시아로부터의 송금액이 차지했고, 몰도바의 경우 8%를 차지했다 (World Bank, 2015).

2015년 1월부터 EAEU는 건설, 엔지니어링, 농업, 도소매업, 숙박업을 포함하여 43개 서비스 부문의 무역을 자유화했지만, 그 시장개방은 부분적인 것이었다. 벨라루스와 러시아는 즉시 엔지니어링 서비스 시장을 개방했지만, 카자흐스탄은 이를 2025년까지 이행하기로 했다. 또한 각 회원국은 국내법에 기초한 제한을 두고 있다. 즉 벨라루스, 카자흐스탄, 러시아는 모두 외국인의 토지소유를 금지 또는 제한한다. 외국인은 러시아의 (민감한 방위시설이 소재한) '폐쇄도시'에서 사업체를 소유하거나 지점을 개설할 수 없다. 광고 및 시청각 서비스를 포함한 21개의 서비스 부문은 2025년까지 EAEU 내부시장을 구성하도록 예정되어 있다.

자본의 자유로운 이동을 실행하는 것은 정치적으로나 기술적으로 문제가 될 수 있다. 러시아의 경제 규모는 러시아가 EAEU 내의 가장 중요한 투자국임을 의미하는데, 2015년 EAEU 내부의 직접투자(FDI) 중 80%가 러시아에서 나왔다. 그 결과는 매우 비대칭적인 투자 패턴을 초래했는데, 벨라루스 FDI 스톡의 절반 이상이 다른 EAEU 국가(특히 러시아)에서 나온 반면 러시아의 이 수치는 0.5%에 불과하다(Валовая, 2016). EAEU의 비러시아 회원국의 경우, 자국 경제의 가장 매력적인 부분이 러시아 투자자들에게 매수될 것이며 이 투자자 중 상당수는 러시아 정부와 밀접한 관련이 있으리라는 추측을 하고 있다. 한편, 러시아와 카자흐스탄은 탄화수소 부문이 지배적인 경제구조 때문에 석유 및 가스 가격이 환율에 미치는 영향에 매우 취약하다. 2014~2015년에 러시아 루블화의 가치는 절반 이하로 하락했다. 카자흐스탄은 자국 통화인 텡게의 환율을 좀 더 안정적으로 유지하려 했지만, 그 결과는 카자흐스탄 시장에서 러시아 상품의 경쟁력을 높이는 것으로 나타났다. 결국 카자흐스탄은 환율 변동을 허용해야 했고, 이로 인해 가파른 텡게 가치하락이 발생했다(Aleksashenko, 2015).

EU와 EAEU 사이의 한 가지 중요한 차이점은 후자가 경제적 영역에 국한되어 있다는 것이다. 공동의 대외정책은 없으며 법 집행과 반(反)테러 또는 외부인의 이주에 대한 EU 차원의 대응과 같은 것도 존재하지 않는다. 러시아는 더욱 포괄적인 유라시아연합을 만들려는 야심을 갖고 있었지만, 벨라루스와 카자흐스탄은 경제적 이슈로 제한하려고 했다. 카자흐스탄은 25년 동안 성공적인 '전방위(multi-vector)' 대외정책을 펼치면서 러시아, 중국, 서방과 두루 좋은 관계를 맺어왔다. 특히 카자흐스탄은 중국이 중요 무역 상대국인 상황에서 러시아 쪽으로 지나치게 기울어지는 것을 원하지 않는다.

3) 비서구 통합모델 2: BRI

세 가지 통합 프로젝트 중에서, 중국의 BRI는 지리적 범위와 가용자원 측면에서는 제일 야심적이면서 그 제도화 수준은 가장 낮다. 심지어 그것이 하나의 프로젝트로 간주될 수 있는지에 대해서도 의문을 가질 수 있다. 중국의 시진핑 국가주석은 2013년 두 차례의 연설을 통해 이 구상의 광범한 요소를 설정했다. 하나는 카자흐스탄 아스타나의 나자르바예프 대학에서, 중국에서 중앙아시아를 거쳐 유럽에 이르는 '실크로드경제벨트'를 제안한 것이고, 또 하나는 인도네시아 자카르타에서 중국-동남아시아-남아시아-아프리카를 거쳐 유럽에 이르는 '해상실크로드(MSR)'를 제안한 것이다 (Ministry of Foreign Affairs of the People's Republic of China, 2013.9.7; ASEAN-China Center, 2013). 중국 공산당이 중국과 이웃 국가들을 연결하는 인프라에 투자한다는 아이디어를 승인한 것은 이 두 차례의 연설 이후였으며, 그때에조차 이 구상은 중국 언론에서 거의 주목을 받지 못했다(Xinhuanet, 2013). 그러나 그 후 BRI는 시진핑 집권기를 상징하는 이니셔티브가 되어서, 중국 관료들과 해외 전문가들이 수없이 많이 언급할 뿐 아니라 국제 파트너를 유치하기 위한 단골 주제가 되었다. 컨설팅 회사인 PwC의 평가에 따르면, 리투아니아에서 인도네시아에 이르는 66개국이 BRI 구상에 참여하게 되었다 (Wong et al., 2017). 이 장의 주제 범위와 관련하여 볼 때 BRI 구상의 가장 중요한 부분은 중국에서 러시아 및 다른 구소련 국가들을 거쳐 유럽에 이르는, 육상의 다중 루트인 '실크로드경제벨트'다.

중국은 외부의 잠재적인 참가자에게 BRI를 제안하면서, 이 구상의 목표와 프로젝트 참가국들이 얻을 큰 이익의 기회를 다양한 방식으로 제시한다. 시진핑은 카자흐스탄에서 행한 연설에서 BRI를 지역협력을 위한 단계적 접근 방법이라고 설명했다. 첫 번째 단계는 각국의 경제개발 전략에 대한 "정책 소통"을 강화하는 것이다. 그 다음은 도로 연결에 대한 것으로서, 태평양에서 발트해에 이르는 운송 루트를 건설하고 궁극적으로 동·서·남 아시아를 망라하는 운송 네트워크를 구축하는 것이다. 세 번째 단계는 무역·투자의 촉진이다. 네 번째는 금융 활력을 높여 중앙아시아가 세계경제에서 더욱 큰 경쟁력을 갖도록 만드는 단계이고, 다섯 번째는 상호이해를 제고하는 인적 교류의 확대이다.

BRI는 중국에 있어 중요한 지정학적 중요성을 가지고 있으며 다양한 루트를 따라 많은 국가에서 중국의 영향력을 증대시킨다. 일대일로는 사실상 그 명칭과는 달리 하나의 벨트나 하나의 길이 아니라 많은 벨트와 많은 길을 포괄한다. 긍정적인 측면에서 볼 때, 중국은 많은 당사국들이 이 구상으로부터 이익을 얻도록 보장함으로써 중국의 영향력을 기꺼이 받아들이도록 노력하고 있다. 보다 방어적인 관점에서 보면, 중국은 아시아와 유럽 사이의 어떤 경로가 차단되는 경우 그 대안적인 연결을 제공함으로써 예상되는 손실을 최소화하려고 한다. 중국 베이징대학의 왕지시(Wang, 2013)는 자신의 논문에서 이에 대한 논거를 미국의 '아시아 회귀(pivot to Asia)'에 대한 대응이라고 제시했다. 왕지시(王缉思)는 중국 서부로의 공급선이 석유와 다른 상품에 대해 개방되어 있도록 보장할 필요가 있다고 주장했다. 이 공급선은 중국의 동부 해안 도시에서 '신실크로드'를 통해 중앙아시아와 유럽을 거쳐 대서양과 지중해에 이르는 노선이다.

BRI는 또한 두 가지 면에서 중국을 위한 중요한 국내적 역할을 수행한다. 첫째, 중국에서 유럽으로의 루트를 따라 진행되는 인프라 투자는 강철 및 시멘트를 비롯한 중국 산업의 과잉생산을 흡수하고 노동력의 고용을 유지하며 그러한 상품들의 국내 소비율이 정체·감소할 때 발생하는 사회

불안을 회피할 수 있게 한다. 둘째, 서쪽을 향한 인프라 건설은 오랫동안 소수민족 폭동에 시달리고 있는 서부의 신장에 혜택을 주기 위한 것이다. 그 결과 신장은 노선의 끝에 붙어 있는 것이 아니라 유럽으로 향하는 중요한 운송 루트상에 위치하게 될 것이다. 중국은 신장의 경제가 발전하면 거기에 살고 있는 위구르 소수민족이 분리주의에서 벗어나 부를 추구하는 쪽으로 관심을 돌리게 될 것으로 기대하고 있다.

현재 BRI는 자체적인 조직 구조를 거의 가지지 않고 다수의 부처와 기관들이 BRI를 수행할 책임을 분담하도록 하고 있다(National Development and Reform Commission of the People's Republic of China, 2015.3). 중국은 BRI가 중국의 일방적인 프로젝트라는 인상을 탈피하고 더욱 국제적인 특성을 띠게 되도록 노력하고 있다. 그러나 동시에 중국은 정식 회원국을 가진 새로운 국제기구의 창설을 원치 않는다. 중국은 BRI가 미국이나 러시아 같은 국가들의 우려를 낳을 수 있다는 점을 인식하고 있다. 이 때문에 중국은 러시아와 모든 중앙아시아 국가들(투르크메니스탄은 제외)이 속해 있는 상하이협력기구(SCO)와 같은 다른 국제기구들을 활용해 왔다.

중앙아시아 국가들이 BRI 프로젝트에서 주요 투자자가 될 수는 없지만, 그중 일부가 주요 수혜자는 될 수 있다. 이 프로젝트에서 외국인 투자의 주요 수단은 아시아인프라투자은행(AIIB)이 될 것이다. 시진핑 주석은 해상실크로드(Maritime Silk Road) 창설을 제안한 인도네시아 연설에서 AIIB 설립을 제안했다. 부분적으로 이 제안은, 아시아개발은행(ADB)과 같은 전통적인 국제 금융기관들에서 영향력을 증대시키려는 중국의 노력을 미국과 일본 등이 가로막는 데 대한 불만의 표시였다(Bond, 2016). 그러나 1000억 달러의 자본금을 가진 AIIB는 또 한편으로, ADB만으로는 충족시킬 수 없는 아시아 인프라 투자에 대한 실질적 필요성을 보완하기 위해 고안된 것이기도 했다. 그래서 미국을 제외한 많은 서방 강국들이 AIIB의 회원국이 되어, 이 은행의 취지에 찬동하고 이 은행이 투자하는 프로젝트에 자금을 제공하고 있다.[2]

3. 두 개의 비서구 지역통합 프로젝트 비교

1) 기본적 사고와 논거

(1) 유라시아경제연합(EAEU)

푸틴 대통령은 2011년 말 대통령 선거 기간 동안 ≪이즈베스티야≫에 발표한 논문에서 유라시아연합에 대한 개념을 처음 제시했다(Путин, 2011). 이 아이디어는 점차 진화했는데, 그 첫 번째 전환점은 창설 멤버인 카자흐스탄과 벨라루스가 경제적 차원에 초점을 맞추고 정치 통합 계획은 포기하도록 러시아를 설득했을 때였다. 2014년 이 기구의 창설을 선언한 조약의 내용과 그 명칭인 유라시아경제연합(Eurasian Economic Union, 이하 EAEU)이 이러한 변화를 반영한 것이다. 두 번째 전환점은 러시아의 크림반도 병합과 우크라이나 전쟁 이후 러시아와 서구 간 갈등과 위기에 따른 결과로 찾아왔다. 2016년 말 푸틴 대통령은 EAEU가 '확대유라시아(Greater Eurasia)'

---

2   그러나 지금까지 AIIB는 9개 프로젝트에 투자했을 뿐이고 그중 두 개는 구소련 지역을 대상으로 했다. 하나는 아제르바이잔, 다른 하나는 타지키스탄에 투자가 이루어졌다. 400억 달러 규모의 중국 실크로드펀드는 2014년에 운용을 시작한 이후 야말반도(북극해에 위치)의 러시아 액화천연가스 프로젝트의 지분을 인수하면서도 중앙아시아와 캅카스에는 소규모 투자를 했을 뿐이다.

의 핵심이 되어야 한다는 주장을 내놓았다.

지역통합에 대한 러시아 비전의 가장 두드러진 특징은 그것이 포스트소비에트 공간과 포스트소비에트의 과거에 뿌리를 두고 있다는 점이다. 푸틴 대통령은 유라시아연합을 가장 중요한 포스트소비에트 프로젝트로 묘사했는데, 이는 창립국인 3개국뿐만 아니라 모든 구소련 국가들을 위한 역사적인 돌파구를 상징한다. 그는 소비에트의 유산이 산업·경제적인 유대일 뿐만 아니라 문명·정신적인 기반이라고 주장하면서, 유라시아연합이 소비에트의 유산을 보호하기 위한 방법이라고 언급했다(Путин, 2011). 푸틴 대통령은 이 유산이 구소련 공화국들 간의 인프라 및 생산구조에서부터 공통의 언어와 문화, 과학적 공간에 이르기까지 물질적·문화적 유대를 포괄하기 때문에 결코 경시되어서는 안 된다고 강조했다(Путин, 2011). 러시아의 논자들은 유라시아 지역의 개발 과정에서 드러난 소비에트의 업적을 유라시아 통합을 위한 근본적인 토대로 간주하고, 이러한 논법을 지지했다(Кондратьева, 2016).

러시아 지도부는 과거와 현재를 연결시키기 위해 모든 노력을 다하고 있다. 푸틴 대통령은 유라시아 통합이 이미 과거가 된 소련을 단순히 부활시키려는 시도가 아니라고 공개적으로 주장했다. 이와 반대로, 유라시아 통합의 목표는 새로운 규범과 정치·경제적 기반 위에서 정교한 현대적 통합을 이루려는 것임을 역설했다. 푸틴 대통령은 유라시아주의 사고가 소비에트 유산의 현대적인 부활이라고 주장했다(Путин, 2011). 2013년의 '대외정책개념'은 유라시아연합을 포스트소비에트 국가들의 미래를 규정짓는 통합모델로 제시했다(Министерство иностранных дел Российской Федерации, 2013).

동시에 러시아는 유라시아연합을 방어적인 조치로 설명했다. 러시아 정치인들은 유라시아연합의 결성이 세계경제의 침체에 대한 대응이며, 변화된 국제 환경에 참가국들이 적응할 수 있도록 도움을 줄 것이라고 한다. 이러한 접근 방식은 포스트소비에트 공간이 외부 세계로부터 울타리를 치고 보호되어야 한다는 러시아 지도부 내부의 뿌리 깊은 신념을 보여준다. 러시아 관측통에 따르면, 지역통합 프로젝트는 스스로의 경제 모델을 방어하는 역할뿐만 아니라 문화적 정체성을 보호하고 글로벌 경쟁의 심화에 맞서 애국적인 감정을 동원하기도 한다(Кондратьева, 2016).

이와 같은 방어적 사고는 포스트소비에트 공간이 유럽과 아시아를 연결하는 수단이 될 수 있도록 EAEU를 활용하려는 의지와도 합치된다. 당초 러시아는 EAEU를 '확대유럽(Greater Europe)'을 향한 첫걸음이자 구성요소로 여겼다. 즉 EAEU를 리스본에서 블라디보스토크에 이르는, 촘촘하고 제도화된 협력의 네트워크로 바라보았다. '확대유럽'이란 아이디어는 두 가지 기둥에 의지한 것인데, 서유럽과 중부 유럽의 EU과 러시아의 지도력하에 있는 동유럽의 유라시아연합(EAEU)이 그것이다. EAEU가 상당 정도 EU를 모델로 한 만큼, EAEU 틀 내에서 이행된 통합이 궁극적으로 두 기둥 사이의 포괄적인 협력을 위한 길을 열 것이라고 보았다(Kaczmarski, 2017).

그렇지만 러시아와 서방의 긴장이 고조됨에 따라 러시아 지도부는 유럽과의 미래 관계를 재검토하고 유라시아로 관심을 돌렸다. EAEU의 명칭에서 떠올리게 되는 유라시아주의는 러시아의 지역 질서에 대한 비전이 포스트소비에트의 경계를 초월하고 '포스트소비에트라는 기준점'을 넘어서 있음을 의미했다. 그리하여 '확대유라시아'의 개념이 '확대유럽' 개념을 대체했으며 푸틴은 EAEU를 보다 광범위한 통합 구조의 중심으로 묘사했다. 러시아는 중국·인도·이란·파키스탄과 같은 아시아 주요 강국들에게 EAEU 가입을 요청함으로써, 다소 모호하게 정의된 영역을 창설하여 긴밀한 경제협력을 추진하려고 했다(Путин, 2016). 러시아의 '대외정책개념 2016'은 아세안(ASEAN)과 상하이협력기구(이하 SCO) 및 EAEU 회원국들이 함께 참여할 공동의 포괄적인 개발 공간을 제시했다(Министерство иностранных дел Российской Федерации, 2016).

당초 러시아 지도부의 지역통합에 대한 이해는 EU의 기능을 지탱하는 원칙들에서 차용한 것처럼 보였다. EAEU는 일련의 야심적인 목표를 받아들였으며 러시아 대표들은 "통합의 보편적 원칙"을 따른다고 언급했다(Министерство иностранных дел Российской Федерации, 2016). 러시아의 구상은 상품·서비스·에너지 및 인적자본에 대한 단일시장의 확립과 경제·금융정책의 조정을 염두에 둔 것이었다. EAEU와 제삼자 간의 자유무역협정을 체결한다는 아이디어 역시 경제협력의 세계적 추세를 받아들였던 것으로 보인다. 그러나 '확대유라시아'의 개념은 서구보다는 중국의 지역통합 비전을 따른 것으로 보인다. 통합의 포용성과 유연성이 '확대유라시아'의 주요 요소로 부상했다. 러시아는 EAEU를 폐쇄된 지역적 경제블록이 아니라 다른 국가 및 지역 기구와의 협력을 위한 열린 구조로 묘사하기 시작했다(Путин, 2016). 이러한 진화는 중국 지도부의 지역통합에 대한 사고와 크게 닮아 있으며, 그것을 BRI의 틀에서 차용했을 수 있다. 따라서 '확대유라시아'는 EAEU의 약점에 대한 러시아 지도부의 인식을 보여주는 동시에 이러한 약점을 보완하려는 시도로 읽힐 수 있다.

국제 정치·경제에서 자국의 역할에 대한 러시아의 인식은 유라시아연합에 또 다른 영감을 불어넣었다. 러시아의 지도부는 오늘날의 세계질서를 새로운 다극체제의 관점에서 바라보는데, 여기서 모든 강대국 혹은 '극'은 인근 국가를 통제한다. 이러한 통제는 상징적인 힘과 물질적인 힘의 원천이다. 러시아는 유라시아연합을 성공적으로 결성함으로써 여타 참여국들에 대한 다차원적 영향력을 지속적으로 확보하게 되었으며, 이는 참여국 내의 우발적인 정치적 사건과 단기적인 정책 변화에도 불구하고 통합 과정을 유지할 수 있게 만든다(Путин, 2011). 이러한 해석은 유라시아 통합의 궁극적인 기대 목표가 단순한 경제 연합체(economic union)가 아니라 정치 연합체(political union)의 창설이라는 판단을 내리게 한다. 러시아 관측자들은 EAEU의 지정학적 차원의 중요성을 인식하는 한편, EAEU의 결성을 결속력 있는 동맹의 창설과 다극적인 국제질서의 확립을 위한 수단으로도 이해한다(Кондратьева, 2016; Лукин, 2014). 따라서 이 프로젝트는 바닥을 치고 올라온 러시아의 근본적인 변화의 한 단면으로 볼 수 있으며 러시아가 세계무대에서 주도적인 역할을 하는 국가로 복귀했다는 것을 상징한다.

(2) 일대일로(BRI)

시진핑 국가주석은 2013년 말 BRI 개념을 중국의 대외정책에 관한 정책 담론에 도입했다. 시진핑 주석은 카자흐스탄을 방문하는 동안 실크로드경제벨트를 창설할 것을 제안했으며, 이어서 인도네시아를 공식 방문했을 때 21세기 해상실크로드를 확립한다고 언명했다(Ministry of Foreign Affairs of the People's Republic of China, 2013.9.7). 전자(Belt)는 중앙아시아 국가들을 대상으로 하고, 후자(Road)는 동남아시아를 겨냥한 것이었다. 얼마 후 중국은 북쪽의 이웃 국가를 포함하는 중국-몽골-러시아 회랑뿐만 아니라 남아시아를 겨냥하여 중국-파키스탄 경제회랑과 방글라데시-중국-인도-미얀마 회랑을 추가했다. 시진핑 주석은 다소 추상적인 아이디어를 제시한 후 거기에 실질적인 내용을 채워 넣는 임무를 국가 주도의 싱크탱크와 연구기관에 부여했다. '일대일로 구상'으로 알려진 이 개념은 2014년에 점차 일관성 있는 비전으로 발전하기 시작했다. 2015년 초 중국 정부는 "실크로드경제벨트와 21세기 해상실크로드의 합동 건설에 관한 비전과 행동(Vision and actions on jointly building Silk Road economic belt and twenty-first-century maritime Silk Road)"이라는 제목의 프로그램 문서를 발표했다. 같은 해 시진핑 국가주석은 일대일로 구상을 진전시키기 위한 선도적 소그룹을 발족시켰는데, 이 그룹은 일대일로 프로젝트의 실행을 조정하는 임무를 맡았다. 국영 신화(新華)통신은 BRI와 관련하여 '공식 노선'을 명확히 하는 데 크게 기여했으며 이 주제에 대한 논평을 정기적으로 제공했다(Kaczmarski, 2017).

중국 지도자들이 행한 BRI에 대한 두 가지 논평을 놓고 보면, 이 프로젝트 뒤에 있는 지역통합과 인센티브에 대한 복잡한 인식 구조를 파악할 수 있다. 시진핑 국가주석은 일대일로를 다음과 같이 묘사했다. "(위대한 독수리) 중국의 양 날개 …… 일단 이것이 건설되면 중국이라는 독수리가 더 높이 더 멀리 날아갈 수 있다"(Min, 2015). 마찬가지의 시적인 표현을 써서 양제츠(杨洁篪) 국무위원은 "중국의 희망은 중국만의 뒷마당이 아닌 모두를 위한 정원을 건설하는 것"(Yang, 2016: 13)이라고 말했다. 이 두 인용문은 중국의 프로젝트 뒤에 있는 두 가지 근본적인 영감을 드러낸다. 즉 국제질서에서 중국의 존재감과 그 지위를 강화하려는 희망, 그리고 지역 질서를 구축함으로써 국제적 공공재를 제공하는 국가가 될 준비가 되어 있다는 자세가 그것이다.

중국은 자국의 지역 프로젝트를 "공동의 이익 공동체이자 운명공동체 그리고 책임 공동체"(National Development and Reform Commission of the People's Republic of China, 2015)와 같이 기능적 측면에서 정의했다. BRI는 정의된 영역에만 국한되는 것이 아니라 참여하고자 하는 모든 국가에 개방되어 있다. 중국 지도자들은 중국과 국제사회의 상호의존성이 증가하고 있음을 명확히 지적했다. 중국공산당(CCP) 상임위원회 위원 중 한 명인 장더장(张德江)은 중국의 정치·경제적 야심을 모든 차원에서 외부 세계에 개방해야 할 필요성과 직접적으로 연결시켰다(The Standard, 2016.5.18). 지리적 경계가 없다는 것은 중국의 주요 국제협력 프로젝트의 개방성을 의미하며, 이와 같은 중국 지도자들의 선언은 BRI 구상의 배경이 되는 중요한 영감을 드러낸다. 중국 지도부는 중국의 미래 발전에 외부 세계와의 긴밀한 협력이 필요하다고 믿는 듯하다. BRI의 도움으로 건설될 지역 질서는 중국과 다른 참가국들 사이의 상호의존성을 증대시키는 방향으로 작용할 것이다(Ефременко, 2016).

중국 지도부는 무엇보다 먼저 경제적 측면으로 지역협력을 이해한다. BRI 목표의 대부분은 경제협력의 증진을 함의하고 있다. 이 목표는 연결성 향상, 무역 장애 축소, 금융 통합 개시, 정책조정 강화 등을 통해 달성될 것이라고 한다(National Development and Reform Commission of the People's Republic of China, 2015.3). 현재까지는 이 프로젝트에서 중국과 유럽 간 운송 연결이 가장 눈에 띄는 요소이지만, 앞서 언급한 목표는 기존 경제협력 패턴의 재조정 및 중국 경제와 그것과의 더 긴밀한 조율이 BRI의 배후에 있는 주요 인센티브가 될 것임을 시사하고 있다. 이와 동시에 이 목표들은 지역통합에 대한 중국의 인식에 서구가 영향을 미쳤을 수 있음을 암시한다. 경제협력의 비전은 서구 신자유주의의 경험을 따른 것으로 보인다. 특히 시장통합, 경제정책의 조정, 개방적인 지역 경제협력 구조 창출의 필요성 등에 대해 그러하다. 이러한 광범하고 야심찬 계획은 중국의 프로젝트가 경제협력을 넘어서, 중국이 공개적으로 인정하지 않더라도 어느 정도의 경제통합을 상정하고 있음을 보여준다.

비서구 통합모델이라 할 수 있는 두 개의 통합 프로젝트를 기본적 사고와 논거에 따라 비교한 내용을 〈표 1-1〉과 같이 정리할 수 있다.

표 1-1 기본적 사고와 논거에 따른 EAEU와 BRI의 비교

프로젝트 구분	EAEU	BRI
주요 계기	• 카자흐스탄과 벨라루스의 정치통합 반대 → 명칭을 EAEU로 변경 • 크림반도 병합과 우크라이나 전쟁 → '확대유라시아(Greater Eurasia)' 개념의 등장	• 2013년 말 '실크로드경제벨트'와 '21세기 해상실크로드'를 제안 • 2014년 들어 '일대일로 구상'이 점차 일관성 있는 비전으로 발전
발전의 논거	• 소비에트의 업적을 유라시아 통합을 위한 근본적인 토대로 간주 • 소비에트 유산이 유라시아연합의 물질적·문화적 유대를 포괄한다고 강조	• 2015년 초 중국 정부는 "실크로드경제벨트와 21세기 해상실크로드의 합동 건설에 관한 비전과 행동"이라는 제목의 프로그램 문서를 발표
특징	• EAEU를 글로벌화 및 글로벌 경기침체에 대한 방어적인 조치로 설명 • EAEU를 유럽과 아시아를 연결하는 수단으로 이용 → '확대유럽(Greater Europe)'의 개념 • 우크라이나 사태를 계기로 러시아와 서방 간 긴장 고조 → '확대유라시아(Greater Eurasia)' 개념이 '확대유럽' 개념을 대체	• 중국은 자국의 지역 프로젝트를 기능주의적 측면에서 정의 • 일대일로는 참여하고자 하는 모든 국가에 개방. • 경제적 측면에서 지역협력을 이해
주요 개념	• '확대유라시아' 개념은 중국의 지역통합 비전과 유사(통합의 포용성과 유연성) • '확대유라시아'는 EAEU의 약점에 대한 러시아 지도부의 인식을 보여주는 동시에 이러한 약점을 보완하려는 시도로 파악됨	• '실크로드경제벨트'는 중앙아시아를, '21세기 해상실크로드'는 동남아시아를 타깃으로 함 • 일대일로는 하나의 Belt, 하나의 Road만을 의미하지 않음 • 신실크로드 구상: 일대일로와 동의어
세계질서에 대한 관점	• 글로벌 질서를 새로운 다극체제의 관점에서 바라봄 • EAEU 결성을 동맹의 창설과 다극적인 질서 확립을 위한 수단으로 이해	• 국제질서에서 중국의 지위 강화를 도모 • 지역 질서 구축을 통해 국제 공공재를 제공할 준비가 되어 있다는 자세를 취함

2) 지역통합에 대한 관점

(1) 유라시아경제연합(EAEU)

지역통합에 대한 러시아의 전망은 배타적이고 폐쇄적이고 방어적이다. 그것은 포스트소비에트 공간으로 한정되고, 소비에트의 역사적 유대를 강조하는 주장에 의해 제한되었다. 일반적으로 공식적인 규범에 의존한다는 것은 그 규범이 보편적으로 모든 참가국들에게 적용된다는 것을 의미하며, 다자적 의사결정 과정을 필요로 하게 된다. 그러나 국제법적 체계에서 EAEU의 착근성은 잠재적인 신규 참가국들에게 '진입 장벽'을 만들었다.

지역통합에 대한 러시아의 비전은 많은 내적모순으로 특징지어진다. 소비에트의 과거를 언급하면서, EAEU를 낡은 것과 현대적인 것을 조화시키려는 시도로 묘사한다. EAEU 내에서 협력이 어떻게 이루어져야 하는지에 대한 러시아의 비전은 명시적으로 서구의 경험을 차용하고 있다. 하지만 동시에 러시아는 유럽의 통합 프로젝트를 강하게 비판한다. 러시아 프로젝트의 폐쇄적인 성격은 '확대유럽' 및 '확대유라시아'라는 개념과 대비되는데, 이 개념들은 러시아가 포스트소비에트 경계를 넘을 의사가 있음을 나타내기 때문이다. 그러나 EAEU가 어떻게 기능해야 할지에 대한 비전은 잘 만들어져 있지만 '확대유라시아'에 대한 명확한 비전은 결여되어 있으며, 그것은 모호하고 느슨하게 정의된 개념으로만 남아 있다.

다른 강국의 존재에 대한 러시아의 태도는 지역통합에 대한 러시아의 관점을 특징짓는 또 다른 일련의 긴장을 드러낸다. EAEU의 그 제도적 구상 자체가 배타성을 내포하며 다른 강국과 타협하려는 의지를 제한한다. 또한 러시아는 EU든 중국이든 외부 주체와의 대화에서 스스로를 EAEU의 대표로 여긴다(Sakwa, 2015: 59). 이에 더해서, EAEU를 유럽과 아시아의 연결고리로 전환하려는 러시아의 의지는 다른 국가들과 일정한 형태의 조정이 불가피할 것으로 예상된다. 다수의 논자들이 러시아의 EAEU 결성을 동유럽에서는 서구의, 중앙아시아에서는 중국의 영향력을 차단하는 방법으로 해석하고 있기 때문이다. 그럼에도 불구하고 러시아는 정식 대화의 형식을 통해서든, 다른 강국의 프로젝트(특히 중국의 BRI)와 자국의 지역통합 구상과의 실제적인 '동기화'를 통해서든, 자국의 프로젝트를 합법화하고 다른 국가들의 승인을 얻기 위해 노력해 왔다.

공식적이고 보편적인 규범의 존재는 양자주의보다는 다자주의가 러시아의 지역통합 비전을 지배하고 있음을 시사한다. 또한 EAEU의 의사결정 과정이 국제법적 틀에 따라 고도의 공식성과 전문성을 갖추고 있기 때문에 그 운영을 위해서는 광범위한 전문지식이 필요하다. 게다가 EAEU의 근간을 이루는 기초 구상이 러시아에서 비롯된 것이고, 다른 회원국과의 사전협의나 협상 없이 '확대유럽'에서 '확대유라시아'로의 전환을 꾀한 것도 러시아이다. 이러한 사실들은 러시아가 보다 유연한 접근 방식을 선택할 준비가 되어 있을 뿐 아니라 언제든 '리더십'을 발휘할 의사가 있다는 것을 의미한다. 이 과정에서 러시아가 주도하는 질서는 특정 참가국들과의 관계에서 여러 가지 변화를 초래할 수 있을 것이다.

(2) 일대일로(BRI)

BRI 구상이 보여주듯이, 중국 지도부는 지역통합을 공간적인 경계를 정하는 방식으로가 아니라 기능주의적으로 이해하고 있는 것으로 보인다. 기본적으로 BRI 프로젝트는 가입하고자 하는 모든 국가에 개방되어 있다. 이 프로젝트의 영역은 특정 정치적 지역에 국한되지 않고 포스트소비에트 공간, 중앙아시아, 동남아시아, 남아시아의 경계를 초월하며 중동, 북아프리카, 유럽에까지 이른다. 신실크로드 내 협력 형태의 유연성과 통치 규범의 비공식적 성격뿐만 아니라 제도적·법적 장벽의 부재가 신규 참가국의 진입을 용이하게 한다.

그러나 지역통합에 대한 이 비전에도 내적모순이 있다. BRI는 여타 지리적 영역을 포괄하기는 하지만 아시아 이웃 국가들을 중심 대상으로 한다. BRI의 일부로 지정된 루트와 회랑의 수는 중국의 비전에 대한 주요 평가기준으로서 아시아의 중요성을 보여준다. 이 프로젝트를 AIIB 및 아시아교류신뢰구축회의(CICA)와 같은 다른 경제·안보 협력 포럼의 설립 및 촉진과 함께 고려하면, 아시아에 초점을 두고 있다는 사실은 더욱 분명해진다.

중국 지도부가 자국의 지역통합 비전을 서구 모델에 대한 대안으로서 어느 정도까지 고려하고 있는지는 불분명하다. 중국 지도부는 자신들이 막대한 이익을 얻고 있는 국제 체제에 얼마나 변화를 주거나 도전하고자 하는지에 대해 상반되는 감정을 가지고 있는 것으로 보인다. 서구 모델과 질적으로 다른 방식으로 국제질서를 재정비하려는 중국의 의지는 그 자신이 제안한 경제적 해결책과 모순된다. 후자는 특히 경제정책의 조정과 개방된 시장의 유지라는 측면에서 볼 때 서구의 선행 모델들과 아주 유사하다. 일부 논자들은 BRI를 미국 주도의 질서에 대한 문화·도덕적 대안으로 보고 있다. W. 캘러핸(W. Callahan)은 공동 운명공동체가 '아시아의 꿈'을 완수하고, 아시아 대륙에서 미국이 주도하는 국제질서의 대안으로 기능하게 될 것임을 강력히 주장했다(Callahan, 2016: 7). AIIB는 BRI의 주요 두 '불참국'인 일본과 미국이 주도하는 아시아개발은행(ADB)에 대한 직접적인 경쟁자로 여겨진다. 다른 논자들은 중국의 개념이 미국 등 경쟁국들의 그것과 대립하는 것이 아니라 오히려 기존 질서와 병존하는 질서를 창출하는 방법이라고 지적한다. I. 데니소프(I. Denisov)는 중국의 지역 질서에 대한

표 1-2 지역통합에 대한 관점에 따른 EAEU와 BRI의 비교

구분 ＼ 프로젝트	EAEU	BRI
지역통합에 대한 관점 및 강조점	• 배제·폐쇄·방어적: 포스트소비에트 공간에 국한. 소비에트의 역사적 유대 강조 • 공식적 규범에 의존	• 지역통합을 공간적인 경계를 정하는 방식이 아니라 기능주의적으로 이해
내적 모순	• 협력의 방법과 비전을 명시적으로 서구의 경험에서 차용 • 러시아 프로젝트의 폐쇄적인 성격은 '확대유럽' 및 '확대유라시아'라는 개념과 대비됨 • EAEU의 비전은 명확하지만, '확대유라시아'에 대한 비전은 불명확	• 여타 지리적 영역도 포괄하지만 아시아가 중심 대상. • 서구 모델과 다른 방식으로 국제질서를 재정비하려 하지만, 제안하는 경제적 해법은 서구의 선행 모델과 아주 유사
여타 강국에 대한 태도	• 러시아는 외부 주체와의 대화에서 스스로를 EAEU의 대표로 간주 • EAEU 결성을 동유럽에서는 서구, 중앙아시아에서는 중국의 영향력을 차단하는 방법으로 인식	• 미국 등 경쟁국과의 대립이 아니라 기존 질서와 병존하는 질서를 창출하려는 의도 • AIIB는 일본과 미국이 주도하는 아시아개발은행(ADB)의 직접적인 경쟁자
국가 간의 관계	• 공식·보편적인 규범은 다자주의가 통합의 비전을 지배하고 있음을 시사 • '확대유럽'에서 '확대유라시아'로의 전환은 보다 유연한 접근 방법을 채택할 준비가 되어 있음을 의미	• 비개입 원칙과 비헤게모니적 성격의 고수를 반복적으로 확인 • 인접 군소국은 중국의 역내 발언권 강화를 위협으로 간주, 중국의 헤게모니 우려 • 양자주의와 다자주의의 특징을 결합

비전을, 중국의 독특한 현대화의 필요성과 다가오는 서구화의 위협을 조화시키기 위한 시도로 보고 있다(Денисов, 2015: 35~44).

중국 프로젝트의 비공식적이고 유연한 성격은 '공동 운명공동체'에 속하는 국가들 사이의 발전을 조정하고자 하는 중국의 의지와 대조를 이룬다. 중국 지도부는 비개입 원칙과 비헤게모니적 성격의 고수를 반복적으로 확인해 왔다(Ministry of Foreign Affairs of the People's Republic of China, 2013.9.7). 그러나 신실크로드를 따라 광범한 협력을 성공적으로 수행하기 위해서는 보편적인 규범을 적용해야 할 필요가 있다. 정식 규칙이 없다는 사실은 오

히려 중국에 가장 강력한 특권을 부여하고 중국이 원하는 대로 지역 내 관계를 조정하는 여지를 제공할 것이다. 마지막으로, 중국의 이웃 국가들 중 군소국은 의심할 여지없이 중국의 새로운 역내 발언권 강화를 위협으로 보고, 중국의 헤게모니를 두려워하고 있다.

중국의 지역통합은 양자주의와 다자주의의 특징을 결합한 것이다. BRI는 다자협력의 형식이자 양자관계 네트워크의 우산이다. 느슨한 규범적 토대는 중국으로 하여금 유연성을 유지하고 대외정책 결정에서 양자주의적 전통을 따르도록 만든다. BRI의 다자주의적 구성요소는 외양상 매우 의례적인 형태로 남아 있을 수 있겠지만, 실질적인 협력은 양자주의적 형태를 취하면서 특정 지도자나 특정 국가와 중국 간의 관계에 크게 의존할 가능성이 있다(Kaczmarski, 2017: 1367).

EAEU와 BRI를 지역통합에 대한 관점에 따라 비교한 내용을 〈표 1-2〉와 같이 정리할 수 있다.

4. 두 지역통합 프로젝트의 경쟁과 연결

EAEU와 BRI 프로젝트로 대표되는 러시아와 중국의 지역통합 비전은 여러 가지 특징을 공유한다. 양국은 유라시아의 지역통합을 추진하는 과정에서 공히 서구의 지역통합 경험에서 차용한 양자주의와 다자주의를 결합한다. 세계질서에서 강대국 지위를 차지하려는 양국의 야심은 두 지역통합 구상을 고무하는 역할을 했다. 중국과 러시아는 둘 다 비슷한 방법으로 잠재적 참가국들을 끌어들이고, 경제적 이익을 약속하고, 과거의 이상적인 협력을 언급했다. 러시아와 중국은 자국이 국제질서에서 특별한 지위를 차지하고 있다는 것을 보여주기 위해, 그리고 국제적 개발과 평화를 위해 부여된 책임을 다하고 있음을 증명하기 위해 이 프로젝트들을 이용한다. 이와 동시에, 지역통합에 대한 양국의 비전은 공히 내적모순을 갖고 있는데, 이로 인해 실행 과정을 조화시키는 과정에서 어려움에 직면할 수도 있다(Kaczmarski, 2017: 1372~1373).

한편, 러시아와 중국의 지역통합 비전 간에는 적지 않은 차이점이 있으며 다양한 영역에서 서로 다른 관점을 취한다. 이러한 차이로 인해 양자가 모두 비서구적 방식의 지역통합 구상이라 할지라도 동일한 형태를 취하지는 않을 것이라는 전망을 가능하게 한다. 러시아와 중국의 지도부는 서로 다른 논리에 따라 지역통합을 정의한다. 러시아는 지역통합을 공간적인 틀로 인식하는 반면, 중국은 기능주의적인 측면에서 지역협력(혹은 통합)을 이해한다. 러시아 지도부는 경계가 명확한 배타적 공간을 만드는 것을 목표로 하지만, 중국 지도부는 지역 질서를 개방적이고 포용적인(유연하고 경계가 명확하지 않은) 것으로 보고 있다. 러시아의 지역통합 개념은 포스트소비에트 지역을 세계적인 영향으로부터 차단하기 위해 고안되었다. 중국에 있어 BRI는 글로벌화를 강화하는 한편 다른 강국이 폐쇄적인 지역 블록을 구축하는 것을 막는 방법이다. 동시에 중국의 이 개념은 '초강대국 미국'을 완전히 벗어나 시작된 최초의 지역 이니셔티브이다(Katzenstein, 2005). 아시아에서 시작된 기존의 지역협력 프로젝트들은 유럽의 패턴을 따르지 않을지라도 미국의 정치·안보적 보호하에서 발전했다. 그럼에도 불구하고 두 개의 비서구 지역통합의 비전은 계속 진화하고 있다. 러시아의 비전은 두드러지게 방어적이고 구소련 공화국들을 중심으로 하고 있지만, 향후 러시아는 포스트소비에트 지역을 넘어서 그 영역을 확장하기를 바란다. 중국의 비전은 명확한 경계를 설정하지는 않지만 여전히 아시아에 초점을 맞추고 있다.

중국은 자국의 지역통합 개념을 서구의 지역통합 프로젝트로부터의 '해방'으로 묘사하지만, 그 내용은 지역협력에 관한 서구 아이디어의 영향을 받고 있다(Min, 2015: 209). 러시아의 지역통합에 대한 이해는 처음에는 서구의, 나중에는 중국의 아이디어에 영향을 받았다. '확대유라시아'의 개념은 중국의 BRI에 대한 러시아의 반응으로 볼 수 있다. 그것은 기존 지역의 경계를 쉽게 뛰어넘는 개방적이고 덜 제도화된 지역통합 형태이다. 무역 활성화와 관련된 러시아의 수사는 BRI 내의 연결성(connectivity)이라는 중국의 아이디어를 따른 것으로 보인다.

러시아와 중국은 지역 질서 내에서 참가국들 간의 관계를 규율하는 문제에 대해 접근방법을 달리한다. 러시아는 법적·제도적 틀을 갖춘 보편적이고 공식적인 규범을 선택하는 반면, 중국은 BRI 우산하에서 실질적인 허브앤스포크(hub-and-spokes) 협력 모델로 이어질 수 있는 추상적이고 유연한 규범을 선호한다. 그러나 양국의 이러한 일반적인 선호와 선택에서도 구체적 사안과 상황에 따라 일정한 수정이 이루어진다. 러시아의 '확대유라시아'에 대한 사고는 공식적이고 보편적인 규범에서 벗어나는 반면, 중국의 AIIB는 공식적이고 보편적인 규범을 따르고 있다. 더욱이 러시아와 중국은 지역통합 구상을 시행할 때 발생할 수 있는 잠재적인 국내 변화에 대해 각기 다른 태도를 취하고 있다. 러시아는 특정 회원국의 국내 정치적 변동과는 상관없이 통합을 지켜내는 것이 목표임을 명시적으로 인정한다. 중국은 비개입주의 및 상이한 개발 경로에 대한 존중을 강조한다. 그러나 개발 계획과 전략을 동기화할 필요성에 대해 강조하는 것은 어느 정도의 내적 조정이 불가피함을 의미한다.

다수의 논자들은 EAEU와 BRI가 유라시아에서 서로 교차하는 것이 두

통합 프로젝트가 기본적으로 경쟁 관계에 있음을 의미한다고 주장하고, 따라서 러시아와 중국이 국경을 공유하는 이웃 국가에서뿐만 아니라 국제적으로 충돌하는 경로에 위치하고 있는 것으로 본다. G. 로즈만(G. Rozman)에 따르면, 시진핑은 2013년 9월 중앙아시아 순방 중 실크로드경제벨트를 주창하면서 풍성한 선물을 내놓았는데, 이는 EAEU를 통한 푸틴의 공세적인 정책 추진과 충돌하는 것이었다. 이러한 충돌은 중화주의(Sinocentrism)와 '러시아 중심주의(Russocentrism)'라는 국가 정체성에 관한 주제가 중요성을 갖게 되고, 이것이 양국 관계에 위협이 되고 있다는 것을 나타낸다(Rozman, 2014).

여러 논자들은 유라시아에서 BRI와 관련된 중국의 경제적·지정학적 지위의 변화가 이 지역 러시아의 지위에 영향을 미친다고 주장한다. 중앙아시아에서 추진되는 중국의 신속한 운송회랑 건설은 블라디보스토크 및 태평양의 다른 항구에서 유럽으로 가는 러시아의 대륙횡단 수송 계획에 대안을 제공하기 때문에, 중국을 러시아의 직접적인 경쟁자로 만든다는 것이다(Ларин и Матвеев, 2014: 10). 시베리아횡단철도의 동시베리아 및 극동 구간은 오랫동안 격오지로 소외되어 왔다. 또한 러시아는 자국을 우회하는 중국의 유라시아 횡단회랑 건설을 막을 방도가 별로 없었다(Ларин и Матвеев, 2014: 13~14). 마침내 러시아국영철도(Russian Railways: ОАО «РЖД»)는 중국-유럽 간 철도 연결 사업에 참여하기로 결정했는데, 중국이 시베리아 횡단철도의 서쪽 구간을 사용하는 데 따른 이익을 기대했기 때문이다.

다른 논자들은 러시아와 중국의 프로젝트를 상보적인 것으로 간주하는데, 그 논거로 인프라 프로젝트와 경제회랑 창설 사이의 상호의존성을 제시한다(Karaganov, 2015). SCO와 BRICS의 긍정적인 경험을 통해 러시아 전문가들은 중국의 확장이 일방적인 이익만 창출하지는 않을 것이고 오히려 모든 참가자들에게 공동 이익을 주리라는 희망을 갖고 있다(Vorontsov, 2015). 그리고 중국의 전문가들은 러시아의 적극적인 대화 의지가 우크라이나 위기에 따른 결과라고 생각한다(Kaczmarski, 2017: 1035).

푸틴과 시진핑은 경쟁이 초래할 잠재적 위험을 인식하고 있으며, 양국이 두 프로젝트를 조율하려는 의지를 표명한 2014년 5월의 상하이 정상회의 이후 이를 회피하기 위한 구체적인 조치를 취해오고 있다. 1년 후인 2015년 5월 러시아와 중국은 모스크바에서 열린 정상회담에서 '유라시아경제연합과 실크로드경제벨트 건설에서의 협력에 관한 공동 성명'이라는 이름으로 두 프로젝트에 관한 목적 문서를 채택했다. 양국은 상대방의 프로젝트에 대한 지지를 선언했다. 또한 중국은 EAEU와의 경제협력에 관한 협정을 체결할 준비가 되어 있다고 발표했다. 러시아와 중국은 각자의 지역적 노력을 조정하겠다는 의향을 표명하고 무역·투자 협력, 투자 활성화 및 운송 인프라 협력 등 몇 가지 우선순위를 제시했다. 양측은 또한 두 프로젝트의 조정 작업을 담당하는 실무 그룹을 결성한다고 발표했다(Путин, 2015). 러시아와 중국은 SCO를 두 프로젝트를 조정하는 핵심 플랫폼 중 하나로 인정했지만, 뒤이어 우파에서 열린 SCO 정상회담(2015년 7월)에서는 이와 관련한 더 이상의 진척을 얻지 못했다. 실무 그룹은 2015년 말에야 차관 수준의 논의를 시작했다. 현재까지 러시아와 중국 대표들은 두 프로젝트가 서로 경쟁관계에 있지 않다는 것을 계속 언명하고 있다(*China Daily*, 2015).

5. 결론

이 장에서는 EAEU와 BRI의 개념적·관념적 토대를 다루면서 러시아와 중국의 지역통합에 대한 접근방법의 차이를 분석하고 그 맥락에 따른 이해를 모색하고자 했다. EAEU와 BRI의 비교를 통해 우리는 러시아와 중국이 '지역'과 '지역통합'을, 주로 서구의 사례를 바탕으로 확립된 일반적인 정의와는 다르게 이해하고 있음을 알 수 있다. 러시아와 중국은 자국의 과제와 역할을 서로 다른 방식으로 바라본다. 두 국가가 '영향력'과 '지역 질서'에 부여하는 의미는 지역 건설 및 제도 구상의 과정에 커다란 영향을 미친다. 이러한 차이가 향후 두 지역통합 프로젝트 간의 충돌 가능성을 줄여줄 수 있다. 이와 동시에 러시아와 중국은 지역협력 및 지역통합에 대한 서구의 경험을 차용하고 있다. 결론적으로, 지역통합에 대한 양국의 이해 방식은 특수한 역사·문화적 맥락에 뿌리를 둔 내적 사고와 지역협력 및 지역 거버넌스 기구에 관한 대외적 구상 사이의 상호작용을 보여준다.

러시아와 중국의 지역통합 프로젝트인 EAEU와 BRI 구상이 모두 경제에 초점을 맞추고 있음에도 불구하고 두 프로젝트에는 상당한 실제적 차이가 있다. 러시아는 포스트소비에트 공간에서 배타적인 영향권을 형성하는 데 관심이 있으며, 목표는 러시아의 강대국 지위를 강화하는 것이다. 지역 차원에서의 정치적 우위 달성이 러시아 프로젝트의 핵심 동인이다. 이에 비해 중국은 가시적인 경제적 성과에 초점을 맞추고 있다. 중국은 영향력 형성을 위해 기능주의적인 논리를 채택했다. 중국의 정책은 무역과 투자를 위해 시장을 적극적으로 개방함으로써, 역내 다른 세력의 경제통합 프로젝트를 우회하기 위한 것으로 보인다.

두 지역통합 구상은 비서구 강국들이 서로 다른 방식으로 국제 정치·경제를 재정비하려 하고 있다는 것을 보여준다. 양국의 정책은 지배나 헤게모니 또는 영향력 영역과 같은 단일한 범주로 포섭되거나 환원될 수 없다. 러시아와 중국의 지도부가 지역질서를 구축하도록 이끄는 동기가 다양하기 때문에 정치적 또는 경제적 인센티브로 축소될 수 없다. 러시아와 중국의 지역 프로젝트는 글로벌화에 대한 두 개의 뚜렷이 다른 대응 방식을 보여준다. 러시아는 글로벌화로부터 보호막을 형성하기 위해 노력하고 있으며 중국은 글로벌화를 수용하는 방법을 모색하고 있다. 특히 '확대유라시아(Greater Eurasia)'라는 아이디어의 도입은 러시아 지도부가 EAEU의 한계를 인식하고 더 광범위한 형태의 지역협력을 모색하고 있음을 시사한다.

러시아와 중국은 양국 간에 발생할 수 있는 긴장을 인식하고 있는 것으로 보이며 이에 따른 위험을 줄이기 위한 조치를 취해왔다. 러시아는 중국이 중앙아시아와 맺은 협력관계를 막을 수 있는 입장에 있지는 않지만, 중국이 정치적 목표를 제한하고 경제적 목표에 초점을 맞추는 것은 양국 간 직접 충돌이나 공개적인 경쟁을 피하는 데 도움이 된다. 중국은 중앙아시아와의 긴밀한 경제적 유대에도 불구하고 이 지역에 대한 정치적 지배를 시도하지 않았다. 중국은 중앙아시아를 유럽으로 이어지는 통과 회랑의 일부로 삼아 러시아의 반발을 사지 않도록 프로젝트의 틀을 짰다. EAEU 회원국 간의 무역장벽이 제거됨으로써 포스트소비에트 지역과 중국 간의 무역이 활성화될 수 있지만, EAEU는 중국에 대한 어떠한 명시적 양보도 제공하지 않고 있다. 다만 EAEU 프로젝트의 상징적인 영향력에 초점을 맞추는 러시아의 입장과 경제에 초점을 맞추는 중국의 접근방식은 서로 대립하지 않으면서 조화를 이룰 수 있는 여지가 있다.

참 고 문 헌

김영진. 2016a. 「유라시아 지역통합의 동학: 유라시아 지역주의 대(對) 서구지향 지역주의」. ≪슬라브학보≫, 31권 4호, 101~135쪽.

_____. 2016b. 「지역주의와 지역화의 맥락에서 본 유라시아경제연합(EAEU) 결성의 의미」. ≪중소연구≫, 40권 1호, 311~344쪽.

김영진 외. 2015. 『유라시아경제연합: 지역통합의 현실과 전망』. 도서출판 한울.

김옥준. 2015. 「중국의 일대일로(一帶一路) 구상과 정치·경제적 함의: 실크로드경제벨트 구축을 중심으로」. ≪국제정치연구≫, 18권 1호, 289~307쪽.

김홍중. 2017. 「'유라시아경제연합'과 '일대일로'」. ≪슬라브학보≫, 32권 3호, 35~67쪽.

박정호 외. 2017a. 「중앙아 주요국의 경제발전 전략과 경협 확대방안」. ≪대외경제정책연구원 정책연구브리핑≫, 16권 19호, 1~14쪽.

_____. 2017b. 『한·유라시아경제연합(EAEU) 산업협력 증진방안』. 대외경제정책연구원.

성원용. 2015. 「유라시아경제연합공간의 해체와 재통합: EEU 출범을 바라보는 관점에 대한 분석」. ≪러시아연구≫, 25권 2호, 117~146쪽.

이승신 외. 2017. 『중국의 일대일로 전략 평가와 한국의 대응방안』. 대외경제정책연구원.

이주영. 2017. 「일대일로와 중국의 대(對)중앙아시아 통상관계 분석」. ≪한중사회과학연구≫, 43권, 55~77쪽.

주용식. 2015. 「중국 '일대일로(一帶一路)'에 대한 전망 분석」. ≪국제정치연구≫, 18권 2호, 169~190쪽.

Aleksashenko, S. 2015. *Kazakhstan Floats The Tenge: Nothing personal, just business*. Center on Global Interests.

Bond, Ian. 2016. "Russia and China: Partners of choice and necessity?" *CER report*.

Callahan, William A. 2016. "China's 'Asia Dream': the Belt Road Initiative and the new regional order." *Asian Journal of Comparative Politics,* Vol.1, No.3, pp.1~18.

Kaczmarski, Marcin. 2017. "Non-western visions of regionalism: China's New Silk Road and Russia's Eurasian Economic Union." *International Affairs,* Vol.93, No.6, pp.1357~1376.

Karaganov, S.(ed.). 2015. *Toward the Great Ocean-3: creating Central Eurasia. The Silk Road Economic Belt and the Priorities Of The Eurasian States' Joint Development*. Moscow: Valdai Discussion Club.

Katzenstein, P. J. 2005. *A World of Regions: Asia and Europe in the American Imperium*. New York: Cornell University Press.

Kilner, James. 2011.10.6 "Kazakhstan welcomes Putin's Eurasian Union concept." *Daily Telegraph*.

Libman, Alexander. 2016. "Linking the Silk Road Economic Belt and the Eurasian Economic Union:

Mission Impossible?" *Caucasus International,* Vol.6, No.1, pp.41~53.

MacFarquhar, Neil. 2014.5.29 "Russia and two neighbours form economic union that has a Ukraine-size hole." *New York Times.*

Min, Ye. 2015. "China and competing cooperation in Asia–Pacific: TPP, RCEP, and the New Silk Road." *Asian Security,* Vol.11, No.3, pp.206~224.

Sakwa, Richard. 2015. "Eurasian integration: a project for the 21st century?" in Lane, David and Samokhvalov, Vsevolod(eds.). *The Eurasian project and Europe: regional discontinuities and geopolitics.* Basingstoke: Palgrave Macmillan.

Transparency International. 2018.2.21. "Corruption Perceptions Index 2017."

Wang, Jisi. 2013.10.7. "'Marching Westwards': The rebalancing of China's geostrategy." *International and Strategic Studies Report.* Centre for International and Strategic Studies: Peking University.

Wong, G., S. Booker and G. B. Dejean. 2017. *China and Belt & Road infrastructure: 2016 review and outlook.* PwC B&R Watch.

World Bank data. 2015. "Bilateral remittance data."

_____. 2015. "Personal remittances, received (percentage of GDP)."

Xinhuanet. 2013.11.15. "Xi explains China's reform plan."

Yang, Jiechi. 2016. "For the lofty cause of peace and development of mankind." *China International Studies,* No.60, Sept./Oct.

ASEAN-China Center. 2013. "Speech by Chinese President Xi Jinping to Indonesian parliament." Indonesia. http://www.asean-china-center.org/english/2013-10/03/c_133062675.htm(검색일: 2018.12.25).

Bond, Ian. 2017. "The EU, the Eurasian Economic Union and One Belt, One Road: Can they work together?" Center for European Reform. https://cer.eu/sites/default/files/pb_eurasian_IB_16.3.17_0.pdf(검색일: 2018.12.25).

Eurasian Economic Commission. 2015. "ЭНЕРГЕТИКА/Energy." http://www.eurasiancommission. org/ru/Documents/_eec_energy_all_150623.pdf(검색일: 2019.1.10).

EUR-Lex. 2008.12.3. "Communication from the Commission to the European Parliament and the Council: Eastern Partnership." https://eur-lex.europa.eu/legal-content/EN/ALL/?uri=CELEX %3A52008DC0823(검색일: 2019.1.10).

Ministry of Foreign Affairs of the People's Republic of China. 2013.9.7. "President Xi Jinping delivers important speech and proposes to build a Silk Road Economic Belt with central Asian countries." https://www.fmprc.gov.cn/mfa_eng/topics_665678/xjpfwzysiesgjtfhshzzfh_665686/t1076334.shtml(검색일: 2018.12.25).

National Development and Reform Commission of the People's Republic of China. 2015.3. "Vision and actions on jointly building Silk Road economic belt and twenty-first-century maritime Silk Road."http://en.ndrc.gov.cn/newsrelease/201503/t20150330_669367.html(검색일: 2018.12.25).

Rozman, G. 2014.10.29. "Asia for the Asians Why Chinese–Russian Friendship is Here to Stay." Foreign Affairs online. https://www.foreignaffairs.com/articles/east-asia/2014-10-29/asia-asians(검색일: 2019.1.30).

The Standard. 2016.5.18. "Full text of Zhang Dejiang's keynote at belt and road summit." http://www.thestandard.com.hk/breaking-news.php?id=74885(검색일: 2018.12.25).

Vorontsov, A. 2015. "Eurasia Right to Left." *Russia in Global Affairs,* No.1, January/March https://eng.globalaffairs.ru/number/Eurasia-Right-to-Left-17370(검색일: 2019.1.30).

Xinhua. 2015.8.22. "China's Silk Road initiative a partnership project, not competitor: Russian PM." http://www.xinhuanet.com/english/2015-08/22/c_134544640.htm(검색일: 2019.1.30).

Валовая, Татьяна(ред.). 2016. *Евразийский экономический союз: новая реальность, новые возможности.* Ноябрь

Денисов, И. 2015. "Китайские и западные ценности в современном политическом дискурсе КНР." *Полис. Политические исследования*, №6, С.35~44.

Евразийская экономическая комиссия. 2016. *Прямые инвестиции, экспорт и импорт услуг в Евразийском Экономическом Союзе 2015.* Статистический Бюллетен.

Кондратьева, Н. Б. 2016. "Евразийский экономический союз: достижения и перспективы." *Мировая экономика и международные отношения*, Т.60, №6, С.15~23.

Ларин, А. и Матвеев, В. 2014. "Китайская стратегия «продвижения на Запад» и «новый Шелковый путь»." *Проблемы Дальнего Востока*, №5, С.1~14.

Лукин, А. В. 2014. "Столкновение ценностей в современном мире и перспективы евразийской интеграции." *Полис. Политические исследования*, №6, С.102~113.

Михайлов, Р. В. 2015. "Миссия России в Азии. 'Бердяевские чтения' во Владивостоке." *Полис. Политические исследования,* №6, С.23~28.

Ефременко, Д. 2016. "Рождение Большой Евразии." *Россия в Глобальной Политике*, Vol.15, No. 6. http://www.globalaffairs.ru/number/Rozhdenie-Bolshoi-Evrazii-18478(검색일: 2018. 12.25).

Министерство иностранных дел Российской Федерации. 2013. "Концепция внешней политики Российской Федерации(утверждена Президентом Российской Федерации В.В. Путиным 12 февраля 2013г.)" http://www.mid.ru/foreign_policy/official_documents/-/asset_publisher/ CptICkB6BZ29/content/id/122186(검색일: 2018.12.25).

Министерство иностранных дел Российской Федерации. 2016. "Концепция внешней политики

Российской Федерации(утверждена Президентом Российской Федерации В.В.Путиным 30 ноября 2016г)." http://www.mid.ru/ru/foreign_policy/official_documents/-/asset_publisher/ CptICkB6BZ29/content/id/2542248(검색일: 2018.12.25).

Путин, В. 2011. "Новый интеграционный проект для Евразии — будущее, которое рождается сегодня." Известия, 3 октября. http://izvestia.ru/news/502761(검색일: 2018.12.25).

Путин, В. 2015. "Совместное заявление Российской Федерации и Китайской Народной Республики о сотрудничестве по сопряжению строительства Евразийского экономического союза и Экономического пояса Шелкового пути." 8 мая. http:// kremlin.ru/supplement/4971(검색일: 2019.1.30).

Путин, В. 2016. Пленарное заседание Петербургского международного экономического форума. Санкт-Петербург. 17 июня. http://kremlin.ru/events/president/news/52178(검색일: 2018.12.25).

2장

유라시아경제연합과 실크로드경제벨트의
연결 가능성

경제협력의 기회와 장애

| 김영진 |

1. 서론

2000년대 중반 이후 러시아와 중국은 세계적으로나 지역적으로 국제 정치·경제에 대한 영향력을 증대시켜 왔다. 러시아와 중국은 공식적인 선언을 통해 지역 및 세계 정치에 책무를 진 강대국으로 스스로를 자리매김해 왔다(Russian Federation, 2013.2.18; Xi, 2014.5.21). 특히 2010년대 초부터 두 개의 전략 구상이 러시아와 중국의 야심과 열망을 상징하게 되었는데, 러시아연방이 주도한 유라시아경제연합(EAEU)과 중국이 추진한 일대일로(BRI) 정책이 그것이다.1 EAEU는 전형적인 경제통합 기구이자 국제적 동맹이

---

*   이 장은 「유라시아경제연합과 실크로드경제벨트의 연결 가능성: 경제협력의 기회와 장애」, ≪동북아경제연구≫, 31권 2호(2019), 1~36쪽을 수정·보완한 것이다.

1   이 장에서는 유라시아경제연합(Eurasian Economic Union)과 일대일로(Belt and

고, BRI는 근본적으로 인프라 구축을 중심으로 한 메가프로젝트다. 표면적으로 이 두 가지 구상은 경제에 초점을 맞추고 있으나 그 중요성은 경제적 영역을 넘어선다. 양자는 주요 대외정책 개념으로 기능한다는 점에서, 즉 대외정책의 방향을 제시하고 정책 실행의 구체적인 패키지로 기능한다는 점에서 유사하다. 두 구상의 실행은 이미 러시아와 중국에 다각적인 정치적 결과를 낳고 있으며 두 강국이 국제 정치·경제에서 차지하는 위상을 변화시키고 있다(Kaczmarski, 2017). 이러한 흐름이 지속된 결과, 러시아와 중국의 다수 논자들은 일극체제를 국제 정치·경제의 일시적 비정상 상태로 여기고 미국의 쇠퇴를 강조하게 되었다(Bordachev, 2014; Deng, 2015).

EAEU의 아이디어를 발전시키는 과정은 1994년 카자흐스탄의 나자르바예프 대통령이 처음으로 관련 구상을 밝힌 시점으로 거슬러 올라갈 수 있으나, 구체적으로는 2010년 1월 러시아, 벨라루스, 카자흐스탄이 관세동맹을 결성하면서 시작되었다. 2014년 5월 29일 러시아, 벨라루스, 카자흐스탄은 카자흐스탄의 수도 아스타나에서 'EAEU 조약'에 서명했다. 마침내 2015년 1월 1일 EAEU가 공식적으로 출범했는데, 2025년까지 회원국 간의 재화·용역·자본·노동의 자유로운 흐름을 실현한다는 중기적 목표와 유럽연합(EU)과 유사한 동맹을 결성한다는 최종 목표를 제시했다. 2015년 1월 2일 아르메니아도 EAEU에 가입했다. 원래 2015년 5월 가입 예정이었던 키르기스스탄은 그해 8월 12일에 합류했고, 타지키스탄도 가입 협상 중이다(김영진 외, 2015; 김영진, 2016).

2013년 시진핑 중국 국가주석이 제안한 BRI 전략은 연선국가들과 함께

Road Initiative), 실크로드경제벨트(Silk Road Economic Belt)를 각각 EAEU, BRI, SREB로 약칭한다.

실크로드경제벨트(Silk Road Economic Belt)와 21세기 해상실크로드(Maritime Silk Road)를 건설하는 것을 목표로 삼고 있다. 이는 기존의 동부 연안 지역 위주의 대외 개방 전략에서 벗어나 유라시아대륙 국가들과 육·해상 네트워크를 구축함으로써 관련 지역을 통합하는 것을 목표로 한다(김옥준, 2015; 양평섭, 2018). 또한 2015년 5월 중국과 러시아는 SREB 건설과 EAEU 구축에 협력한다는 내용을 담은 협정에 공식 서명했다. 이 협정은 역내 경제성장을 촉진하고 경제통합을 강화하며 평화와 개발을 보호한다는 목표를 내세웠다(Hu et al., 2017).

EAEU와 BRI는 러시아와 중국이 세계 정치·경제에서 어떠한 위치를 차지할 것인가에 대한 비전을 제시할 뿐만 아니라 러시아와 중국 간의 관계에도 직접 영향을 미친다. 두 구상이 중앙아시아에서 교차한다는 측면에서, 많은 학자들은 중장기적으로 역내 역할의 조정 과정에서 양국이 직면할 수 있는 위협과 장애를 강조했다. 러시아가 카자흐스탄과 관계를 강화하고 중앙아시아에서 중국을 견제하려는 의지를 갖고 있다는 점에서 일단의 논자들이 이러한 입장으로 접근했다(Muzalevsky, 2011; Liik, 2014). 마찬가지로 또 다른 논자들은 BRI를 러시아의 통합계획에 대한 중국의 대응으로 해석하기도 했다(Li and Pantucci, 2013). 이러한 견해는 중앙아시아 등에서 러시아와 중국이 불가피하게 충돌할 가능성을 예고한다(윤성학·김영진, 2019; 이주영, 2017). 양국의 정책 입안자들이 두 구상의 협력과 조화를 빈번하게 논의해 온 것은 이러한 잠재적 위험을 의식하고 있기 때문으로 볼 수도 있다.

러시아는 역내 영향력 확대를 위해 유라시아 프로젝트를 실행해 왔으며, 주로 자국의 강대국 지위 강화를 목표로 설정했다. 이 점에서 러시아는 장기 지속적인 경제통합을 추진하는 과정에서 정치적 영향력 증대를 우선시하는 것으로 보인다. 중국은 가시적인 경제 이익, 특히 무역과 투자의 증가가 최우선 과제이기 때문에 더 기능주의적인 논리를 채택했다. 이러한 맥락에서 BRI는 중국의 조건에 따라 양자 간의 효율적인 경제 관계를 추진한다는 포괄적이고 유연성을 띤 용어로 이해되어야 한다. 이와 같은 두 구상의 근본적인 차이점에 주목한다면, EAEU와 BRI가 러시아와 중국 간의 경쟁을 조장하게 될 가능성은 크지 않다고 볼 수 있다(김영진, 2019).

유라시아 경제통합에서 주요 도전 중 하나는 물리적 연결이 부족하다는 것이었다. 운송 인프라(도로·철도·파이프라인)가 갖춰지지 않았거나, 적절한 국제 거버넌스의 결여로 인해 중대한 질적 결함이 있다는 것이었다(성원용, 2017). 지난 10여 년 동안 이러한 단점을 극복하기 위해 여러 프로젝트가 시도되었다. 그중에서 가장 야심찬 구상은 중국이 주창한 '일대일로(BRI)' 프로젝트, 특히 '대륙'의 측면에서 주창한 실크로드경제벨트라 할 수 있다.[2]

SREB 구상의 핵심 요소는 그 포괄적인 성격에 있다. 그것은 국가적·지방적·초국가적 수준의 다양한 프로젝트 및 이니셔티브의 상호작용을 도모하고, 공동의 인프라를 장려하며, 국제무역 및 금융시장의 통합을 촉진하고자 하는 모든 참여자에게 열려 있다(Godehardt, 2016: 19). 포스트소비에트 유라시아에게 특히 의미 있는 질문은 SREB가 EAEU와 어떻게 상호작용할 것인가이다. EAEU는 러시아 주도의 지역통합기구로, 러시아를 비롯하여 카자흐스탄, 키르기스스탄 등 SREB가 창설하고자 하는 환유라시아 교통 인프라에 잠재적으로 중요한 여러 국가로 구성되어 있다. 현재까지 러시아와 중국 양국은 공식적으로 두 프로젝트의 '연결(Сопряжение)'에 대해

---

2   이 장에서는 유라시아 대륙의 맥락에서 BRI와 EAEU의 협력 및 연결을 주된 분석 대상으로 하므로 양자 간의 실질적인 협력을 의미할 경우, 주로 실크로드경제벨트를 지칭하는 것으로 한다.

적극적인 전망을 내놓고 있다. 2015년 5월 러시아 대통령과 중국 국가주석은 EAEU와 SREB 내의 통합 과정을 조화시킬 의사가 있음을 공표하는 선언에 서명했다. 이 '연결'의 실제적인 실행에 대한 논의가 2015년 가을에 시작되었다. 특히, 유라시아경제위원회(EEC: Eurasian Economic Commission)는 중국과의 경제·무역 협력에 관한 포괄적인 조약에 서명했다. 중국과 EAEU 간에 자유무역지대를 발전시킬 계획은 없지만, 이 조약으로 상호 간의 외국인직접투자(FDI)에 대한 지원과 보호를 비롯해 특정 분야(특히 운송)에 중점을 두게 될 것이다(Libman, 2016: 42).

EAEU와 SREB 간 협력의 미래를 어떻게 평가할 것인지를 둘러싸고 논자들의 입장은 나뉘어 있다. 어떤 논자들은 이 연결이 러시아와 중국 간의 경제적 유대를 강화하고 유라시아 횡단 인프라와 운송회랑의 개발을 촉진할 수 있는 실행 가능한 비전이라고 믿는다. 다른 이들은 향후 수년 내에 실제적인 협력을 이룰 수 있는 진정한 잠재력 유무에 대해 회의적이다. 이 장의 중요한 목적은 EAEU와 SREB 그리고 러시아와 중국의 상호작용 가능성을 검토하고, 이 두 프로젝트의 '연결' 가능성에 대한 잠재력과 장애물을 확인하는 것이다.

EAEU와 SREB, 러시아와 중국 간의 협력은 EAEU의 성공을 위한 핵심 조건일 뿐만 아니라 중국의 BRI가 성공하기 위한 열쇠이기도 하다. 특히 양자 간에는 인프라 및 무역 관련 협력을 강화하기 위한 실질적인 필요 영역이 존재한다. 이 장에서는 다음의 단계를 거쳐 주요 논점을 전개한다. 먼저 2절에서 EAEU와 BRI(특히 SREB)의 기원과 발전 과정에 대해 검토하고, 양자의 차이점을 정리한다. 그리고 3절에서는 EAEU와 중국 간의 '5+1' 경제협력의 내용과 성과 및 발전방향에 대해 논의한다. 그 다음 4절에서는 EAEU와 SREB, 러시아와 중국의 협력과 연결에 따른 상호이익과 장애요인

에 대해 검토한다. 마지막으로 결론에서는 이상의 논의를 바탕으로 EAEU
와 BRI, 러시아와 중국의 서로 다른 접근방식의 함의를 분석하고 양자의
연결과 협력 가능성에 대한 시사점을 제시할 것이다.

2. EAEU과 BRI: 주요 내용과 특징

EAEU와 BRI는 러시아와 중국이 주변국가에 자국의 영향력을 확대, 강
화하기 위해 실시한 정책 중 가장 대표적인 것으로, 러시아와 중국의 지도
자가 직접 주도하는 것으로 볼 수 있다. 푸틴 대통령에게 유라시아연합
(Eurasian Union) 구상은 집권 3기(2012~2018)의 대외정책 의제를 정의하고
재설정하는 방법이 되었다. BRI 구상은 2012년 11월 이후 시진핑 국가주
석에게 대외정책 아이디어를 제시하기 위한 포괄적인 틀을 제공했다. 이
전략은 국제무대에서 구체적인 목표를 달성하는 것뿐만 아니라 국내의 지
지세를 결집하여 정권의 권력장악을 공고화하는 데 중점을 두었다. 두 프
로젝트는 법적·제도적 틀의 측면에서 상당히 다르다. EAEU는 여러 기관
의 설립을 염두에 둔 법적 구속력이 있는 국제조약을 토대로 하고 있다.
반면, 국제법적 토대가 없으며 제도화되지 않은 BRI 구상은 중국 및 관련
국가들의 정치적 의지와 실천에 그 성패가 달려 있다.

유라시아 통합의 개념은 1990년대 중반까지 거슬러 올라갈 수 있다.
1994년 유라시아연합의 개념을 처음 제안한 사람은 누르술탄 나자르바예
프(Nursultan Nazarbayev) 카자흐스탄 대통령이었지만, 구소련 지역의 통합
에 새로운 힘을 불어넣고 제3기 대통령직을 수행하는 동안 더욱 높은 정치
적 의미를 부여한 것은 푸틴 러시아 대통령이었다. 러시아가 주도하는 정

치·경제 블록에 대한 푸틴 대통령의 야심찬 비전은 다극적인 국제질서에서 새로운 정치·경제적 극을 전망하는 것으로, ≪이즈베스티야≫에 게재한 한 논문에서 개략적인 그림이 그려졌다(Путин, 2011). 이 아이디어는 2008~2009년 세계 경제위기의 여파로 러시아가 제시했던 이니셔티브, 즉 이미 기능하는 관세동맹과 공동경제구역을 바탕으로 구상되었다(Мансуров, 2014; 김영진 외, 2015). 유라시아 통합에 대한 푸틴 버전(version)은 더욱 포괄적인 틀을 요구했다. 2014년에 러시아, 벨라루스, 카자흐스탄이 EAEU 결성 조약을 체결했고, 2015년 공식 출범한 EAEU는 거의 동시에 아르메니아를, 몇 달 후에는 키르기스스탄을 회원국으로 받아들였다.

EAEU는 그에 선행하는 두 경제통합 기구인 관세동맹(Customs Union)과 공동경제구역(Common Economic Space)을 법적 토대로 활용했다. 러시아, 카자흐스탄, 벨라루스는 2009년 11월 관세동맹 결성 조약을 체결했으며, 공동경제구역의 법적 토대는 2010년에 합의되었다(Мансуров, 2014).[3] 푸틴 대통령이 유라시아 통합의 또 다른 단계를 요구하고, 뒤이어 러시아와 벨라루스, 카자흐스탄의 대통령이 2011년 11월 EAEU에 대한 선언과 유라시아경제위원회를 설립하는 협정에 서명했다. EAEU를 창설하는 최종적인 조약이 2014년 5월에 서명되었고, EAEU 자체는 2015년 1월 1일에 출범했다. EAEU는 공식적으로 기존의 통합 형태를 하나로 묶어내고, 거시경제정책의 조정을 비롯한 새로운 조항을 경제통합 일정에 추가했다. 러시아는 EAEU 회원국에 자국 시장을 개방하고 노동의 자유로운 이동을 허용하기로 약속했다(ЕАЭС, 2015).[4]

---

3   공동경제구역의 결성에 관한 조약은 각 회원국의 비준을 거쳐 2012년 1월에 발효되었다.

4   EAEU(ЕАЭС)의 "유라시아경제연합 창설에 관한 협정(Договор о Евразийском

이 법적 체계를 보완하기 위해 여러 제도적 기구들로 촘촘한 네트워크를 구축했다. EAEU 통합은 공식적으로 초국가적 기관인 유라시아경제위원회(Eurasian Economic Commission, Евразийская экономическая комиссия)의 이사회(Board, Коллегия) 관할하에서 운영된다. 12명의 이사회 멤버가 23개 부서를 감독하며, 각 부서는 특정 경제 부문과 이슈에 대한 책임을 맡고 있다. 2012년에는 러시아 대표 빅토르 흐리스텐코(Виктор Христенко)가 4년 임기의 의장으로 선출되었고, 2016년 키그란 사르키샨(Тигран Саркисян)이 그 자리를 이어받았다. 이사회는 회원국의 부총리들로 구성된 유라시아경제위원회의 정부간위원회(Inter-governmental Council, Межправительственный совет)의 감독을 받는다. 두 기구 모두 총리 또는 대통령 수준에서 운영되는 최고유라시아경제회의(Supreme Eurasian Economic Council, Высший Евразийский экономический совет)의 감독을 받는다. 의결권에 따른 의사결정 방식인 가중투표제도를 러시아를 제외한 회원국들이 거부함에 따라 의사결정은 만장일치제로 결정된다. 벨라루스와 카자흐스탄 등이 가중투표제를 러시아에 유리한 표결 방식으로 여겼기 때문이다(Popescu, 2014: 9).

2013년 9월 시진핑 국가주석은 카자흐스탄을 공식 방문하는 동안 실크로드를 새롭게 재건하는 아이디어를 발표했다. 시진핑 주석은 중앙아시아를 거쳐 유럽과 중국을 연결하는 과정의 첫 단계로 '실크로드경제벨트'를

экономическом союзе)"은 2014년 5월 29일에 채택되어 2015년 1월 1일에 발효되었다. 협정의 내용은 다음 웹페이지를 참조. https://docs.eaeunion.org/Pages/DisplayDocument.aspx?s=bef9c798-3978-42f3-9ef2-d0fb3d53b75f&w=632c7868-4ee2-4b21-bc64-1995328e6ef3&l=540294ae-c3c9-4511-9bf8-aaf5d6e0d169&EntityID=3610

창설할 것이라고 선언했다. 그로부터 몇 주 후에는 인도네시아를 방문하여, 동남아시아 국가들을 겨냥한 '21세기 해상실크로드(Maritime Silk Road)'라는 같은 종류의 구상을 발표했다. '신실크로드' 개념은 모호한 정책 슬로건에서 '일대일로'라 불리는 주요 대외정책 프로젝트로 점진적으로 발전했다. 2014년 말 중국 정부는 실크로드펀드를 설립했다. 2015년 보아오 정치·경제 포럼에서 중국은 '실크로드경제벨트와 21세기 해상실크로드를 공동으로 건설하기 위한 비전과 행동'이라는 프로그램 문서를 발표했다. 그러나 이 문서는 BRI의 발전을 위한 구체적인 계획을 제시하지 않았다. 그것은 단지 중국이 이 이니셔티브를 추구할 수 있는 이상적인 원칙을 담고 있었다(주용식, 2015; 양평섭, 2018).

러시아 프로젝트와 비교할 때, BRI 이니셔티브는 법적·제도적 틀의 측면에서 아주 단순하다. 중국은 금융 메커니즘을 구축하는 것으로 스스로의 활동을 제한했다. 2014년 말 중국은 400억 달러의 자본금으로 국영 실크로드펀드를 설립했는데, 그 자본금의 65%가 중국의 외환보유고에서 나왔다. 국부펀드인 중국투자공사(China Investment Corporation)가 15%의 지분을 보유하고 나머지 지분은 중국수출입은행 및 중국개발은행캐피탈이 보유하는 구조였다. 2015년 1월 민간 부문의 에너지개발기금이 최대 200억 달러의 투자유치를 목표로 설립되었다. 또한 2014년 11월 아시아인프라투자은행(AIIB)이 중국과 아시아 20개국에 의해 설립되었는데, 이 은행은 BRI 이니셔티브의 틀 내에서 착수되는 투자에 자금을 조달한다(Hu, 2015; 양평섭, 2018).

중국은 2015년 3월 아시아 보아오 포럼(Boao Forum)에서 보다 포괄적인 비전을 제시했다. 이 포럼에 제출된 문서[5]는 핵심 원칙, 협력 우선순위 및 BRI 이니셔티브의 규제 메커니즘 등을 제시했지만 실제적인 세부 시행 내용에 대해서는 언급하지 않았다. 이 문서는 BRI에 배타적으로 귀속된 기관을 설립하기보다는 기존의 양자 간 채널 및 다자간 포럼을 이용하도록 촉구했다. 이 규범의 유일한 예외는 정기적인 국제정상회의를 소집하도록 제안한 것이었다. 최초의 '일대일로 정상회의(Belt and Road Summit)'는 2017년 5월 베이징에서 개최되었다. 그 당시까지 100개 이상의 국가와 국제기구가 BRI 이니셔티브에 참여할 의향이 있다는 의사를 확인했다. 중국은 BRI의 틀 내에서 협력에 관한 40여 개의 양해각서(MOU)를 체결했지만, 더 이상의 제도화는 이루어지지 않았다.[6]

EAEU와 SREB의 연결 가능성을 이해하는 데 있어 가장 큰 어려움은 이 두 프로젝트가 디자인 및 목표 측면에서 근본적으로 다르다는 사실이다.

EAEU는 5개국(러시아, 키르기스스탄, 카자흐스탄, 벨라루스, 아르메니아)이 체결한 지역통합 협정이다(김영진 외, 2015). 현재 여러 유형의 지역통합 협정이 전 세계적으로 시행되고 있지만, EAEU는 (최소한 정식 조직의 측면에서) 지역주의에 대한 가장 일반적인 접근방법인 EU 모델(강력한 초국가적 제도와 거버넌스 중시를 수반함)에 따라 구축되고 있다(Dragneva and Wolczuk, 2015; 김영진, 2016). EAEU가 구소련 유라시아 국가들에 의해 시작된 이러한 유형의 첫 프로젝트는 아니지만, 회원국들이 실제로 자신들의 공약을 존중하고 자신들이 서명한 협정을 이행한 최초의 프로젝트다. EAEU의 초점은 초국

---

5   Vision and Actions on Jointly Building Silk Road Economic Belt and 21st-Century Maritime Silk Road(Beijing, National Development and Reform Commission, Ministry of Foreign Affairs, and Ministry of Commerce of the People's Republic of China, with State Council authorization, 2015). http://en.ndrc.gov.cn/news-release/201503/t20150330_669367.html

6   Essential Guide to Understanding Belt and Road Initiative, Xinhua, 2017.5.13, http://news.xinhuanet.com/english/2017-05/13/c_136279142.htm

가적 제도 및 교역에 대한 공통의 규제체제를 창출하는 데 맞춰져 있다. 특히, EAEU는 관세동맹의 단계를 거쳤다. 관세동맹하에서 회원국 간의 내부 관세 국경이 폐지되고 공통의 역외 관세가 도입되었으며, 관세 문제에 대한 의사결정이 초국가적인 유라시아경제위원회(EEC)로 이관되었다. 또한 EAEU는 노동 및 자본 이동에 대한 장벽을 없애고 상품의 공통적 산업 표준 개발에 중점을 둔다. 이와 함께 에너지 및 금융서비스를 비롯한 여러 중요한 시장을 통합할 계획이다(Libman, 2016).

이와 대조적으로 SREB는 (통합)기구가 아니다. 사무국이나 기타 일반적인 거버넌스 기관(초국가적 기관)은 물론이고 분명한 회원국조차 가지고 있지 않다. SREB의 범위와 목표는 아주 불분명해서 중국 내에서도 집중적인 논의의 대상이 된다. 일정부분, SREB는 중국이 대유라시아 경제정책의 접근방법을 설명하기 위해 선택한 용어라고도 볼 수 있다. SREB는 공동 규정의 작성이나 관세 및 표준의 조화를 상정하지 않는다. 초점은 주로 인프라(운송, 전기, 파이프라인 등)뿐 아니라 관심 있는 참여자 간의 대화와 협력을 위한 수많은 플랫폼을 수립하는 데 맞춰져 있다. 또한 아시아인프라투자은행(AIIB), 실크로드기금(Silk Road Fund), BRICS의 신흥개발은행(New Development Bank) 등을 필두로 공동 인프라 구축을 위한 금융기관들의 네트워크를 발전시키려는 계획을 갖고 있다(Lehmacher and Padilla-Taylor, 2015). SREB 내의 각기 다른 프로젝트 및 포럼은 서로 다른 참가자들로 구성된다. 다시 말해 SREB는 모든 구성원이 공동의 전략을 준수할 것으로 기대되는 EAEU와는 현저히 다르다. 대체적으로 SREB는 APEC보다 규제적인 요소는 훨씬 약하지만, APEC의 '열린 지역주의'와 더 유사하다(김영진, 2019: 179).

3. EAEU와 중국 간의 경제협력: '5+1' 협력

'5+1' 협력은 BRI의 틀 속에서 EAEU 5개국(러시아, 벨라루스, 카자흐스탄, 키르기스스탄, 아르메니아)과 중국 간의 협력을 가리키는 개념이다. 일반적으로 '5+1'로 약칭되는 이 협력은 2015년 1월 1일에 공식 출범한 EAEU의 5개 회원국과 중국의 연결성을 심화시킨다.

1) 교역 및 투자

독립 이후 EAEU 회원국과 중국 간의 교역은 지속적인 증가 추세를 보였다. 유라시아경제위원회(EEC)의 통계에 따르면 2018년 EAEU 총무역량의 16.7%가 중국과의 교역량으로, 중국은 EAEU 최대 무역 상대국의 위치를 차지하고 있다(〈표 2-1〉 참조). 세계 금융위기 이후 상품 및 원자재 가격의 하락으로 중국과의 교역규모뿐 아니라 EAEU의 전체 대외무역 규모도 감소했으나, 2018년에는 전년 대비 약 20%의 교역규모 증가를 보였다. 그런데 중국은 2015년 EAEU 총대외무역의 13.6%, 2016년 15.4%, 2017년 16.2%, 2018년 16.7%를 차지하면서 EAEU 최대 무역 상대국의 지위를 유지하고 있다. 〈표 2-1〉에서 알 수 있듯이, 교역 상대국 중 중국, 독일, 네덜란드, 이탈리아가 변함없이 1위에서 4위를 차지하고 있으며, 5위의 경우 우크라이나, 터키, 미국이 번갈아 교체되고 있다.[7] 2018년 양자 무역의 규모를 보면, 중국은 러시아의 최대 교역 상대국이며 카자흐스탄, 아르메니

---

[7]   한국과 EAEU 회원국 간의 무역규모도 꾸준히 증가했는데, 2018년에는 한국이 터키와 비슷한 무역규모를 기록하면서 EAEU의 6위 무역 상대국으로 등장했다.

표 2-1   EAEU 국가들의 5대 무역 상대국

연도	교역 상대국	수출 (억 달러)	수입 (억 달러)	점유율 (%)
2015	중국	351	438	13.6
	독일	269	241	8.8
	네덜란드	470	37	8.7
	이탈리아	306	103	7.1
	터키	208	56	4.6
2016	중국	329	457	15.4
	독일	226	225	8.9
	네덜란드	335	35	7.3
	이탈리아	196	94	5.7
	미국	100	127	4.5
2017	중국	453	474	16.2
	독일	274	277	8.7
	네덜란드	415	45	7.3
	이탈리아	226	119	5.5
	미국	113	145	4.1
2018	중국	630	633	16.7
	독일	362	294	8.7
	네덜란드	512	44	7.4
	이탈리아	283	131	5.5
	터키	239	62	3.9
	한국	209	81	3.9

자료: Eurasian Economic Commission, http://www.eurasiancommission.org

아, 키르기스스탄의 두 번째 교역 상대국이다.

EEC에 따르면, 2017년 EAEU 5개 회원국 간의 총무역액은 454억 달러였지만, EAEU 역외국가와의 총무역액은 5795억 달러에 달했다(수출 3740억 달러, 수입은 2054억 달러). EAEU의 상위 5개 교역 상대국 중 중국과의 총교역규모는 927억 달러(이 중 중국으로부터의 수입은 474억 달러, 수출은 453억 달러)로 EAEU의 수출입 총액 중 16.2%를 차지했다. 이는 EAEU 역내외를 통틀어 중국이 EAEU의 가장 큰 교역 상대국이라는 의미이며, 그 다음은 독일이 551억 달러로 8.7%를 기록했다. 네덜란드는 독일보다 약간 낮은 7.3%로 3위를 차지했다. 4위와 5위는 이탈리아와 미국으로 각각 5.5%와 4.1%의 점유율을 보였다. 같은 통계에 따르면, 2018년에도 중국은 EAEU의 가장 큰 교역 상대국이었으며 EAEU와 역외국가 간 총무역액 중 16.7%를 차지했다.

더 긴 기간을 살펴보면, 1992년부터 2018년까지 중국과 5개 EAEU 회원국 간의 총무역량은 증가 추세를 보였다. 1992~2005년 시기에는 상대적으로 성장속도가 느렸으며 2006~2008년 시기에 급성장했다. 세계 금융위기로 인해 2009년의 무역량은 감소했다. 그러나 2010~2014년 시기에는 다시 높은 성장세가 지속되어 53.43% 증가했다. 2016년까지 3년 정도 원유 등 원자재 가격하락의 영향으로 무역량이 약간 감소했으나 2017년에는 회복세를 보였고, 2018년에는 전년대비 약 20% 증가했다.

중국의 EAEU 국가들에 대한 직접투자는 수년간 계속 증가하여 2003년 9700만 달러에서 2017년 233억 1000만 달러로 240배 증가했다(〈그림 2-1〉 참조). 특히 카자흐스탄에 대한 중국의 직접투자는 2003년 2000만 달러에서 2017년 75억 6100만 달러로 급증했다. 같은 기간 키르기스스탄에 대한 중국의 직접투자(FDI)는 1500만 달러에서 13억 달러로, 러시아에 대한 FDI는 6200만 달러에서 138억 7200만 달러로, 벨라루스와 아르메니아에 대한 FDI는 거의 제로에서 각각 5억 4800만 달러 및 2996만 달러로 증가했다. 벨라루스에 대한 중국의 직접투자는 특히 수도인 민스크에 중국-벨라루스 산업단지가 설립된 이후 가장 큰 증가세를 보였다. 이 투자는 중국이 해외

그림 2-1　중국의 EAEU 국가에 대한 직접투자 추이, 2003~2017년 (단위: 1억 달러)

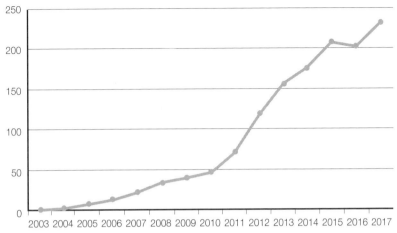

자료: Ministry of Commerce of China(MOFCOM), http://www.ceicdata.com

산업단지에 투자한 최대 금액일 뿐 아니라 벨라루스에 대한 최대 규모의 외국인투자 프로젝트였다. 중국-벨라루스 산업단지는 중국과 EAEU 국가 간 협력 증진에 중요한 역할을 하고 있다. 모스크바-카잔 고속철도, 중국-벨라루스 산업단지, 중국-카자흐스탄 국경협력구역 등과 함께 중국과 EAEU 국가 간의 경제·무역 관계는 더욱 강화될 것으로 보인다.

2) 운송 인프라 건설

EAEU 지역은 동아시아와 유럽을 연결하는 육상운송의 중요한 허브이다. 5개 회원국이 인프라를 상호 운용하고 있으므로 인프라 수준을 개선하면 유라시아 대륙을 연결하는 경제 동맥이 형성될 수 있다.

중국은 현재 세계 최대 상품교역 국가이고, 그 수출입 물량의 90%가 해상운송을 통해 이루어지고 있다. 유럽 국가와의 무역은 약 75%가 해상운송을 통해 이루어진다. 해상운송은 일반적으로 철도운송보다 훨씬 느리다. 유럽과 중국 간 무역의 경우 철도운송의 소요 시간은 해상운송의 절반 정도이며, 운송 비용은 비슷하게 소요된다(Li, 2019). 그러므로 중국으로서는 해상운송보다 철도운송을 더 많이 이용하는 것이 중요하고, 이는 유럽 국가들에게도 이익이 될 것이다.

2011년 3월 19일 충칭(重慶)-유럽 국제특급열차가 정식 개통되어 중국-유럽 간 고속철도 운행을 시작했다(〈그림 2-2〉 참조). 충칭-유럽 간 철도는 중국의 충칭시에서 시안(西安)과 란저우(蘭州)를 거쳐 중국 내의 알라산코우(阿拉山口站, Alashankou, Alataw Pass)까지 운행된다. 이 철도는 알라타우패스를 지나 독일의 뒤스부르크(Duisburg)에 도착하기까지 카자흐스탄, 러시아, 벨라루스, 폴란드를 통과한다. 이 노선은 1만 1179km에 걸쳐 펼쳐지는 유라시아대륙교(Eurasian Land Bridge)의 남쪽 통로다. 충칭-유럽 간 철도노선의 건설은 중국, 카자흐스탄, 러시아, 벨라루스, 폴란드, 독일 등 6개국이 공동으로 추진했으며 중국-유럽 고속철도 시스템의 주요 노선 중 하나가 될 전망이다.

중국-유럽 간 고속철도는 정저우(鄭州), 우한(武漢), 충칭 및 청두(成都)와 같은 중국 도시에서 출발하여 러시아, 벨라루스, 카자흐스탄 등 세 개의 EAEU 국가를 지나 유럽의 여러 도시로 운행된다. 〈그림 2-2〉는 이들 도시에서 출발하는 중국-유럽 간 고속철도 노선을 보여준다. 중국철도총공사(中国铁路总公司)의 통계에 따르면, 2011년 3월 중국-유럽 간 고속철도가 성공적으로 개통되면서 2016년 6월까지 1881개의 열차가 EAEU 국가를 통과했고, 이 기간 동안 총 170억 달러의 수출입 물량을 소화했다(Sina Online, 2016). 중국-유럽 간 고속철도는 중국과 유럽 간의 교역 증대를 직접적으로 뒷받침함으로써 SREB 건설의 중요한 부분이 되었다.

그림 2-2 **중국-유럽 간 고속철도**

자료: https://www.uschinashipping.com/page/china-europe-railway-express.html

EAEU의 주요 국가인 러시아, 카자흐스탄, 벨라루스 등도 SREB 건설에 중요한 역할을 할 것이다. 또한 EAEU 국가들은 러시아의 극동 지역 개발 전략, 카자흐스탄의 '눌리 졸'(밝은 길) 인프라 개발 전략, 키르기스스탄의 철도 건설 전략 등을 포함하여 유라시아 운송회랑 건설에 대한 아이디어를 제시했다. 이 아이디어들은 SREB와 함께 인프라의 상호 연결에 초점을 맞추고 있다. 그러므로 이 전략들은 모두 강한 상보성을 가지고 있다고 할 수 있다.

3) 에너지 인프라

현재 러시아와 중앙아시아 국가들은 세계적인 석유·천연가스 생산국이고 중국은 석유·천연가스 수입국이지만, 이들 국가는 에너지 분야에서 많은 목소리를 내지 못해왔다. 서방 선진국들은 우크라이나 위기를 둘러싸고 러

그림 2-3　**중국의 원유 수입원(2017)**

중남미
13.6%

러시아
14.2%

그 외
9.2%

아프리카
19.6%

중동
43.6%

시아에 경제제재를 가했으며, 중국은 오랫동안 중동의 '혼란스런 지대'에서 석유를 들여오면서 끊임없이 석유 안보를 위협받고 있다(〈그림 2-3〉 참조). 이러한 상황을 해결하기 위해서는 SREB의 틀을 통해 '5+1' 협력을 촉진하고 에너지 공동체를 설립하는 것이 실행 가능한 선택이고, 따라서 에너지 인프라 건설이 주요한 과제로 되었다.

중국-중앙아시아 간 가스 파이프라인은 아무다리아(Amu Daryar)강 우안 제방의 투르크메니스탄과 우즈베키스탄 국경에서 시작하여 중부 우즈베키스탄과 남부 카자흐스탄을 통과하고, 호르고스(Khorgos) 동쪽으로 중국에 진입하여 '동서 천연가스 전송 회랑'을 형성한다. 천연가스 파이프라인은 길이가 약 1만 km인데, 중국 내에서 8000km, 투르크메니스탄에서 188km, 우즈베키스탄에서 530km, 카자흐스탄에서 1300km에 달한다. 2019년 6월 현재 세 개 구간(중국-중앙아시아 간 A, B, C 가스 파이프라인)의 노선이 모두 성공적으로 운영되고 있다. D 라인은 공사 중단 등의 우여곡절을 겪기도 했으나 공사가 재개되어 2020년 완공 예정이며, 총길이는 1000km에 이르고 연간 300억m³의 가스 수송 용량을 가지고 있다(〈표 2-2〉 참조). 중국이 2010년에 천연가스 4000~4200억 m³를 소비했다고 가정할 때, D 라인이 완공되면 내수용 천연가스의 20% 이상이 D 라인을 통해 전송될 것이다. 중국-중앙아시아 간 4개의 가스 파이프라인은 중앙아시아에서 중국으로의 가스 수송 동맥을 형성할 것으로 예상되고 있다.

총 2018km의 파이프라인이 중국 외부에 있고 그중 64.42%는 EAEU 주

표 2-2 **중국-중앙아시아 천연가스 파이프라인 건설**

라인	자원 국가	연장 거리	연간 가스 수송량(10억 m³)	운영 개시
라인 A	투르크메니스탄	1830km	30	2009년 12월
라인 B	우즈베키스탄	1830km	30	2010년 10월
라인 C	우즈베키스탄	1830km	25	2014년 5월
라인 D	투르크메니스탄	1000km	30	2020년

자료: https://www.sourcewatch.org/index.php/Central_Asia-China_Gas_Pipeline

요 회원국인 카자흐스탄을 관통하며, 중국 외부 파이프라인 전체 길이의 약 2/3를 차지한다. 투르크메니스탄과 우즈베키스탄은 각각 9.32%와 26.26%를 차지한다. 그러므로 중국-중앙아시아 간 천연가스 파이프라인을 순조롭게 건설하기 위해서 중국과 EAEU 간의 '5+1' 에너지 인프라 협력 증진이 필수적이라는 것은 분명하다(Hu et al., 2017: 423).

중국과 카자흐스탄은 이미 에너지 인프라 건설에 긴밀히 협력해 왔다. 중국-카자흐스탄 원유 파이프라인은 초국적 파이프라인 중 최초로 제3국을 거치지 않고 원유를 카자흐스탄에서 중국의 소비자 시장으로 직접 운송하며 양국 모두에 전략적 중요성을 지니고 있다. 중국-카자흐스탄 원유 파이프라인은 카자흐스탄 서부의 아티라우(Atyrau) 지역에서 출발하여 알라타우패스(Alataw Pass)를 거쳐 중국으로 연결된다. 이 프로젝트의 첫 번째 단계는 2006년 5월에 완료되었고 두 번째 단계는 2009년에 가동을 개시했으며, 에너지 운송로 건설에 관한 12차 5개년 계획의 중심에 포함되었다 (Hu et al., 2017). 2015년 이 파이프라인은 중국으로 1000만 톤 이상의 원유를 수송함으로써 5년 연속 1000만 톤을 초과했으며, 2011년에서 2015년까지 총 5680만 톤을 수송했다. 2016년에는 다소 감소되었으나 2017년에는 전년 대비 23.2% 증가한 1230만 톤의 원유를 수송함으로써, 이 파이프라인은 중국의 에너지 안보에 중요한 역할을 하고 있다.

4. EAEU와 BRI 간 협력의 이익과 장애

1) 협력의 이익과 잠재력

EAEU와 BRI의 성격으로 미루어 볼 때, BRI와 EAEU 사이에 원칙상의 모순은 없다(Li, 2019). EAEU는 의사결정, 실행, 입장 차이 등에 대한 해결 메커니즘을 갖춘 고도로 제도화된 지역통합기구이다. 그리고 SREB는 범지역적 협력 이니셔티브로서 진입장벽이 없고 포용성이 강한 협력 플랫폼이다. 양자 간에 근본적인 대립은 없으며, 이것이 양자 간 연결의 기초가 된다. 이로부터 양자 간의 협력에 따른 다음의 상호이익과 잠재력을 고려해 볼 수 있다.

먼저, SREB의 운송 및 인프라 프로젝트는 EAEU 역내의 교역을 활성화시키고 자본·노동 이동의 자유화를 촉진하는 데 도움을 줄 수 있다. 또한 이는 포스트소비에트 유라시아를 통과하는 SREB 운송회랑의 경쟁력을 높이게 될 것이다. EAEU가 역외 국경에 무역장벽을 설치하지 않는 한 이러한 긍정적 영향은 더욱 크게 나타날 것이다. 나아가 SREB 프로젝트가 실행되면 EAEU의 기업들은 유라시아 내에서 비즈니스 관계를 강화할 수 있는 부가적인 기회를 얻을 수 있다(Мешкова, 2019: 44~53). 이러한 점에서 볼때, 법률·제도에 기초를 둔 EAEU와 인프라 건설에 초점을 맞춘 SREB가 추진하는 목표는 서로 병립·발전할 수 있다.

둘째, SREB와 EAEU의 연결은 운송 인프라 개발을 통해 초국경 투자에 유리한 조건을 창출할 수 있으며, 관련 국가 간의 광범위한 경제협력을 추진하기 위한 플랫폼으로 사용될 수 있다. 일정 범위 내에서, EAEU와 SREB 간의 직접 협력이 긍정적 결과를 낳는 것은 양 프로젝트의 활동이 법제 대(對) 인프라라는 단순 이분법을 넘어서기 때문이다. 운송 측면에서 볼 때, EAEU는 공동의 운송 인프라를 개발하려는 야심적 계획을 가지고 있으므로 이 인프라를 SREB에 연결하면 EAEU 국가에도 이익이 될 수 있다. 또한 EAEU는 지금까지 무역 이슈를 중심으로 주요 성과를 문서화해 왔지만, 향후에는 초국경 투자를 위한 조건을 개선하는 데 더욱 적극적으로 나설 것으로 보인다. 이와 관련하여 SREB와 EAEU의 연결은 초국경 FDI(특히 인프라 분야)에 중점을 둔 투자협정을 통해 달성될 수 있다(Libman 2016: 45~46). 이것은 앞서 언급한 유라시아경제위원회(EEC)가 중점을 두는 사안이다. 뿐만 아니라 EAEU와 SREB 간의 상호연결과 관련한 논의는 러시아와 중앙아시아 국가 및 중국 간의 광범위한 경제협력을 모색하기 위한 플랫폼으로 사용될 수 있다.

셋째, 운송 인프라 프로젝트를 중요시하는 러시아로서는 규범과 규칙을 강조하는 유럽연합(EU)보다 인프라 개발 및 투자에 초점을 맞추는 SREB와 협력하는 것이 보다 유리할 수 있다. SREB와 EAEU 간의 협력을 위한 명시적 의제는 제한적일 수 있지만, 양자의 공존을 기반으로 한 협력의 잠재적 이익은 무시할 수 없다. 더욱 중요한 점은 SREB와 협력할 수 있는 분야가 러시아 지도부가 우선순위를 부여하는 분야라는 것이다. 지난 10여 년 동안 러시아는 국제 경제협력에 있어 유럽연합과는 다른 접근 방식을 취해왔다. EU 회원국들에게 국제협력은 공동의 규범과 규칙의 제정을 의미한다. 그러나 러시아는 인프라 및 투자 분야 중 특정 프로젝트에 집중하는 것을 선호한다. 공동의 규범이 이 프로젝트를 위태롭게 하면 러시아는 그 규범이 폐기되어야 한다는 입장을 취한다. 예컨대, 유럽 정치인들이 광범한 유라시아 국가들과의 경제협력에 관해 논의할 때 그들은 자유무역지대의 전망에 초점을 맞추지만, 러시아 정치인들은 운송회랑 구상에 관심을 둔다(Мешкова, 2019: 110~123). 따라서 EAEU와 EU 간 협력에 관한 논의는 특유의 문제를 안고 있으며, 이와 같은 러시아의 입장에서 볼 때 인프라 개발 및 투자에 초점을 맞추는 SREB가 결정적인 장점을 가지고 있는 것이다.

2) 협력에 대한 장애

EAEU와 BRI 간 상호이익이 있다고 해서 양자 간에 문제가 없다는 것은 아니다. 실상 SREB와 EAEU의 연결을 어렵게 만드는 여러 가지 장애가 있다. EAEU 역내외의 보호주의, 운송회랑의 재배치를 둘러싼 갈등과 이를 둘러싼 상이한 비전, 지정학적 경쟁 등이 그것이다. 이러한 일련의 장애요인은 경제협력의 이익을 불명확하게 만든다.

(1) 역내외 보호주의의 증가

유라시아의 연결성을 증대시키기 위해서는 EAEU 영토를 상품의 이동이 자유로운, 국경이 개방된 공간으로 개발할 필요가 있다. 이를 위한 핵심적 과제는 관세를 폐지하는 데 그치지 않는다. 더욱 중요한 과제는 국경 통과 절차 및 관료주의적 관행을 간소화하는 것이다. 실제로 통관절차에 따른 시간 손실은 대륙횡단 철도수송의 주요 문제 중 하나였다. EAEU의 초기 단계에 각 회원국들이 역내 관세 국경과 세관 통제를 착실히 제거해 나간 것은 이러한 측면에서 매우 바람직했다고 볼 수 있다. 또한 이웃 국가에 장기적으로 국경을 개방해야 한다는 주장은 EAEU 국가들 사이에 활발히 논의된 주제이다. 이 논의는 EU와 북유라시아 및 동남아시아를 포함하는 확대유라시아 공간 내에서, EAEU가 광범위한 협력을 위한 출발점이 되어야 한다는 사고와 관련이 있다.[8]

그러나 다른 한편으로 보호무역주의가 EAEU에서 점점 더 관심을 끌게 되면서 상황은 크게 변했다. 이는 특히 러시아와 관련되는데, 러시아의 경제정책은 보호무역주의와 대외무역 자유화 요구 사이에서 다소 모순적이고 일관성 없는 모습을 보였다. 러시아가 2012년 WTO에 가입한 것은 대외무역 자유화의 좋은 사례였다. 하지만 WTO 협상과정에서 대외정책 자유화에 대한 실질적인 약속을 하고도, 이익집단의 로비 활동으로 말미암아 러시아의 보호무역주의 장벽은 상당 부분 남겨지게 되었다(O'Neal, 2014). 게다가 2014년 우크라이나 사태 이후로 러시아의 균형추는 보호주의 쪽으로 기울었다. 러시아는 과도한 수입의존을 탈피하여 국내시장을 보호하는 것이 국내 산업의 성장과 발전을 촉진하는 방법이자 국가안보를 강화하는 방법이라고 인식했다. 이에 따라 '수입 대체'에 대한 사고가 러시아 경제정책의 토대 중 하나가 되었다(Libman, 2016: 47).

러시아에서 보호무역주의 경향이 증가하면, EAEU 전체의 보호주의가 강화되거나 어떤 형태로든 내부 관세 국경이 재등장하도록 영향을 미칠 수 있다. 그 결과 EAEU 영토를 통과하는 데 따른 이익이 사라지게 되고 SREB와 EAEU 프로젝트의 '연결'은 더욱 어려워지게 된다. 하지만 러시아에서의 보호무역주의 지배가 장기적으로 전망되는 유일한 결과로 받아들

---

8   이 점은 푸틴 대통령이 2011년에 출판된 이즈베스티야(Izvestiya)지의 논문에서 제기했는데, 푸틴이 표명한 유라시아 지역주의에 대한 장기적인 견해로 자주 인용되고 있다. Путин(2011)을 참조.

여지는 것은 아니다. 수년 전보다 약화되기는 했지만 자유주의적인 무역 정책을 요구하는 목소리도 여전히 작지 않기 때문이다. 그러나 러시아에서 진행 중인 경제위기가 세관 통제를 강화하는 또 다른 이유를 낳을 수도 있다. 재정수입을 늘려야 할 필요성이 그것인데, 저유가로 인해 러시아는 예산 소요액을 마련하기가 점점 더 어려워지고 있기 때문이다(Zhavoronkov, 2017.12.8).

(2) 운송회랑의 재배치와 상품 운송 수요

SREB의 주요 프로젝트는 유라시아의 여러 운송회랑이 이 지역 국가들의 경제적 잠재력, 즉 상품 운송에 대한 충분한 수요가 있을 것이라는 전망으로 인해 타당성을 얻을 수 있다. 그러나 현재의 경제 상황은 이러한 전망을 뒷받침하지 못하는 듯 보인다. 중국의 장기적인 경제성장 능력은 최근 수년 동안 약화 조짐을 보이고 있다. 포스트소비에트 유라시아의 주요 국가들(러시아와 카자흐스탄)은 유가 하락으로 심각한 경기침체를 겪고 있다. 더 중요한 것은 이 경기침체가 장기화될 수 있다는 점이다(Huang, 2019. 5.23). 이런 상황에서는, 운송 수요는 하락하는 반면 전통적인 수입원 고갈로 인해 재정수입을 확보해야 할 정부의 필요성은 증가한다. 이는 SREB 내의 여러 운송회랑 간 경쟁이 더 심해진다는 것을 의미하며, 이러한 환경에서 EAEU와 SREB를 연결하는 것은 어려운 과제가 될 수 있다.

이와 관련하여 최근 수년 사이에 등장한 중요한 이슈가 EAEU 내 운송회랑의 양립성 문제다. 한 가지 예로 러시아의 유라시아 횡단 인프라, 특히 시베리아횡단철도(TSR)의 지위 문제가 있다. 러시아에게는 이 회랑이 가장 매력적이고 선호하는 노선일 것이다. 그러나 SREB 측에서는 러시아의 남쪽 국경을 따라 중앙아시아와 캅카스 국가를 통과하는 회랑에 훨씬 큰 관

심을 갖고 있다(성원용, 2017). 중국과 러시아가 시베리아횡단철도를 SREB
에 포함시키기로 합의하기는 했지만 정확히 어떻게 진행될지 분명하지 않
고, 더 중요한 것은 SREB 인프라를 사용하는 회사가 물류관리를 어떻게
하게 될지가 불명확하다는 점이다(Vinokurov, 2019.4.24). 시베리아횡단철도
가 러시아 정부에 수입을 창출할 수 없다는 사실이 분명해지면, 러시아는
다른 회랑의 개발을 제한하기 위해 EAEU에 영향력을 행사할 가능성이 있
다. 이것이 SREB와 EAEU 사이의 충돌을 일으키거나 심지어 EAEU 내부의
갈등을 야기할 수 있다.

　운송회랑 재배치가 중요한 역할을 할 수 있는 또 다른 문제는 SREB의
인프라 프로젝트를 실행하는 회사에 대한 계약 배분이다. 많은 경우, 중국
의 해외직접투자는 중국의 생산능력(심지어 노동력)을 포함하게 된다. SREB
프로젝트가 이 같은 접근방식에 따라 실행된다면 EAEU 내의 기업과 정부
로부터 반발을 살 것이다. 다시 말해, EAEU 국가들의 경제 상황이 악화됨
에 따라 각국의 정부 및 정치적 연줄을 가진 회사들이 SREB 계약을 수입
원으로 인식하여 치열한 경쟁에 나서게 될 가능성이 높아진다. 결국 이것
은 SREB 프로젝트의 실행 속도를 늦추거나 심지어 막을 수도 있다. 러시
아의 경우, 이러한 위험이 반드시 대기업과 연방정부에서만 발생하는 것
이 아니라 지방의 지대추구 엘리트 또한 중요한 역할을 할 수 있다.

　마지막으로, 유라시아 운송회랑을 설계하는 것과 관련된 두 가지 근본
적인 문제가 있는데, 이에 대해 EAEU 국가들과 중국은 서로 다른 견해를
가질 수 있다. 첫째, 남북 회랑과 동서 회랑의 상대적인 중요성이 한 쪽은
러시아와 카자흐스탄에 의해, 그리고 다른 쪽은 중국에 의해 각각 다르게
평가된다(Винокуров и Лисоволик, 2016.3.1). 둘째, 운송회랑이 인접 지역을
연결하는 데 초점을 맞출 것인지, 아니면 EAEU 회원국의 영토를 '통과하

여' 중국과 유럽을 연결하는 데 초점을 맞출 것인지가 분명하지 않다. 이것은 더욱 근본적인 문제이다. 후자의 경우에 EAEU 국가들은 건설 계약과 운송료 정도의 이익만 얻게 되는데, 이는 SREB의 경제발전에 대한 긍정적 효과를 제한하게 된다(Vinokurov, 2019.4.24).

(3) 지정학적인 경쟁

지금까지는 EAEU와 SREB가 그 지배 범위와 관심 분야라는 면에서 직접적인 경쟁이 없다는 관점으로 논의를 전개했다. 그러나 실상 두 프로젝트는 종종 러시아와 중국이 사용하는 지정학적 수단의 일부로 인식된다. SREB의 확장은 중국 영향력의 발현으로 여겨지며, EAEU는 러시아의 새로운 영향권으로 간주된다. 러시아가 EAEU 내에서 얼마나 영향력을 행사할 수 있는지는 EAEU의 실제 기능과도 관련되는데, 그것은 다소 논란의 여지가 있다. 예를 들어 EAEU의 의사결정이 러시아에 의해 완전히 지배되고 있다는 주장은 유라시아경제위원회(EEC)를 보면 경험적으로 지지할 수 없다. 그러나 러시아의 지배적 지위에 관한 수사는 EAEU를 어떻게 인식할 것인지에 대해 매우 중요한 역할을 하며, 훨씬 더 중요한 것은 EAEU 회원국들 자신과 중국의 지도부가 이를 어떻게 인식하는가 하는 것이다(Libman, 2017). 그리고 만약 EAEU와 SREB가 지정학적 프로젝트로 인식된다면, 대내외적으로 선언된 협력의 범위나 목표와는 달리 두 프로젝트의 양립성은 훨씬 제한적일 것이다. 결국 그것은 러시아와 중국 간 이해관계의 조화에 달려 있다.

2014년 이래 러시아는 '동방으로의 전환'이라는 장기적인 목표를 선언함으로써 중국을 주요 협력 대상국으로 끌어들였다(Sukhankin, 2018). 사실, EAEU와 SREB의 연결에 대한 러시아의 지지는 특정 경제 이익의 셈법보다 이 장기전략적 목표에 기반할 것이다. 그러나 이와 동시에 러시아의 지도부는 특히 중앙아시아에서 중국의 과도한 영향력 확대를 여전히 경계하고 있다. 러시아 지도부 내에서 이러한 우려가 강해지면, 러시아는 그 경제적 잠재력과는 무관하게 EAEU와 SREB 간의 어떠한 협력에 대해서도 소극적인 입장을 취하게 될 것이다. 중국과의 경제협력이 정체되거나 중앙아시아에서 중국의 존재감이 더욱 부각된다면 중국에 대한 우려는 커질 수 있다.

이와 같이 러시아가 지정학적 관점에 선다면, 중국과의 대화는 계속 되더라도 EAEU와 SREB의 연결에는 장애가 조성될 수 있다. 러시아의 관점에서 보면, EAEU와 SREB의 상보성을 강조하기보다 러시아의 아시아 회귀라는 비전을 지지하면서 상징적이고 수사적인 이슈에 집중하는 것이 더욱 매력적일 것이다. 이 경우 EAEU와 SREB 간의 협력은 유라시아의 과거 많은 지역 프로젝트(예를 들어 CIS)가 그랬듯이 실제 실행에는 이르지 못하는 고위급 차원의 선언과 성명 수준에 머물게 될 수 있다.

5. 결론

러시아와 중국의 주요 영향력 구축 프로젝트라 할 수 있는 EAEU와 BRI는 공히 경제 분야에 집중하고 있지만 양자 간의 실질에는 상당한 차이가 있다. 러시아는 구소련 공간에서 배타적 영향권을 구축하는 데 관심이 있으며, 그 목표는 자국의 강대국 지위를 강화하는 것이다. 다시 말해 러시아 프로젝트의 핵심 동인은 지역 차원에서 정치적 우위를 달성하는 것이다. 이에 비해 중국은 가시적인 경제적 성과에 초점을 맞추고 그에 걸맞은 영향력 증대를 위해 기능주의적인 논리를 채택했다. 중국은 무역과 투자를 위해 시장개방을 적극 유도하면서도 역내 다른 세력의 통합 이니셔티브는 우회하는 정책을 취해왔다.

러시아와 중국은 양국 간에 있을 수 있는 긴장을 인식하고 있으며 이에 따른 위험을 낮추기 위한 조치를 취해왔다. 러시아가 중국과 중앙아시아 간의 협력관계를 막을 수 있는 입장은 아니지만, 중국이 정치적 목표를 제한하고 경제적 목표에 초점을 맞추는 것은 양국 간의 직접적인 충돌이나 공개적인 경쟁을 피하는 데 도움이 된다. 중국은 중앙아시아와의 긴밀한 경제적 유대에도 불구하고 이 지역에 대한 정치적 지배를 시도하지 않았다. 나아가 구소련 지역에서의 상징적인 영향력에 초점을 맞추는 러시아의 입장은 경제에 초점을 맞추는 중국의 접근방식과 조화를 이룰 수 있다. 또한 무역, 투자, 인프라 구축이라는 측면에서 검토한 EAEU 회원국과 중국 간 '5+1' 협력의 성과는 양측 간의 협력관계를 더욱 발전시키기 위한 과제를 제기한다. EAEU와 BRI 간의 협력을 강화하고 이를 더욱 촉진하기 위해서는 몇 가지 문제에 대한 구체적인 검토가 필요하다. 무엇보다 먼저 각종 인프라 건설 등을 위한 자금조달 문제를 해결할 필요가 있다. 그 외에도 양자 간의 협력을 심화시키기 위해서는 투자정책, 무역정책, 산업정책 등에 대한 조정을 강화할 필요가 있을 것이다.

EAEU와 SREB의 연결에 따른 상호이익과 장애에 관한 문제는 어떤 면에서 다소 모순적으로 보일 수도 있다. 한편에서 볼 때, EAEU와 SREB의 연결은 가시적인 이익을 가져다줄 수 있다. 두 프로젝트가 유라시아에서 공존하기만 하더라도 그렇고, 운송회랑의 비전을 둘러싼 협상을 통해 양자를 성공적으로 조화시켜 투자협정에 도달한다면 더욱 그렇다. 본문에서 살펴보았듯이, 양 프로젝트의 차이점이 역설적으로 양자를 충분히 양립

가능하도록 만든다. 더욱이 국제 경제협력에 대한 SREB의 전반적인 입장을 감안할 때, 이 프로젝트의 디자인은 러시아 측의 관심을 끌 수 있다. 그러나 다른 한편, 두 프로젝트의 상호작용에는 심각한 장애 또한 존재한다. 러시아를 비롯한 EAEU 회원국의 경제위기가 계속되고 운송회랑의 재배치 및 보호주의에 대한 요구가 증가하면 이러한 장애는 그 잠재적인 중요성이 더욱 커진다.

그럼에도 불구하고 최근 수년 동안 러시아와 중국 간에는 EAEU와 SREB의 연결을 위한 실질적인 협력이 진행되어왔다. 불과 몇 년 만에 양자의 연결이 순조롭게 진행되어 온 것은 바로 연결에 대한 전략적 필요성 때문이다. 2015년 5월 8일 중국과 러시아는 '유라시아경제연합 및 실크로드 프로젝트의 공동 구축에 관한 공동선언'에 서명했다. 여기서 중국은 러시아 주도의 유라시아경제연합을, 러시아는 중국의 실크로드경제벨트 이니셔티브를 공식적이고 명시적으로 지지하고 있다.

이 성명은 협력의 전반적인 방향에 대한 예비적 계획이자 정치적 제스처였다. 그런데 이듬해인 2016년 6월에는 '유라시아경제위원회와 중화인민공화국(PRC) 상무부의 무역 및 경제협력 협정에 관한 주요 협상 타결에 관한 공동선언'이 서명되었다. 이는 양측이 국제 정치·경제 질서의 재구축이라는 맥락에서 통합과 협력의 과정을 가속화하기를 바라며, 단지 대화만 나누는 것이 아니라 실질적인 조치를 취할 것임을 의미하는 것이었다. 2016년 10월에 양측은 1차 협상을 개최했으며, 2017년 10월에 이 협상을 마무리했다. 2018년 5월 17일, 'EAEU와 중국 간의 무역 및 경제협력에 관한 협정'이 체결되었다. 여기에는 관세 협력과 무역 촉진·지적재산권·정부 부처 간 협력·전자상거래·정부조달 등 13개 장이 포함되었다. 이는 중국과 EAEU 국가 간 경제·무역 협력이 프로젝트 기반으로 추진되는 새로운 단계에 들어섰음을 의미했다. 2018년 12월에는 이 경제·통상 협력 협정이 발효되었다(Li, 2019.4.26).

이와 같은 연결은 BRI와 EAEU 국가들에게 실질적인 이익을 가져다 줄 것이다. EAEU 회원국의 입장에서 볼 때, 이 연결은 중국의 투자를 더욱 원활하게 유치하고 공동 프로젝트의 실행을 가속화할 수 있다. 더욱 중요한 것은, EAEU 국가들이 특히 농산물 분야에서 중국의 거대한 시장에 접근하는 데 도움이 된다는 것이다. 중국의 입장에서 볼 때, 이 연결은 유라시아 각국이 '중국과 러시아를 두고 한쪽을 선택할 필요'에 관해 걱정하지 않도록 유라시아 지역 전체의 우려를 불식시키는 정치적 의의를 갖는 것이다. 경제적 측면에서의 의의는 통관 간소화와 전자상거래를 위한 제도적 장치를 제공하여 상품과 인력의 이동을 촉진한다는 것이다.

궁극적으로 SREB-EAEU 간의 협력이 성공하기 위한 핵심 요소는 낮은 수준의 협력을 유지하면서 가능한 협력의 분야 및 범위를 확대해 나가고, 서로 간의 목표와 관할권을 인정하는 것이다. 즉, 두 프로젝트의 지향점과 목표와 범위를 넘어서는 대립적인 논란을 야기하지 않는 것이다. 이것은 특히 SREB의 목표 및 범위가 유동적이라는 점에서 쉬운 일이 아니다. EAEU와 SREB의 연결점을 '아시아로의 회귀'라는 러시아의 대외정책 목표와 수사에서 찾을 수 있지만, 이것이 협력을 위한 충분조건이 될 수는 없다. 두 프로젝트 간의 협력을 실질적으로 진전시키기 위해서는 지정학을 강하게 내세우는 러시아의 대외정책으로부터 양자의 협력을 가능한 한 분리시킬 필요가 있다. 이것이 달성될 수 있을지 여부는 아직 단언하기 어렵다. 어쨌든 EAEU와 SREB 간의 협력이 이뤄지지 않는다면 유라시아 전역에 걸친 운송 인프라의 발전은 심각하게 제한될 수 있다.

참 고 문 헌

김영진. 2016. 「유라시아 지역통합의 동학: 유라시아 지역주의 對 서구지향 지역주의」. ≪슬라브학보≫, 31권 4호, 101~135쪽.

김영진 외. 2015. 『유라시아경제연합: 지역통합의 현실과 전망』. 도서출판 한울.

_____. 2019. 「유라시아의 비서구 지역통합 프로젝트: 유라시아경제연합(EAEU)과 일대일로(BRI)」. ≪슬라브학보≫, 34권 1호, 177~210쪽.

김옥준. 2015. 「중국의 일대일로(一帶一路) 구상과 정치·경제적 함의: 실크로드경제벨트 구축을 중심으로」. ≪국제정치연구≫, 18권 1호, 289~307쪽.

성원용. 2017. 「중국의 '일대일로' 전략구상과 중앙아시아 지정학: 국제운송회랑을 중심으로」. 한양대 아태지역연구센터 엮음. 『유라시아지역은 어디로: 재편성의 동학』. 민속원. 239~280쪽.

양평섭. 2018. 『신흥국의 대중국 경제협력 전략: 일대일로 이니셔티브 대응을 중심으로』. 대외경제정책연구원.

윤성학·김영진. 2019. 「중앙아시아와 일대일로: 중국식 개발모델의 한계」. ≪슬라브연구≫, 35권 1호, 27~52쪽.

이주영. 2017. 「일대일로와 중국의 대(對)중앙아시아 통상관계 분석」. ≪한중사회과학연구≫, 43권, 55~77쪽.

주용식. 2015. 「중국 '일대일로(一帶一路)'에 대한 전망 분석」. ≪국제정치연구≫, 18권 2호, 169~190쪽.

Bordachev, T. 2014. "Eurasian Russia in the Twenty-First Century." Liik. L.(ed.). *Russia's 'Pivot' to Eurasia*, pp.25~31. London: European Council on Foreign Relations.

BP. 2018. *Statistical Review of World Energy*. London: British Petroleum.

Deng, Y. 2015. "China: The Post-Responsible Power." *The Washington Quarterly*. Vol.37, No.4, pp.117~132.

Dragneva, R. and K. Wolczuk. 2015. "European Union Emulation in the Design of Integration." Lane, D. and V. Samokhvalov(eds.). *The Eurasian Project and Europe: Regional Discontinuities and Politics*. Basingstoke: Palgrave, pp.135~152.

Godehardt, N. 2016. "No End of History: A Chinese Alternative Concept of International Order?" *SWP Research Paper*. 2016/RP 2. Berlin: SWP.

Hu, B. et al. 2017. "Promoting the Belt and Road Initiative by Strengthening '5+1' Cooperation: China's New Sources of Economic Growth." Song, Ligang et al.(eds). *Human Capital, Innovation and Technological Change*. Canberra: ANU Press, pp.409~429.

Hu, W. 2015.1.25. "New Fund Initiated for Silk Roads." *Global Times*.

Indeo, F. 2016. "The Eurasian Economic Union and the Silk Road Economic Belt: the impact of the Sino-Russian geopolitical strategies in the Eurasia region." *Working Paper*. No.2016.5. Maastricht School of Management.

Kaczmarski, M. 2017. "Two Ways of Influence-building: The Eurasian Economic Union and the One Belt, One Road Initiative." *Europe-Asia Studies*. Vol.69, No.7, pp.1027~1046.

Lehmacher, W. and V. Padilla-Taylor. 2015. "The New Silk Road – Idea and Concept." *ISPSW Strategy Series*. No.390.

Li, L. and R. Pantucci. 2013.1.24. "Decision Time for Central Asia: Russia or China?" *Open Democracy*.

Libman, A. 2016. "Linking the Silk Road Economic Belt and the Eurasian Economic Union: Mission Impossible?" *Caucasus International,* Vol.6, No.1, pp.41~53.

_____. 2017. "Russian Power Politics and the Eurasian Economic Union: The Real and the Imagined." *Rising Powers Quarterly,* Vol.2, No.1, pp.81~103

Liik, K. 2014. "Introduction: Russia's pivot to (Eur)asia." Liik, K.(ed.). *Russia's 'Pivot' to Eurasia,* pp.5~16. London: European Council on Foreign Relations.

Muzalevsky, R. 2011. "Russian-Led Customs Union Intensifies Sino-Russian Rivalry in Central Asia." *Eurasia Daily Monitor*, Vol.8, No.147.

O'Neal, M. 2014. "Russia in WTO: Interests, Policy Autonomy, and Deliberations." *Eurasian Geography and Economics*, Vol.55, No.4, pp.404~421.

Popescu, N. 2014. "Eurasian Union: The Real, the Imaginary and the Likely." *Working Paper*, 132. Paris: Institute for Security Studies.

Sukhankin, S. 2018. "From 'Turn to the East' to 'Greater Eurasia': Russia's Abortive Search for a Far East Strategy." *Eurasia Daily Monitor*, Vol.15, No.177.

Essential Guide to Understanding Belt and Road Initiative. *Xinhua*. 2017.5.13. http://news.xinhuanet. com/english/2017-05/13/c_136279142.htm(검색일: 2019.6.20).

Huang, Y. 2019.5.23. "Can the Belt and Road Become a Trap for China?" Center for Global Development. https://www.cgdev.org/article/can-belt-and-road-become-trap-china-nikkei-asian-review(검색일: 2019.6.20).

Indeo, F. 2017.5.10. "The Eurasian Economic Union and the Silk Road Economic Belt: the impact of the Sino-Russian geopolitical strategies in the Eurasia region." Analytical Media *Eurasian Studies*. http://greater-europe.org/archives/2720(검색일: 2019.6.20).

Li, Z. 2019.4.26. "Connecting the BRI with Eurasian Economic Union is strategic choice of China, Russia." CGTN. https://news.cgtn.com/news/3d3d514d78676a4d34457a6333566d54/share_p. html(검색일: 2019.6.15).

Russian Federation. 2013.2.18. *Concept of the Foreign Policy of the Russian Federation* . Ministry of Foreign Affairs of the Russian Federation. http://www.mid.ru/en/foreign_policy/official_ documents/-/asset_publisher/CptICkB6BZ29/content/id/122186(검색일: 2019.6.15).

Sina Online. 2016.10.18. "The Belt and Road construction accelerates: China-Europe express railway trains will be about 5000 a year by 2020." *Sina Online.* http://finance. sina.com.cn/roll/2016-10-18/doc-ifxwvpqh7761641.shtml(검색일: 2019.6.20).

Vinokurov, E. 2019.4.24. "The Belt and Road Initiative in Northern Eurasia: Current, State, Barriers to Development, Interests, and Policies." Analytical Media *Eurasian Studies.* http://greater-europe.org/archives/6813(검색일: 2019.6.20).

Vision and Actions on Jointly Building Silk Road Economic Belt and 21st-Century Maritime Silk Road. Beijing, National Development and Reform Commission, Ministry of Foreign Affairs, and Ministry of Commerce of the People's Republic of China, with State Council authorization, 2015. http://en.ndrc.gov.cn/newsrelease/201503/t20150330_669367.html(검색일: 2019.6.20).

Xi, J. 2014.5.21. *New Asian Security Concept for New Progress in Security Cooperation.* Ministry of Foreign Affairs of the People's Republic of China.http://www.fmprc.gov.cn/mfa_eng/zxxx_ 662805/t1159951.shtml (검색일: 2019.6.20).

Zhavoronkov, S. 2017.12.8 "Two Lean Years: Russia's Budget for 2018–2020." The Russia File. https://www.wilsoncenter.org/blog-post/two-lean-years-russias-budget-for-2018~2020(검색일 : 2019.6.20).

Луконин, С. А. 2015. "Экономический пояс Шелкового пути: риски и возможности для России." *Международная торговля и торговая политика*, No.4, С.18~29.

Мансуров, Т. 2014. "ЕврАзЭС: от интеграционного сотрудничества к Евразийскому экономическому союзу." *Международная Жизнь*, No.10.

Мешкова, Т. А.(ред.). 2019. *Евразийская экономическая интеграция: перспективы раз вития и стратегические задачи для России.* Москва: Высшая школа экономики.

Винокуров, Е. и Лисоволик, Я. 2016.3.1. "Шелковый путь 2.0: зачем России новые железные дороги." ЕБР. https://eabr.org/press/news/shelkovyy-put-2-0-zachem-rossii-novye-zheleznye-dorogi(검색일: 2019.6.10).

ЕАЭС. 2015.1.1. Договор о Евразийском экономическом союзе. Принято 29 мая 2014г. и вступило в силу. https://docs.eaeunion.org/Pages/DisplayDocument.aspx?s=bef9c798-3978-42f3-9ef2-d0fb3d53b75f&w=632c7868-4ee2-4b21-bc64-1995328e6ef3&l= 540294ae-c3c9-4511-9bf8-aaf5d6e0d169&EntityID=3610(검색일: 2019.6.15).

Путин, В. 2011.10.3. "Новый интеграционный проект для Евразии — будущее, которое рождается сегодня." Известия. http://izvestia.ru/news/502761(검색일: 2019.6.10).

3장

유라시아에서 러시아와 중국의 협력과 대립 가능성

러시아 확대유라시아 구상과 중국 일대일로를 중심으로

| 이상준 |

1. 서론

소련 해체 이후 영토 축소를 경험했던 러시아는 푸틴 체제 출범을 계기로 유라시아 대륙으로의 확장을 다시 적극 추진하고 있다. 영토가 넓지만 자연적인 경계가 뚜렷하지 않은 변경 지역이 많은 까닭에, 러시아는 근외 국가와의 협력에서 경제보다 안보를 우선 고려하고 있다. 그래서 자국 안보에 영향을 줄 수 있는 타국의 지정학적 정책을 무턱대고 지지하

---

* 이 장은 서울대학교 러시아연구소가 발행하는 「유라시아 지역에서 러시아와 중국의 협력과 대립 가능성: 러시아 확대 유라시아 구상과 중국 일대일로를 중심으로」, ≪러시아연구≫, 29권 1호(2019)에 게재되었으며, 편집위원회의 허락을 받아 실었음을 밝힌다.

지 않는다.

　러시아는 중국의 일대일로가 그 지리적 범위를 넓혀가는 상황(OBOR에서 BRI로)을 경계하지만, 다른 한편으로는 서구와의 대립으로 발생하는 갈등에 공동 대처할 수 있는 협력 파트너로서의 가능성을 보고 이를 묵인하는 것처럼 보일 수도 있다. 그러나 러시아의 유라시아 전략을 제대로 이해한다면 이러한 시각은 맞지 않을 수 있다.

　러시아는 유라시아 대륙에서 자국의 전략적 목표를 실현한다는 견지에 서서 다른 국가와 협력을 추진하며, 중국의 일대일로 역시 동일한 관점으로 타국을 바라본다는 점에서 양국의 입장은 다르지 않다. 경제 인프라 구축에 투입할 재정적 여력 면에서 중국을 여타 근외 국가들과 단순 비교할 수는 없을 것이다. 러시아도 중국을 다른 국가들과 같은 수준으로 이해하지는 않는다. 그렇지만 안보전략이라는 차원에서 러시아는 카자흐스탄의 누를리 졸(Nurly Zhol), 몽골의 '초원의 길'과 중국의 일대일로를 동일한 시각으로 평가하고 있다.

　러시아 입장에서는 자국이 추진하고 있는 '확대유라시아(Greater Eurasia)' 구상을 성공적으로 완수하는 것이 더 중요하다. 러시아는 먼저 유라시아 대륙의 중심에서 동서(신동방정책, 크림반도 합병)로 지리적 영향력을 확대하고, 최근에는 남북[유라시아경제연합(EAEU: EurAsian Economic Union), 북극 개발]으로 그 지정학적 지평을 넓히고자 노력하고 있다. 유라시아 동서남북으로 영향력을 확대하는 것이 쉽지만은 않아서, 자력으로 역부족일 경우 러시아는 다자협력의 틀을 활용하기도 한다. 상하이협력기구(Shanghai Cooperation Organization, 이하 SCO)가 대표적인 예다. 러시아는 중국과 중앙아시아 4개국이 참여한 SCO에 파키스탄과 인도를 동참시켜 인도양으로 이어지는 유라시아 남부 게이트웨이를 확보하고자 했다(김성진, 2018: 189~222). 이 과정에서 중국과의 협력이 중요시되었다. 당초 SCO가 반테러주의·반분리주의 등을 기치로 유라시아 중심부 국가 간 협력체로 출범하는 과정에서 러시아와 중국의 공감대가 형성되었고(염구호, 2011: 39), 최근에는 이 기구가 서구 중심주의에 대항하는 국제기구로 발전하는 것 아니냐는 의심도 받고 있다. 러시아와 중국이 SCO를 매개로 유라시아 중심국으로서 이익을 공유한다는 평가도 있지만, 이를 객관적으로 평가하기 위해서는 좀 더 세세한 부분을 살펴볼 필요가 있다.

러시아의 지정학적·지경학적 확장은 기후변화와 기술적인 능력의 영향도 받고 있다. 러시아는 2019년 2월 26일 '극동개발부'를 '극동·북극 개발부'로 개편하고 북극 개발 업무를 전담하는 제1차관직을 신설하면서 북극 개발에 속도를 내고 있다(*Market Watch*, 2019.2.27). 야말 가스전 개발을 통해 북극 연안의 자원 개발을 현실화하고 여기서 축적한 자본으로 북극에 필요한 인프라를 건설하고자 한다. 최근 중국이 일대일로를 확장하면서 빙상 실크로드를 제안했고, 현재 야말 개발에도 참여하고 있다(표나리, 2018: 182~ 183). 이는 러시아가 유라시아 대륙 중심에서 동서남북으로 확장하는데 도움이 되기는 하지만, 그렇다고 전략적인 목표까지 부합하는 것은 아닐 수 있다. 북극 개발 역시 경제적 목적보다 안보적인 이유에 중점을 두고 있기 때문이다. 유라시아 대륙의 동서남북으로 자국의 영향력을 확장하려는 전략적 목표에 부합하지 않는다면, 러시아는 일대일로를 긍정적으로 평가하지 않을 수도 있다.

이 장에서는 유라시아 대륙에서 진행되고 있는 러시아의 확대유라시아 정책과 중국의 일대일로 정책이 상호협력 할 수 있는 부분과 경쟁·갈등할 수 있는 부분이 무엇인지를 분석해, 양국이 그리는 유라시아 대륙에서의 협력과 통합, 갈등과 경쟁의 구도를 파악하려고 한다. 2절에서는 러시아의 확대유라시아 정책과 중국의 일대일로가 협력할 수 있는 부분이 무엇인지, 3절에서는 두 정책 간의 경쟁 내지 갈등 요인이 무엇인지, 4절에서는 러시아의 대응 전략이 무엇인지를 살펴보고, 결론에서는 이러한 상황이 만들수 있는 유라시아 대륙에서의 협력과 경쟁 구도를 요약하고자 한다.

2. 러시아 확대유라시아 구상과 중국 일대일로의 협력 요인

러시아 정부가 중국의 일대일로에 협조적인지 아닌지 알기 위해서는 먼저 러시아 정부의 공식 입장을 살펴보는 것이 필요하다. 아직까지 러시아 정부는 공식적으로 중국의 일대일로에 대해 긍정적으로도 부정적으로도 평가하지 않고 있다. 그 이유는 러시아의 지정학적 전략 추진에 어떤 영향이 있는지 파악하는 데 시간이 필요하다고 판단하기 때문이다. 러시아는 중국의 '일대(Belt)'가 중국 내륙지방에서 중앙아시아, 중동으로 육상 연결을 도모한다는 점에서, 러시아의 영향력 감소를 실질적으로 체감하기까지는 오랜 시일이 걸릴 것으로 예상한다. 그래서 현시점에서 일대일로를 평가하는 것이 시기상조라고 판단해 직접적으로 논평하지 않고 있는 것이다.

러시아는 유라시아 대륙의 비전을 제시하면서 자국이 원하는 방향으로 대외 협력을 모색하고 있다. 러시아의 국정 과제 가운데 중국의 일대일로와 연계해 가장 눈여겨볼 정책은 확대유라시아 동반자 관계이다. 블라디미르 푸틴(Vladimir Putin) 대통령은 2016년 상트페테르부르크 경제 포럼에서 유라시아 협력에 관한 비전으로 '유라시아의 위대한 동반자 관계' 즉 '확대유라시아 동반 관계'를 제시했고, 이를 통해 중앙아시아뿐 아니라 인도양과 중동으로 이어지는 국가들과의 협력 또한 적극 추진할 의사가 있음을 천명했다. 이는 유라시아 대륙에서 러시아의 역할 회복을 목표로 하고 있다는 점에서 원대한 국제관계 프로젝트다. 러시아는 확대유라시아 정책을 통해 다자간 세계질서에서 초강대국으로서의 지위를 재확인하고 미국·중국·EU에 비해 약화된 지위를 강화해 국제적인 위상을 회복하고자 한다.

러시아가 제시한 확대유라시아 구상의 협력 원칙은 ① 개별 국가의 주권 존중, ② 개별 국가의 정치적·사회적 특성에 맞는 발전 전략 수립 보장, ③ 내정불간섭의 원칙, ④ 문화적 다원주의와 상대성 인정, ⑤ 적대적 군사안보 위협 배제, ⑥ 환경오염, 기후변화 등 지속가능 발전과 관련된 제반 문제해결에서 포용적 제도 수용 등이다(서동주·이상준, 2018: 115). 이러한 원칙은 서구적 가치를 무조건적으로 수용할 수 없는 유라시아 국가들에 대한 이해와 주권 존중을 의미한다. 그래서 개별 국가에 대한 내정불간섭의 원칙을 내세우며 협력을 추진하고 있는 중국의 일대일로와 충돌하지 않는다(Kuznetsova, 2017.9.1). 반면 이것은 미국·EU와는 차이를 보인다. 서구는 인권, 민주주의, 자유경쟁, 시장경제를 보편적 가치로 삼아 중앙아시아를 비롯한 유라시아 중심 지역으로 진출하고자 한다.

그러므로 러시아가 중국과 협력할 첫 번째 이유는 소련 해체 이후 유라시아 중심부로 진출하려고 하는 미국·EU를 견제하는 것이다. 그동안 미국·EU는 러시아를 우회해 자신들과 중앙아시아를 연결하고자 했다. EU는 러시아를 거치지 않고 중앙아시아와 중동으로 이어지는 에너지와 교통물류 운송망에 오래전부터 깊은 관심을 표명해 왔다. 그래서 체제 전환 국가와의 개발협력을 위해 준비한 CIS 국가 체제 전환 지원(TACIS: Transition Assistance to the Commonwealth of Independent States)(European Commision, 2019) 프로그램의 일환으로 유럽, 캅카스, 중앙아시아를 연결하는 유럽-코카서스-아시아 운송회랑(Transport Corridor Europe-Caucasus-Asia, 이하 TRACECA) 건설을 적극 추진했다(TRACECA, 2019). 아시아와 유럽을 연결하는 최단경로 철도를 건설해 고대 동서양을 연결하던 실크로드를 복원하는 것이 TRACECA의 목표이며 이를 통해 막힘없는 교통 및 통신 인프라를 재건하고자 했다.

EU는 중앙아시아로 연결되는 에너지 운송망을 구축하는 데도 관심을 기울였다. 터키에서 조지아를 거쳐 아제르바이잔으로 연결되는 파이프라인과 철도가 건설되었다. 2005년 완공된 BTC(Baku-Tbilisi-Ceyhan) 송유관, 2006년 건설된 BTE(Baku-Tbilisi-Erzurum) 가스관, 그리고 우여곡절 끝에 완공된 BTK(Baku-Tbilisi-Kars) 철도가 있다. 하지만 에너지 및 교통물류 회랑은 아제르바이잔-아르메니아-터키 분쟁, 러시아-조지아 전쟁(≪중앙일보≫, 2008.8.14), 2008년 세계경제위기, 캅카스 지역의 지형적 난관 등이 중첩되어 바쿠까지 연결되는 데도 장기간에 걸친 많은 어려움이 있었다. 더욱이 카스피해를 횡단해 중앙아시아로 연결되는 사업들은 카스피해 연안 5개국의 해양경계획정이 지체되면서 성사되지 못했다.

한편 중앙아시아로 들어가는 남쪽으로부터의 회랑은 아프가니스탄 대테러 전쟁, 이란 제재, 투르크메니스탄과 우즈베키스탄의 폐쇄 정책 등으로 난항을 겪으면서 지연되었다. 미국과 인도가 관심을 가졌던 TAPI 가스관 건설이 지체된 것도 같은 이유로 인한 것이었다. 이처럼 미국과 EU의 유라시아 중앙으로의 진출은 러시아와 주변국가들의 복잡한 정세가 얽히면서 큰 성과를 내지 못했다.

반면 중국의 중앙아시아 접근은 서구보다 훨씬 나은 성과를 거두었다. 에너지 부문을 보면, 중국-카자흐스탄 송유관 2228km(2006), 중국-투르크메니스탄 가스관이 건설되어 중국의 카자흐스탄 석유 수입량이 하루 40만 배럴로 증가했다. 투르크메니스탄(31.7bcm), 우즈베키스탄(3.4bcm), 카자흐스탄(1.1bcm) 등 중앙아시아 3개국에서 중국이 수입하는 전체 천연가스 규모는 2017년 36.2bcm까지 대폭 증가했다.

러시아는 소련 시기에 구축한 중앙아시아 북부 진입 회랑과 물적 인프라(CPC: Caspian Pipeline Consortium)를 통해 이 지역에서 독점적 지위를 누려왔다. 그러나 체제 전환 이후 동쪽에서 중국의 '서부 대개발'이 중앙아시아 국가들과 연계해 새로운 길을 만들어 들어오고, 서쪽에서는 터키가 투르크 경제공동체 구축을 명분으로 들어오면서, 러시아가 중앙아시아에서 독점적 지위를 유지하는 것은 불가능해졌다. 러시아는 서구뿐 아니라 중국이 중앙아시아 지역으로 들어오는 것도 바라지 않지만 양 진영을 완벽하게 차단할 수 없다면, 인권과 민주주의 등을 몰고 오면서 중앙아시아 지역의 불안을 야기할 수 있는 EU보다는 그렇지 않은 중국의 접근을 허용하는 것이 나은 선택일 수 있다.

협력 대상국의 주권을 침해하지 않는 범위에서 진출하고자 하는 중국이 EU보다는 러시아 국익에 덜 부정적이라는 인식이 존재한다. 물론 중국의 접근도 탐탁지 않지만, 독립 이후 자국 발전에 관심을 쏟고 있는 중앙아시아 국가들의 염원을 무력화할 수단이 마땅치 않던 러시아는 적절한 통제 수단을 유라시아 대륙에서 확보해 국익을 지키고자 했다. 실제로 카스피해로의 물리적 접근성 확보 경쟁에서 EU보다 중국이 더 많은 성과를 거둘 수 있었던 이유는 러시아가 카스피해 연안국과 국경 획정에 합의해 이 지역에서 자국의 영향력을 유지하려 했기 때문이다(≪중앙일보≫, 2018.8.12). 또한 러시아는 이를 이용해 조지아를 경유하여 아제르바이잔으로 연결되는 EU의 TRACECA 에너지·상품 교역로가 카스피해를 통과하는 것을 통제할 수 있다고 판단했다. 그 덕분에 2008년 금융위기로 인해 발생했던 러시아와 투르크메니스탄 간 가스관 분쟁이 중국이 투르크메니스탄과의 가스 협력을 성사시키는 계기가 되기도 했다.

여기에 더해 지정학적 리스크도 한몫했다. 캅카스 국가 간의 반목, 카스피해 해양경계분쟁은 EU의 카스피해 진출을 서쪽 연안에서 막아낼 수 있는 빌미를 러시아에 제공했다. 중앙아시아 남쪽으로부터 이어져 오던 회랑 건설은 아프가니스탄 전쟁을 비롯한 난관에 막혀, 러시아가 굳이 통제를 하지 않아도 되었다.

유라시아 내륙지역을 놓고 러시아가 중국과 협력해야 하는 두 번째 이유는 극단주의·분리주의·테러리즘의 유입을 막아야 한다는 공통의 이해관계가 있기 때문이다(Koldunova and Das Kundu, 2014: 6). 그래서 서구의 중앙아시아 진입을 막으려 했던 러시아가 중국의 진출은 적극 통제하지 않았다. 이때 중국은 도광양회(韜光養晦)의 시기였고, 중앙아시아 지역에서 러시아의 안보 기득권에 대항하지 않으려 했다. 중국은 경제적인 이해관계를 통해 중앙아시아 국가들과 협력을 강화할 수 있었는데, 러시아의 암묵적인 동의가 없었다면 이는 불가능했다. 중국은 신장위구르 지역으로의 극단주의·분리주의·테러리즘 확산을 경계하고 있었는데 러시아 역시 이에 대해 우려하고 있었다. 러시아와 카자흐스탄의 국경이 대부분 초원 지대라는 점에서, 중앙아시아 지역으로 이슬람 원리주의가 확산되는 것은 러시아 안보에 심각한 위협이라고 판단했던 것이다.

러시아와 중국은 극단주의·분리주의·테러리즘 확산 방지를 위한 협력체제로서 유라시아 내륙국들이 참여하는 국제기구 SCO를 창설했다. 그런데 러시아가 지정학적 전략으로 제시한 확대유라시아 동반 관계의 참여 대상이 되는 다수의 유라시아 지역 국가들은 다음과 같은 문제점을 안고 있기 때문에 러시아의 확대유라시아 정책 역시 많은 어려움이 예상된다. 우선 참여 대상 국가들의 정치 안정이 장기적으로 보장될 수 없고 사회·경제적 이슈들도 단기간에 해결되기 어렵다. 또한 이 국가들 간 정치 시스템의 차이가 커서 유효한 협력 기제를 만들어낼 수 있을지도 의문시된다. 현실적으로 이러한 어려움이 있음에도 인도와 파키스탄을 SCO 회원국으로 받아들이도록 중국을 설득한 이유는 러시아의 확대유라시아 구상을 실행하기 위한 것이었다(≪매일경제≫, 2017.6.6). 게다가 러시아는 이란도 SCO에 가입시켜야 한다고 중국을 설득하고 있다. 중동에 위치하면서 페르시아만과 인도양을 잇는 전략적 요충지 이란은 러시아가 추구하는 다극주의 세계질서에서 반드시 협력해야 할 국가이기 때문이다(강봉구, 2016: 1).

SCO 회원국으로 인도양 연안 국가들을 참여시키고 걸프만으로 그 지리적 범위를 확장하는 것은 중국의 이해관계와도 맞아떨어진다. 남중국해와 동중국해에서 영유권 갈등으로 자원 운송과 무역의 자유로운 흐름이 방해받을 경우 육로를 통해 자원과 시장을 확보할 수 있다는 점에서, 중국의 일대일로가 추진하고자 하는 목적과 일맥상통하는 것이다. SCO에 새로 가입한 인도, 파키스탄 등과 비현실적인 목표를 설정하고 협력을 추진한다면 SCO 확대는 부정적인 방향으로 작용할 것이다. 하지만 러시아는 SCO를 적절히 활용해 확대유라시아 구상을 유리하게 이끌도록 노력할 것이다. 그 이유는 러시아-인도-중국의 협력이 유라시아 대륙의 가장 강력한 비서구 협력 모델로 작용할 수 있기 때문이다(서동주·이상준, 2018: 116). 인도를 잘 견인한다면, 브릭스(BRICS)라는 협의체 차원에서 글로벌 이슈에 대응할수 있을 뿐 아니라 트럼프 행정부의 신아시아 정책인 인도·태평양 전략(Indo-Pacific Strategy)에 참여하는 미국-일본-인도-호주의 다이아몬드 안보동맹도 약화할 수 있다고 판단하고 있다. 궁극적으로 SCO는 러시아의 확대유라시아 구상을 실현하는 데 유용한 외교안보 플랫폼으로 운용될 수 있을 뿐 아니라 중국의 영향력을 통제하거나 희석하는 데도 도움이 될 것으로 판단하고 있다(서동주·이상준, 2018: 116). 또한 러시아는 중국과 인도, 인도와 파키스탄, 파키스탄과 아프가니스탄 간의 긴장을 관리하는 역할을 수행할 수 있기를 바라고 있기에, 일대일로와는 적절한 협력관계를 만들어가면서 국익을 증대할 기회를 모색하고자 한다.

러시아가 중국과 협력해야 할 세 번째 이유는 러시아가 겪고 있는 경제적 어려움에 기인한다. 2014년 크림반도 합병 이후 시작된 서방의 대러 제재와 러시아의 맞제재, 연이어 발생한 유가 하락은 러시아 경제에 점차 부정적인 영향을 미치고 있다. 확대유라시아 구상을 추진하기는 하되 재정적 투입이 적은 분야에 우선순위를 두고 협력을 진행하는 것은 이러한 경제적 어려움 때문이다. 러시아에서 중국으로 이어지는 가스관 '시베리아의 힘'의 연결 협상을 10년 넘게 끌다가 2014년 5월에야 합의를 이룬 것 역시 서구와의 갈등과 무관하지 않다. 러시아가 공들여 시작한 북극의 야말 가스전 개발사업도 셰일가스 개발이 본격화되면서 아시아·태평양 지역 시장을 둘러싼 미국과의 경쟁을 심화할 수 있다. 경제는 어려워지고 러시아의 경제기반인 자원 시장을 놓고 경쟁이 격화되는 상황에서 이러한 문제를 해결하는 데 도움이 될 수 있는 중국과의 협력은 중요하다.

러시아는 중국과의 협력을 통해 경제·물류·정보 협력을 위한 공동 공간을 창출하고 이를 바탕으로 상하이에서 리스본까지, 뉴델리로부터 무르만스크까지 평화와 안보를 위한 동반자 관계 또는 공동체의 비전을 제시하면서, EAEU보다 강력한 확대유라시아 동반 관계를 시작하고자 한다. 러시아는 중국과의 협력을 통해 유라시아의 인프라 네트워크 건설에 중국의 투자 역량을 활용하고자 한다. 그와 함께 중앙아시아의 운송 능력을 키워 아시아와 유럽 간 무역 및 투자 흐름을 중개할 수 있는 러시아의 역량을 강화하고자 한다(〈그림 3-1〉 참조).

그림 3-1 EAEU와 주요 국가의 운송수단 비교

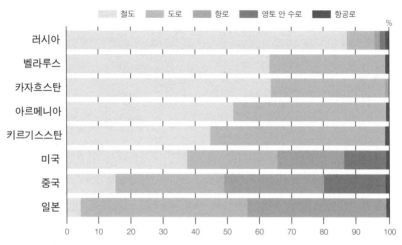

자료: 유라시아 개발은행.

3. 러시아 확대유라시아 구상과 중국 일대일로의 대립 요인

러시아의 확대유라시아 구상이 중국의 일대일로와 경쟁하거나 갈등하
게 될 잠재적 요인도 적지 않다. 첫째, 유라시아 내륙국들 입장에서는 확대
유라시아 구상과 일대일로의 협력원칙 간에 큰 차별성이 없기 때문에 일
대일로를 확대유라시아 구상의 대안으로 인식할 수 있다. 물론 중앙아시
아 국가들은 중국과 러시아의 재정적인 여력을 살펴볼 것이다. 재정 측면
에서는 일대일로가 확대유라시아 구상보다 더 주목받고 있다. 중국이 아
시아인프라개발은행(AIIB: Asian Infrastructure Investment Bank)을 통해 재정
지원을 쏟아붓고 있는 것과 달리 EAEU 내 유라시아개발은행(Eurasian

Development Bank, 이하 EDB)은 자본이 빈약해 큰 주목을 받지 못하고 있다.

확대유라시아 구상이 러시아의 지정학적 위상을 회복하기 위한 국가적인 정책이기는 하지만, 러시아가 가지고 있는 재정적 여력은 현실적으로 한계가 있다. 러시아는 기술표준, 식품 검역, 관습 및 지적 재산권 규정, 과학기술 협력 및 상호 투자에 대한 규칙을 조화롭게 하고 상호 간 장벽을 낮추는 것에서부터 확대유라시아 구상을 시작하고 있다. 러시아는 제도화 장벽을 낮춰 협력 기반을 조성한 이후, 관세 인하를 통해 40개국 이상이 참여하는 자유무역지대 창설로의 발전을 고려하고 있다. 국제적 이슈로는 테러리즘 등 비전통적인 안보 영역에 국한해 협력을 추진하고 있다. 러시아 측에서는 소프트웨어적 성격의 협력에 집중하겠다는 것이다. 이와 같은 러시아의 전략은 중국의 일대일로가 인프라 구축에 집중하는 것과 대비된다.

포스트소비에트의 중앙아시아를 살펴보면 이러한 전략적 선택의 이유를 이해할 수 있다. 구소련은 중앙아시아 지역을 편입하면서 러시아를 중심으로 부챗살 모양의 연결 네트워크를 조성했다. 그래서 중앙아시아 국가들은 독립 이후에도 러시아와 많은 안보적 자산을 공유하고 있다. 러시아는 현재도 구소련 시기에 투자한 인프라 덕분에 지정학적 우위를 누리고 있다. 그런데 새로운 협력관계를 도모할 수 있는 인프라 투자는 이 국가들의 대러 의존도를 줄이기 때문에 러시아는 적극 나설 이유가 없다. 소련 시기의 인프라가 노후화되기는 했지만 여전히 작동하는 반면, 새로운 인프라를 구축하는 데는 막대한 재정 투입이 필요한 실정이다.[1] 따라서 러시아 입장에

---

1   동남아시아 국가의 경우에도 국제분업 체계에 편입하여 축적한 자본을 인프라에 투자하고, 이 인프라 투자를 통해 더 많은 분야가 글로벌 밸류체인에 편입됨으로써 오늘날과 같은 사회경제 인프라를 구축할 수 있었다. 따라서 중앙아시아뿐 아니라 일

서는 투입 대비 가시적인 성과가 큰 분야에 집중하는 것이 바람직하다고 판단해 소프트웨어적인 투자에 집중하고 있는 것이다.

반면 일대일로를 통해 새로운 길을 열어야 하는 중국은 막대한 자금이 소요되는 인프라 투자에 적극적일 수밖에 없다. 중국은 인프라 관련 유휴 생산력을 근외 지역으로 재배치하기 위해 일대일로를 추진한다는 측면에서 과감히 이 같은 재정지출을 하고 있다. 중앙아시아 국가들도 자국 경제 성장에 크게 기여하기에 이 투자를 반길 수밖에 없다. 이렇게 본다면 앞서 언급한 러시아의 접근방식은 저발전 상태를 극복하기 위해 국제관계를 활용하고자 하는 유라시아 내륙국들의 협력을 이끌어내기 어려울 수도 있다. 확대유라시아 구상은 유라시아 대륙을 연결하고 통합을 이루려는 점에서 일대일로와 유사하지만 재정적 기여가 적다는 점에서, 유라시아 국가들이 확대유라시아 동반자 관계를 일대일로의 대안으로 인식하는 데는 한계가 있다.

이러한 상황에도 불구하고 중앙아시아 국가들이 러시아와의 협력을 일대일로의 대안으로 생각할 수 있는 이유는 이 국가들의 안보 이슈와 관련되어 있다. 중국은 대외협력을 할 때 내정불간섭 원칙을 천명하고 있으며, 이 원칙은 일대일로 협력 국가에도 예외 없이 적용되고 있다. 그러나 파키스탄, 스리랑카 등이 과도한 부채를 끌어와 개발을 진행하다가 채무 위기에 빠지고 이로 인한 사회불안이 야기되면서, 중국에 과도하게 의존하는 것을 꺼리는 국가들이 생겨나고 있다(연합뉴스, 2018.8.8). 이러한 문제가 있기에 러시아는 중국의 일대일로와 직접적인 경쟁을 피하고 있고, 또 당장

대일로 연선국가들도 이러한 접근이 필요할 것이다. 단순한 인프라 투자만으로 경제발전과 국제분업 구조 편입이 가능한 것은 아니며, 개별 국가 차원에서 국민들이 적극 참여하여 실행하는 발전 전략이 이에 부합해야 할 것이다.

그림 3-2 **모스크바에서 본 안보적 위협**

자료: http://www.censoo.com/data/2016/01/russia_security_paper_designates_NATO_as_threat_small.jpg
(검색일: 2018.12.10).

경쟁할 이유도 없다고 판단하고 있다. 그래서 러시아는 일대일로에 대해 부정적이거나 경쟁자적인 입장을 내놓지 않고 있는 것이다.

러시아가 중국의 일대일로와 갈등할 수 있는 두 번째 이유는 일대일로가 확장되는 과정에서 러시아의 안보를 위태롭게 하는 상황이 발생할 수 있기 때문이다. 러시아는 국경이 2만 km가 넘고 소련 해체로 영토 축소를 경험했기에 안보 트라우마가 있다. 그래서 러시아는 확대유라시아 정책을 안보적인 측면에서 고려하지 않을 수 없다. 〈그림 3-2〉는 러시아가 체감하는 안보적 위협을 도식으로 표현하고 있다.

중소국경분쟁 이후 러시아와 중국은 역사상 가장 좋은 관계를 유지하고 있지만, 미중 패권 경쟁이 벌어지고 있는 상황에서 러시아가 중국의 하위 파트너로 들어가는 것을 원하지는 않는다. 러시아는 중국 의존도가 커지는 것을 바람직하게 여기지 않는다. 중앙아시아 지역과 외부로 연결되는 새로운 교통물류 운송로는 터키로 이어지는 BTC, BTE, BTK와 중국으로 이어지는 가스관과 송유관이 있다. 중국은 중앙아시아 진출 과정에서 EU보다 더 많은 성과를 낼 수 있었다. 이는 러시아가 EU보다는 중국과 갈등할 가능성이 낮다고 판단해 EU의 주요 사업들이 성사되는 것을 통제한 결과이다. 그러나 향후 상당 기간 중국의 진출이 계속 늘어난다면 러시아의 영향력이 크게 줄어드는 상황이 발생할 수 있다. 그리고 이것은 러시아의 확대유라시아 구상이 실현되는 데 부정적으로 작용할 수 있다.

중국의 일대일로와 협력하는 데 또 하나의 잠재적 갈등 요인은 북극 개발이다. 구체적으로, 중국이 빙상 실크로드를 추진해 극동 항만을 거치지 않고 극동·동시베리아 내륙 수운을 통해 북극해로 진출한다면, 관련국들은 더 빠르고 짧은 경로로 북극 항로를 이용할 수 있을 것이다. 러시아 정부는 내륙 수운 인프라를 개발한다는 측면에서는 긍정적으로 평가하면서도, 안보가 더욱 강조되는 북극 개발에 중국의 영향력이 지나치게 커지는 것 아닌가 하는 우려도 한다. 또한 이렇게 되면 러시아가 추진 중인 극동 개발도 영향을 받을 수 있다.

일대일로의 첫 버전(OBOR)과 달리 현재의 일대일로(BRI)는 지역적으로 유라시아 지역을 넘어 전 세계로 확대되고 있다. 실제로 'One Belt, One Road'는 'Belt and Road Initiative' 개념으로 확대 변화되고 있다. 북극 항로를 빙상 실크로드로 정하고 여름에 북극 공해를 시험 운항하고 있다. 또한 남미 지역으로까지 그 지리적 범위를 넓히고 있다. 일대일로가 특정 지역을 넘어 지리적으로 확장되는 과정에는 중국이 원하는 세계질서가 투영

될 수밖에 없다. 이러한 상황에서 러시아는 중국의 일대일로가 러시아의 지정학적 이익을 축소·위축시킬 수 있다고 인식한다.

러시아는 국내적으로 신동방정책의 핵심 거점인 극동·동시베리아 개발과 미래적 기여도가 높은 북극 개발에 관심이 높을 수밖에 없다. 그런데 첫 버전뿐 아니라 업그레이드된 일대일로 역시 러시아 극동 개발에 큰 도움이 되지 않는 것으로 밝혀지고 있다. 중국은 동북3성 지역의 지정학적 과제를 차항출해(借港出海)로 잡고 이에 적합한 협력을 모색하고 있는데, 그 범위를 극동 지역 전체보다는 특정한 공간으로 좁히고 있어 러시아의 발전 전략에 부합하지 않는 측면이 있다. 이처럼 중국과 러시아의 유라시아 대륙에 대한 지정학적 전략에서 미묘한 차이를 보이면서 양국 간 이해관계가 상충될 수 있는 부분도 발생한다.

4. 러시아의 중국 일대일로 대응 전략

러시아는 중국과의 관계를 중요시하지 않을 수 없지만, 중국이 경제적·군사적 팽창을 통해 꾸준히 지정학적 지평을 확대하고 있다는 점에 유의해 중국에 전적으로 의존하지 않으려는 노력도 동시에 기울이고 있다. 유라시아 지역에서 중국의 입지가 과도하게 커지는 것을 경계하는 푸틴 대통령은 확대유라시아 협력이 유라시아 협력에 관심을 보이는, EU를 포함한 모든 국가에 개방되어 있음을 수차례 강조해 왔다(Nazarbayev and Matteo, 2016).

푸틴 대통령은 확대유라시아 정책이 EAEU를 포함한 개방적이고 유연한 통합을 통해 더 큰 통합으로 발전해 나아가는 것을 목적으로 하고 있다고 언급했다. 이러한 언급은 중국이 중요한 협력 파트너이지만 중국에만 의존하지는 않겠다는, 러시아의 중국 딜레마가 반영된 것이라 할 것이다. 러시아는 중앙아시아와 유라시아 국가를 끌어안기 위해 EAEU와 확대유라시아 정책을 적극 추진하고 있을 뿐 아니라 ASEAN(Association of South-East Asian Nations, 동남아시아국가연합)과의 협력도 강화하고 있다. 예를 들어 EAEU와 베트남이 FTA를 체결한 것은 중국 의존도를 낮추기 위한 조치 중 하나라고 할 수 있다. 또한 키르기스스탄과 카자흐스탄이 EAEU에 가입한 상태이기에 러시아는 EAEU를 통해 일대일로를 부분적으로 통제할 수 있다고 믿고 있다. 더욱이 미·중 패권 경쟁으로 일대일로에 대한 견제가 심해지고 있어, 러시아가 적극적으로 나서지 않더라도 현재로서는 어느 정도 일대일로를 통제할 수 있다고 판단하는 듯하다. 러시아는 아직 중국이 경제력만으로 유라시아 시장 및 에너지를 장악하는 데는 한계가 있다고 보고, 따라서 굳이 갈등 관계를 만들려고 하지는 않는다.

러시아의 일대일로 대응 전략의 원칙은 기본적으로 자국의 지정학적 과제를 해결하는 데 도움이 되는 분야는 활용하고, 저해가 되는 요인은 통제하는 것이다. 이러한 원칙을 글로벌 이슈와 러시아가 접경하는 근외 지역으로 구분해 접근하고 있는데, 근외 지역을 더욱 중요하게 인식하고 있다. 근외 국가는 러시아 안보에 직접적인 영향을 미치기 때문이다.

그래서 러시아의 지정학적 과제 중 최우선순위는 근외 지역 국가와 좋은 관계를 유지하는 것이며, 이를 통해 자국 안보에 중대한 영향을 줄 수 있는 사건들을 원천적으로 차단하는 것이다. 과거 제2차 세계대전 종료 직전에, 우크라이나와 폴란드의 영토를 서쪽으로 조금씩 이동시킨 역사적 사건 역시 러시아가 가진 안보 불안에서 비롯된 것이다(돕스, 2018: 89~116). 영토가 넓은 만큼 국경이 길고 안보가 불안정한 지역이 많은 러시아는 국

지적인 불안이 국가 전체의 혼란으로 이어지지 않도록 테러리즘과 분리주의 등에 적극 대처하고 있다.

인구의 대다수가 거주하는 모스크바와 서부 지역의 안정에 영향을 줄 수 있는 유럽과 중동 지역은 러시아 대외정책에 가장 중요한 공간이다. 러시아는 헝가리 등 일부 동유럽 국가, 전쟁을 치렀던 캅카스 지역의 조지아, OPEC(Organization of the Petroleum Exporting Countries: 석유수출국기구)의 핵심 주도국 사우디아라비아, 심지어 친미국가로 알려진 이스라엘 등과도 협력 관계를 확대하면서 러시아의 안보 상황을 개선하고 있다(서동주·이상준, 2018: 118). 미국의 대외정책이 미국 우선주의와 타국 정치 무관심으로 바뀌면서 공백이 생긴 지역(예컨대 베네수엘라)과 미국의 제재를 받고 있는 이란 등을 중심으로 러시아는 입지를 강화해 왔다(서동주·이상준, 2018: 118). 우크라이나 사태 이후 서구와의 관계가 악화된 상황에서, 난민 문제 등으로 EU와 관계가 악화된 NATO(North Atlantic Treaty Organization, 북대서양조약기구) 회원국 터키, 전쟁 중인 시리아에서도 나름의 성과를 거두었다(서동주·이상준, 2018: 115).

이러한 성과는 러시아가 확대유라시아 구상을 통해 CIS 회원국을 넘어 중국, 인도, 파키스탄, 이란과 기타 유라시아 협력에 관심을 기울이는 국가들이 참여할 수 있는 양자 및 다자간 무역협정 네트워크를 구축하고 이를 토대로 협력을 확대해 가려는 전략의 연장선상에 있다. 확대유라시아 구상은 EAEU, SCO, ASEAN 그리고 실크로드 통합에 참여하는 국가들을 모두 포괄하고자 한다.

이렇게 지리적 범위를 넓히고는 있지만, 러시아의 지정학적 이해는 여전히 근외 지역을 시작으로 유라시아 동서남북으로 자국의 영향력을 확대하는 데 초점을 맞추고 있다. 이처럼 자국 안보에 직접 영향을 끼치는 근외 지역 및 자국의 경제발전에 실익이 되는 국가와의 협력에 집중하는 과정에서, 러시아와 중국의 지정학적 이해가 반드시 일치하는 것은 아니다.

세계적 차원에서는 미국을 비롯한 핵보유국과의 전면전 가능성을 낮추는 등 안보 이슈에 중점을 두는 반면, 근외 국가와는 국경을 맞대고 있는 자국 내 변경 지역의 개발을 통해 국가안보는 물론 경제발전 문제도 동시에 해결하고자 한다. 크림반도와 흑해 연안을 하나의 경제권으로 통합하고자 하며, 동시에 체첸 공화국의 수도 그로즈니를 재건해 캅카스 국가와의 관계 개선 및 변경 지역의 경제발전도 추구하고 있다. 이 원칙은 중앙아시아와 극동 지역뿐 아니라 북극 지역으로도 확장되고 있다(≪한겨레≫, 2018.9.1).

일대일로 가운데 일대와 관련해, 러시아의 관심은 중앙아시아와 캅카스에 집중되어 있다. EAEU의 다른 회원국에 비해 경제력이 압도적인 러시아는 자국이 주도하는 EAEU의 제도화를 통해 경제통합을 더 빨리 달성하는 것이 목표다. 그리고 이를 통해 중국이 추진하는 일대 지역에서의 협력 사업을 제어할 수 있다 판단하고 자국의 역할 증대 노력을 계속해 왔다(서동주·이상준, 2018: 118).

중앙아시아 지역에서 군사적 우위를 유지하는 가운데 EAEU를 통한 제도 및 경제통합을 이룬다면, 러시아는 역내 영향력을 계속 유지할 수 있을 것이다(연합뉴스, 2013.10.31). 그래서 최근 EAEU를 제도적으로 강화하려는 러시아의 행동이 활발해지고 있다. EAEU 역내에 통합관세 행정 체제를 도입해 회원국 간 결속을 더 강화하려는 것이다. '경제연합'이라는 명칭에 걸맞지 않게 전반적인 제도화가 지지부진해 회원국 간 양허 수준이 낮다고 평가되던 EAEU는, 지금 느리지만 꾸준히 제도화를 진행하고 있다(KOTRA 해외시장 뉴스, 2017).

기본적으로 러시아는 자국의 입장이 반영되는 정책이 중심 의제가 되도록 EAEU를 제도화하고 이에 반하는 조치들은 쉽게 수용하지 않았지만, 근래에는 좀 더 유연하게 대처하고 있다. 이 변화가 가장 잘 드러난 것이 유라시아 통합 에너지 정책이다. 러시아는 EAEU 회원국 중 자원 빈국인 키르기스스탄과 아르메니아에 에너지를 지원해 왔다. 그러나 기존 방식으로는 에너지 안보 문제를 근본적으로 해결할 수 없다고 판단해 유라시아 에너지 시장의 통합을 적극 추진하고 있다. 러시아는 카자흐스탄을 거쳐 키르기스스탄으로 송전망을 연결함으로써 키르기스스탄에 대한 원조성 천연가스 공급을 줄이려 한다. 이를 위한 대체 에너지 공급원으로 카자흐스탄에 러시아형 원전을 건설하고, 이것을 활용해 향후 중앙아시아와 러시아 전력시장을 통합한다는 것이다. 그러면 천연가스는 전력으로 대체될 수 있다. 원조 성격의 지원과 시장경제의 수익성 논리를 결합해, 러시아는 자국의 에너지 정책기조를 반영하면서 비용을 최소화할 수 있는 유라시아 에너지 통합 전략을 추진하고 있는 것이다(김일중, 2018). 이러한 일련의 과정은 중앙아시아 국가들의 경제발전 기반이 일대일로보다는 러시아 정책의 영향을 더 많이 받을 수 있음을 보여주는 사례다.

물론 카자흐스탄과 투르크메니스탄에서 중국으로 송유관과 가스관이 연결된 후, 이 국가들의 자원 수출 경로가 다변화되면서 대러 무역의존도가 줄어든 대신 중국의 비중은 커지고 있다. 하지만 중국과의 무역 비중이 커진 것만으로 중앙아시아에서 러시아의 영향력이 감퇴되지는 않는다. 또한 제국의 피지배를 경험했던 이 나라들도 중국에 대한 의존도가 커지는 것을 무작정 바라지는 않는다.

앞에서 언급한 대로 러시아는 재정 여력의 한계로 인해 협력의 큰 그림에서는 EAEU와 같은 다자적 측면을 강조하지만 실질적인 문제들은 양자

관계를 중심으로 해결하는데, 이 역시 러시아가 자국의 역내 영향력을 잃지 않기 위한 방책이다.

EAEU 회원국들이 참여해 성과를 거둔 초국경 협력 사업으로는 국제개발금융 기구들에 의해 조직된 CAREC(Central Asia Regional Economic Cooperation)을 들 수 있다. CAREC 프로그램에 의해 건설된 교통물류 회랑은 중국과 중앙아시아 사이의 무역 증진에 큰 역할을 했다(조영관 외, 2012: 79~89). 현실적으로 중앙아시아 국가 간 협력이 활성화될 경우 러시아의 영향력이 약화될 수 있다. 소련 체제하 중앙아시아 국가들의 인프라(에너지 공급망, 철도 등)는 모두 모스크바·러시아를 중심으로 부챗살 모양으로 구축되어, 역내 협력을 적극 추진하지 않더라도 러시아는 중앙아시아 국가로의 접근이 제약되지 않는다. 따라서 중앙아시아 지역을 대상으로 하는 다자간 경제 협력 모델, 예컨대 중국에서 중앙아시아로 연결되는 일대일로와의 유기적 연계 사업 발굴에 러시아는 적극적이지 않은 것이다.

러시아가 소극적인 이유에는 자국 이익에 가장 중요한 지역으로 부상한 극동 개발에 일대일로가 큰 도움이 되지 않는다는 점도 포함된다. 러시아의 지정학적 전략이 유라시아 대륙으로의 남진을 중시하기는 하지만, 그보다는 자국 영토인 극동과 북극 개발을 더욱 중요시한다. 러시아의 아시아 중시 정책, 즉 신동방정책은 극동 및 북극해와 그 연안 지역을 개발하는 것이다. 극동 러시아의 근외 지역은 한국, 중국, 일본이므로 이 국가들과의 협력을 통해 역동적인 아시아·태평양 지역으로 진출을 도모한다는 것이다. 극동과 북극 개발은 확대유라시아 구상을 완성하는 데 안보·경제적으로 중요한 과업이다.

러시아는 극동 개발을 위해 아시아·태평양 지역 국가와의 협력 강화 의지를 천명했지만, 원하는 만큼 개발이 빠르게 진척되지는 않고 있다(한은

영, 2017). 그 이유로는 대중국 딜레마, 일본과의 관계 개선 한계, 북핵 문제 해결에 대한 소극적인 대응 등을 들 수 있다. 또한 중국이 일대일로 정책을 처음 시작했을 당시 극동 지역을 뺀 것도 한 원인이 되었다. 중국이 극동에서 추진하고 있는 대규모 협력 사업은 농업·물류 등 중국 입장에서 가장 실익이 많은 분야에 집중되어 있다.

중러 초국경 인프라 협력으로 다시 주목받고 있는 프리모리예(приморье)-1·2는 나진-하산 물류망 연계 사업이 무산되면서 그 대안으로 고려되고 있다. 다만 프리모리예-1로 연결되는 나홋카항, 보스토치니항과 프리모리예-2로 연결되는 자루비노항 등이 대대적인 투자가 병행되어야 항만물류 기능을 할 수 있다는 점에서, 초국경 물류 협력의 연계 거점 개발 여부가 러시아와 중국의 극동 지역협력 활성화 및 개발 성과에 영향을 줄 것이다(Russia Briefing, 2017). 중러 간의 해묵은 협력 의제였던 자루비노항 개발과 프리모리예-1·2의 개발이 얼마나 빠른 속도로 진행될지 예측하기 어렵다는 점도 간과할 수 없다(정슬기, 2018.9.7).

물론 극동 개발에 성과가 없는 것은 아니다. 2019년 말~2020년 초에 극동 시베리아에서 중국의 동북3성으로 연결될 파이프라인 '시베리아의 힘'의 완공은 극동 개발의 새로운 전환점이 될 수 있다. 그러나 '시베리아의 힘' 건설 협상이 장기간 지체되었던 사실을 감안하면, 중국이 극동과 동시베리아 지역에 관심이 있다 하더라도 새로운 프로젝트를 실행하기까지는 많은 시간이 필요하리라는 예상이 가능하다.

한편, 러시아는 중국이 자신들이 보유한 잠재력에 비해 극동 개발에 필요한 만큼 적극적으로 진출하지 않고 있다고 본다. 중국 지도부가 설정한 일대일로의 목표와 본질 자체가 그러하기 때문에 중국이 극동 개발에 적극 참여하지 않고 있으며, 향후에도 큰 기대를 하기 어렵다고 인식하는 것이다. 러시아가 중국의 일대일로에 대해 긍정적인 평가를 주저하는 중요한 이유가 이것이다.

이렇게 판단하면서도, 최근 셰일가스 개발을 본격화한 미국과 아시아·태평양 지역 가스 시장에서 치열한 전쟁을 감안해야 하기 때문에 러시아는 중국과의 협력을 뿌리칠 수 없는 것이다. 한국과 일본을 끌어들이는 것이 좀처럼 쉽지 않아, 동부 시베리아와 북극 자원 개발에 실제 참여하고 있는 중국과 좋은 관계를 유지하는 것이 아시아·태평양 지역 자원 경쟁에서 러시아의 우위를 지킬 수 있는 기반이 되었기 때문이다.

하지만 아시아·태평양 지역 시장을 놓고 경쟁하는 데 중국과의 좋은 관계만으로는 부족하다. 무엇보다 세계의 다른 에너지 주요 공급 국가들과의 협력이 전제되지 않으면, 중국과의 협력만으로 아시아·태평양 지역 에너지 시장에서 경쟁력을 확보하는 것이 쉽지 않은 것이다. 최근 러시아와 OPEC이 유가 하락에 대비해 최장 20년간의 정기적인 원유 감산 협약을 추진하는 것은 러시아의 중동 내 입지를 강화하면서 에너지 시장 변화에 대한 장기적인 대응 체제를 구축하고자 함이다. 이와 같은 러시아의 대응은 첫째, 서구와의 갈등이 장기화될 것에 대비하고, 둘째, 유가 하락으로 재정적 어려움에 처한 중동 산유국에 대한 러시아의 영향력을 확대하고, 셋째, 미국과의 에너지 패권 경쟁을 장기적으로 준비하려는 것이다. 그렇기 때문에 중국과 만족할 만한 협력 수준에는 도달하지 못하더라도 지금과 같은 협력 구도는 계속 유지될 것이다.

향후 극동 지역에서 러시아와 중국의 협력은 다음과 같이 전망된다 (Diesen, 2017). 중국의 일대일로는 당초 극동과 동시베리아를 주된 협력 공간에 포함시키지 않았으나, 일대일로와는 별개로 동북3성과 동해를 연결하는 차항출해 전략과 중국 북부의 운송·물류를 북극의 자원 개발과 연계

그림 3-3 러시아의 확대유라시아 주요 회랑 시나리오

자료: Russia: Greater Eurasia Scenarios, http://katehon.com/article/russia-greater-eurasia-scenarios(검색일 2018. 12.10).

하는 정책을 계속 추진하는 것이 극동 개발의 성공에 긍정적이라는 인식을 양국은 공유할 것이다. 따라서 러시아 측에서 유라시아 대륙을 동서남북으로 연결·진출해 강대국 러시아의 위상을 되찾고자 하는 데 중국의 일대일로는 필요한 협력 사업이다(〈그림 3-3〉 참조).

한편 러시아는 중국 이외의 국가들과도 협력을 강화하고 있다. 그중에는 확대유라시아 구상이 직접 가닿을 수 없는 ASEAN도 포함되어 있다. 러시아가 ASEAN과의 협력을 확대하는 가장 큰 이유는 중국 이외의 대안을 찾으려는 것이다. ASEAN은 중국에 뒤이어 가장 빠르게 산업화를 추진하고 있는 지역이다. 그리고 선진국들이 뉴 노멀(New Normal) 상태에 접어들면서 가장 역동적인 경제 성과를 내고 있다. 러시아는 ASEAN과의 협력을 강화해 아시아·태평양 지역으로의 진출을 본격화하려고 한다. 그러나 ASEAN 지역에는 에너지도 풍부해 에너지 시장으로서 가치가 없다. 게다가 현재의 러시아 생산 시스템 경쟁력으로는 ASEAN과 가치사슬을 공유하기도 모호한 상황이다. 그럼에도 러시아가 이 지역과의 협력을 강화하는 것은 확대유라시아 구상을 완성해 가는 과정이나 또는 완성된 이후에 실질적인 협력을 만들 가능성이 크기 때문이다. 러시아는 중국 의존도를 줄이면서 지정학적 지평을 넓히기 위해, 소련 시기부터 동남아 지역에서 가장 중요한 파트너였던 베트남을 기회의 창으로 삼고자 FTA를 체결했다(Fedorov, 2017).

만약 중앙아시아 국가들의 대중국 의존도가 높아져 중국으로 경도되는 일이 벌어지고, 그것이 러시아 안보에 위협이 된다고 판단할 경우 러시아가 선택할 수 있는 수단은 많다. 러시아와 중앙아시아 국가들만이 참여하고 있는 협력 기제들을 적극 활용하는 것이다. CSTO(Collective Security Treaty Organization, 집단안보조약기구)는 중앙아시아 역내 안보 문제와 이슬람 테러 확산 방지 등을 지렛대 삼아 러시아의 영향력을 유지시켜 줄 수 있다. 유사한 기구인 CIS 정상회의도 이 기제에 포함된다. 또한 친러 성향의 중앙아시아 지도자를 적극 지원하는 것도 이를 위한 한 방법이다. 카자흐스탄의 평화적 권력이양을 통해 이 지역에서 경제적·영토적으로 가장 큰 국가가 혼란에 빠지는 것을 방지하고 친러 성향을 유지하도록 했던 것이다. 친러 성향의 샤브카트 미르지요예프(Shavkat Mirziyoyev) 우크라이나 대통령에 대한 지지도 그 일환이며, 중앙아시아 국가들의 시노포비아(sinophobia: 중국 혐오증)를 부추기는 것도 가능하다.

5. 결론 및 시사점

러시아의 확대유라시아 구상과 중국의 일대일로 사이에는 협력 가능성과 경쟁·갈등 가능성이 함께 상존하고 있다. 러시아의 일대일로에 대한 평가는 EAEU를 포함한 러시아의 확대유라시아 동반자 관계에 대한 기여 정도에 달려 있다. 러시아는 확대유라시아 구상을 통해 서구의 정치적 압력을 극복할 뿐 아니라 유라시아 대륙에서 자국의 위상을 높일 수 있는 기회를 모색하고자 한다. 거기에는 단기적으로는 서방의 대러 제재 극복과 궁극적으로는 세계질서와 에너지 패권의 재편을 노리는 러시아의 전략이 담겨 있다. 그래서 일대일로에 대한 평가는 이러한 지정학적 목적을 달성하는 데 얼마나 도움이 될 수 있는지에 따라 다르게 평가될 수 있다.

이러한 목표를 실현하는 데 유라시아 대륙의 인프라가 크게 열악하고, 특히 현대적인 교통물류 기능이 부족하다는 것을 러시아 지도자들도 잘 알고 있다. 러시아는 EAEU 회원국들이 내륙국이라는 점에서 해양국에 비해 교역이 불리한 점을 인식하고 해양으로의 연계성에 깊은 관심을 기울여왔다(Abeldinova and Kemp, 2016). 그리고 러시아 지도자들은 이 문제를 해결하는 데 중국의 일대일로가 중요한 역할을 수행할 수 있음을 잘 알고 있다. EAEU와 중국의 협력은 중러 양국의 국가발전에 공히 유리하다는 점에서 기본적으로 잘 작동될 수 있다. 중국은 서부 지역 개발을 통한 유라시아 대륙 경제와의 통합에, 러시아는 유라시아 역내의 경제협력 강화를 통한 변경 지역 개발에 관심을 두고 있다. 중국은 러시아와의 협력을 통해 최우선 과제인 동서 운송회랑(일대) 개발을 촉진할 수 있고 러시아는 중국과의 협력을 통해 남북 운송 개발 참여에 따른 부담을 줄일 수 있다는 점에서, 러시아의 확대유라시아 구상과 중국의 일대일로는 협력 가능성이 크다.

러시아는 중국의 일대일로가 만들 수 있는 기회에 주목하지만, 그 위협도 간과할 수 없다. 자국 안보에 불안을 야기하는 상황이 발생하지 않도록 일대일로 연선 국가들을 통제하고 중국의 진출을 적절히 제어할 수 있는 방안을 찾기 위해, 러시아는 EAEU의 제도화를 서둘러 진행하고 있다. 중러 협력이 가져다주는 상호 이익이 존재하지만 양국은 각자의 이익을 우선 고려할 것이다. 확대유라시아 구상의 외교·안보적 목표가 지정학적으로 약한 고리에 위치한 국가에 대한 지원을 통해 러시아의 위상을 지속적으로 높여나가는 것이라고 한다면, 중국의 일대일로가 초래한 국가부채위기에 처하고 IMF(International Monetary Fund, 국제통화기금)로부터도 지원을 받을 수 없는 지경에 이른 국가들에서 러시아는 서서히 입지를 강화할 수 있을 것이다. 비슷한 관점에서 EAEU를 통해 역외국 및 여타 지역 블록과의 협력 관계를 확장할 수 있을 것이다. 이런 측면에서 러시아는, 패권국을 제외한 국가들의 유라시아 진입이 궁극적으로 러시아의 국익 신장에 기여할 것으로 예상하고 있다.

향후 러시아가 중국의 일대일로와 대대적인 협력을 추진한다면, 러시아는 기존의 물리적 인프라와 러시아가 주도권을 가지고 있는 제도상의 유리함을 적극 활용할 것이다. EAEU는 낮은 수준이지만 규범과 규제의 제도화를 진행하는 반면, 중국의 일대일로는 명확한 틀이 없는 전략적 아이디어라는 점도 제약 요소가 될 수 있다. 이것은 러시아가 좀 더 유리하게 협력을 주도할 수 있음을 의미한다.

러시아가 중국의 일대일로를 활용해 대대적인 협력을 추진하기에는 구조적인 제약이 너무 크다고 할 수 있다. 러시아가 가장 꺼리는 바는 중국과의 협력 관계가 궁극적으로 북미 대륙의 미국과 캐나다 간 협력관계의 양태로 바뀌는 것이다. 그러므로 중국과의 협력이 자원-상품 교환을 넘어서는 새로운 형태의 협력관계로 재설정되지 않는다면, 양국 관계는 역사상 가장 가깝다는 현 상태에서 더는 발전할 가능성이 크지 않다. 극동 개발에서 중국의 참여가 러시아가 원하는 방향보다는 바라지 않는 방향으로 진행될 가능성도 있다. 극동 개발에서 중국 이외에 다른 참여자의 역할이 커질 수도 있는 것이다.

안보 이슈는 중국과의 협력에 직접 영향을 미칠 것이다. 야말 가스전 개발에 참여하면서 북극 자원 개발에도 적극 나서고 있는 중국의 빙상 실크로드 혹은 일대일로일도(一帶一路一道) 전략은 러시아 안보에 직접적인 영향을 줄 수 있는 요인이다. 러시아는 자국의 안보에 끼치는 영향을 감안해 일대일로와의 협력을 고려할 것이다. 안보 이슈는 러시아가 중국의 일대일로에 대한 평가를 주저하는 중요한 이유로 오래 남을 가능성이 크다.

참 고 문 헌

강봉구. 2016. 「러시아와 이란의 전략적 제휴?」. ≪러시아연구≫, 26권 2호, 1~33쪽.

김성진. 2018. 「러시아 외교정책의 변화: SCO와 시리아 정책을 중심으로」. ≪중소연구≫, 41권 4호, 189~222쪽.

김일중. 2018. 「유라시아경제연합 공동전력시장의 평가와 러시아 전력분야 전략연구」. 한국외대 국제지역대학원 석사 학위논문.

돕스, 마이클(Michael Dobbs). 2018. 『1945』. 홍희범 옮김. 모던 아카이브.

서동주·이상준. 2018. 「푸틴 집권 4기 러시아의 동북아·한반도 정책과 한러 외교·경협의 과제」. ≪러시아연구≫, 28권 2호, 115~118쪽.

엄구호. 2011. 「SCO에서의 러중 협력: 현황과 전망」. ≪외교안보연구≫, 7권 1호, 35~71쪽.

유라시아 개발은행 홈페이지. https://eabr.org/en/(검색일: 2019.5.1).

정슬기. 2018.9.7. 「러-중의 프리모리에 프로젝트는 달릴 수 있을까」. ≪시사 인사이트≫. 여시재. https://yeosijae.org/posts/486?project_id=1&topic_id=2(검색일: 2019.5.15).

조영관 외. 2012. 「CAREC(Central Asia Regional Economic Cooperation)의 현황과 한국의 협력방안」. ≪전략지역심층연구≫, 12-09, 79~89쪽.

표나리. 2018. 「중국의 북극 진출 정책과 일대일로 '빙상 실크로드' 전략의 내용 및 함의」. ≪중소연구≫, 42권 2호, 182~183쪽.

한은영. 2017. 「러시아의 동진정책에서의 중국 변수와 지경지정학적 전망」. ≪동북아북한교통물류≫, 이슈페이퍼 15호.

≪KOTRA 해외시장뉴스≫. 2017.12.6. "유라시아경제연합 통합세관법 2018년 1월부터 발효".

≪매일경제≫. 2017.6.6. "앙숙 인도·파키스탄 SCO 동시가입 ...... 美 공백틈타 中 세력규합".

연합뉴스. 2013.10.31. "러시아, 미군 떠난 중앙아시아와 '군사협력' 강화".

연합뉴스. 2018.8.8. "시진핑의 야심작 '일대일로' 프로젝트, 부채 문제 '암초'".

≪중앙일보≫. 2008.8.14. "서방 '그루지야 때문에' ...... 흔들리는 에너지 정책".

≪중앙일보≫. 2018.8.12. "카스피해 연안 5개국, 자원분배 원칙 합의 ...... 해저분계는 추후".

≪한겨레≫. 2018.9.1. "러시아가 불 붙인 '북극 전쟁' ...... 영국 '북극에 군대 파견'".

Abeldinova, Indira & Walter Kemp. 2016. "Economic Connectivity: A Basis for Rebuilding Stability and Confidence in Europe?" International Peace Institute, pp.1~12. https://www.ipinst.org/wp-content/uploads/2016/10/1610_Economic-Connectivity.pdf(검색일: 2018.5.10).

Diesen, Glenn. 2017. "Russia, China and 'Balance of Dependence' in Greater Eurasia." *Valdai*

Papers, No.63, pp.1~11.

European Commission. "EC Technical Assestance to the Commonwealth of Independent States and Georgia: The Tacis Programme". http://europa.eu/rapid/press-release_MEMO-92-54_en.htm (검색일: 2019.3.15).

Fedorov, Gleb. 2017.1.31. *Russia Beyond* "TPP failure: Can Vietnam become Russia's window to Asia?" https://www.rbth.com/business/2017/01/31/tpp-failure-can-vietnam-become-russias-window-to-asia_692768(검색일: 2018.12.10).

Koldunova, Ekaterina and Nivedita Das Kundu. 2014. "Russia's Role in the SCO and Central Asia: Challenges and Opportunities," *Valdai Discussion Club Grantees Report,* pp.1~73.

Kuznetsova, Anna. 2017.9.1. "Greater Eurasia: Perceptions from Russia, the European Union, and China," *Russian International Affairs Council.* http://russiancouncil.ru/en/analytics-and-comments/analytics/greater-eurasia-perceptions-from-russia-the-european-union-and-china/ (검색일: 2018.12.10).

Market Watch. 2019.2.27. "Russian Federation: Powers of Ministry for the Development of the Russian Far East expanded to Russias Arctic Zone."

Moscow Times. 2016.11.29. "Russia Without Borders: What Was Putin Joking About?"

Nazarbayev, Nursultan and Matteo Renzi. 2016. "Vladimir Putin spoke at the plenary session of the St Petersburg International Economic Forum." http://en.kremlin.ru/events/president/news/52178(검색일: 2018.2.20).

Russia Briefing. 2017.5.15. "Russia, China Agree On Primorye-1 Corridor; Opens Up Heilongjiang To Asia-Pacific Markets." https://www.russia-briefing.com/news/russia-china-agree-primorye-1-corridor-opens-heilongjiang-asia-pacific-markets.html/(검색일: 2018.12.10).

TRACECA. http://www.traceca-org.org/en/traceca(검색일: 2019.3.15).

https://ec.europa.eu/commission/presscorner/detail/en/MEMO_92_54(검색일: 2019.10.2 검색)

http://www.censoo.com/data/2016/01/russia_security_paper_designates_NATO_as_threat_small.jpg (검색일: 2018.12.10).

4장

일대일로와 유라시아 지역의 금융 협력

| 강명구 |

1. 서론

유라시아 지역의 교통·물류 인프라는 1990년 초 구소련 붕괴 이후 재정과 외자 조달 부족 등으로 노후화되었는데, 여전히 재정 여력이 부족해 독자적인 교통·물류 인프라 건설이 어려운 이 지역 국가들은 다자개발은행과 글로벌 IB들의 금융지원을 통해 인프라 건설을 추진하고 있다. 특히 중앙아시아의 경우 2016~2030년까지 5650억 달러가 소요될 전망이어서, 향후 지속적인 다자개발은행과 글로벌 IB(Investment Bank: 투자은행)들의 금융지원이 필요하다.

유라시아 지역의 인프라는 1991년 4월 설립된 유럽부흥개발은행(European Bank for Reconstruction and Development, 이하 EBRD) 등 다자개발은행(MDB: Multilateral Development Bank) 의 금융지원을 통해 개선되고 있다. 그런데도

유라시아 지역의 교통·물류 인프라는 인프라 경쟁력 지수, 물류 경쟁력 지수(LPI: Logistics Performance Index), 인프라 부문 위험/보상 지수(RRI: Risk-Reward Index) 등에서 여전히 글로벌 평균에 미치지 못하는 수준이다.

중국은 유라시아 지역에서 중국-중앙아시아와 러시아-유럽으로 이어지는 교통·물류 인프라를 구축하는 일대일로(一帶一路, One Belt One Road)를 추진하고 있다. 유라시아 지역에서 일대일로를 추진하기 위해, 중국은 2016년 1월 AIIB(Asian Infrastructure Investment Bank)를 설립해 다자개발은행과 공동으로 이 지역 국가들의 교통·물류 인프라 건설 자금을 지원하고 있다.

유라시아 지역의 교통·물류 인프라 건설에 자금을 지원하는 기관은 EBRD, AIIB, 국제부흥개발은행(IBRD: International Bank for Reconstruction and De- velopment), 아시아개발은행(ADB: Asia Development Bank), 유라시아개발은행(EDB: Eurasian Development Bank) 등의 MDB와 유라시아안정화·개발펀드(EFSD: Eurasian Fund for Stabilization and Development), (주)실크로드펀드(Silk Road Fund Co., Ltd.) 등의 개발 펀드이다. MDB는 유라시아 지역의 교통·물류 인프라 건설에 차관, 협조융자(Co financing), 평행융자(Parallel Financing), 신디케이트론(syndicate loan), 대출(loan) 등의 방법으로 금융을 지원하고 있다.

그러나 유라시아 지역은 높은 부실채권(NPL: Non Performing Loan) 비율, 낮은 국가신용등급, 높은 대외부채/GDP 비율 등의 다양한 한계점으로 인해 인프라 건설을 위한 자금 조달이 원활하지 않다. 따라서 유라시아 지역의 인프라 건설을 위한 다양한 금융 협력 방안이 필요하다.

이 장 2절에서는 유라시아 지역의 일대일로와 인프라 현황을 분석하고, 3절에서는 유라시아 지역의 인프라 건설을 지원하는 MDB와 펀드 동향을 분석한 뒤, 4절에서는 인프라 건설의 한계점을 살펴보고 금융 협력 확대

방안을 제시한다.

2. 유라시아 지역의 일대일로와 인프라 현황

1) 유라시아 지역의 일대일로

일대일로[1]는 중국의 육상 및 해상 신실크로드 경제권을 형성하고자 하는 국가 전략이며, 향후 35년 동안의 중국 대외 노선에 대한 '구상'이자 '비전'이다. 일대(一帶)는 '하나의 지대(one belt)'를 의미하며, 구체적으로는 중국-중앙아시아-유럽을 연결하는 '실크로드경제벨트'를 구축하는 것을 의미한다. 일로(一路)는 '하나의 길(one road)'을 의미하며, 동남아시아-서남아시아-유럽-아프리카로 이어지는 '21세기 해양 실크로드'를 의미한다. 중국은 일대일로를 통해 아시아 지역의 육상과 해상 운송 네트워크를 강화해 유라시아 지역의 물류 허브가 되는 것을 목표로 하고 있다. 이를 위해 중국은 자국의 철도 등 운송 인프라 구축뿐 아니라 유라시아 국가들의 운송 인

---

[1] 중국은 일대일로의 중점 사업으로 '5대 통(通)'을 제시했다. 1통(一通)은 국가 간 발전 전략을 충분히 협의하면서 이견을 조정하자는 '정책 소통', 2통(二通)은 철도·도로·가스·전력·통신 등을 연결하자는 '인프라 연통', 3통(三通)은 무역과 투자 장벽을 낮춰 변경과 항구를 단일 창구화하고 통관 비용을 낮추자는 '무역 창통', 4통(四通)은 필요한 자금은 AIIB뿐 아니라 브릭스개발은행, 실크로드 기금운용 등을 통해 조달하고 외국 기업들의 중국 내 위안화 채권 발행을 허용하는 등 금융 분야의 소통과 협력을 강화하자는 '자금 융통', 5통(五通)은 매년 1만 명 상당의 중국 정부 장학금을 외국인에게 제공하고 세계문화유산 등재 공동 신청, 비자 간소화 정책 등을 실시하자는 '민심 상통'이다.

표 4-1 **중국의 6대 경제회랑**

경제회랑	포함 국가	주요 노선	중점 조성 분야
중국-파키스탄	중국, 파키스탄	중국 신장 카스-파키스탄-이슬라마바드-카라치-과다르	철도 및 도로, 석유 및 가스 수송관, 광케이블, 산업단지 등
방글라데시-중국-인도-미얀마	방글라데시, 중국, 인도, 미얀마	방글라데시 다카-중국 쿤밍-인도 콜카타-미얀마	철도 및 도로
중국-몽골-러시아	중국, 몽골, 러시아	• 중국 징진지-울란바토르-울란우데-모스크바 • 중국 하얼빈-창춘-선양-만저우리-러시아 치타	고속 운송 통로
신유라시아 대륙 교량	중국, 러시아, 카자흐스탄, 키르기스스탄, 우즈베키스탄, 투르크메니스탄, 이란, 터키, 우크라이나, 폴란드, 독일, 네덜란드	중국 연운강-정저우-시안-란저우-우루무치, 카자흐스탄-러시아 스몰렌스카야-브란스크-벨라루스 브레스트-바르샤바-베를린-로테르담	국제철도 간선
중국-중앙아시아-서아시아	중국, 카자흐스탄, 키르기스스탄, 타지키스탄, 우즈베키스탄, 투르크메니스탄, 이란, 터키	• 투르크메니스탄-우즈베키스탄-카자흐스탄-중국 알라산카우 • 투르크메니스탄-타지키스탄-키르기스스탄-중국	석유 및 가스 수송관
중국-중남반도	중국, 베트남, 태국, 말레이시아, 싱가포르	중국 난닝-하노이-태국 방콕-쿠알라룸푸르-싱가포르	철도 및 도로

자료: KIEP 북경 사무소 브리핑, '일대일로' 경제회랑 건설 추진 동향. 2015년 8월 6일, 수출입은행 해외경제연구소, "AIIB 출범과 한·중앙아시아 인프라 협력 방안", *Issue Report*, Vol. 2016-지역이슈-6(2016.4) 재인용.

프라 건설에 협력하는 사업을 추진하고 있다. 이와 함께 유라시아 지역과 연계하여 북서·서·남쪽 방향으로 6개 경제회랑을 구축하고 있다.

그러나 중국의 일대일로 목표인 유라시아 지역의 물류 허브화를 달성하기에 유라시아 각국들의 인프라 발전 수준은 너무 낮다. 유라시아 각국들

표 4-2 **유라시아 지역의 AIIB 회원국**

(단위: 백만 달러, %)

	자본 투자	지분율	투표권	가입일
아제르바이잔	254.1	0.2636	0.4488	2016. 6.24
조지아	53.9	0.0559	0.2720	2015.12.15
카자흐스탄	729.3	0.7565	0.8685	2016. 4.18
키르기스스탄	26.8	0.0278	0.2481	2016. 4.11
러시아	6,536.2	6.7800	5.9969	2015.12.28
타지키스탄	30.9	0.0321	0.2517	2016. 1.16
우즈베키스탄	219.8	0.2280	0.4185	2016.11.30
유라시아계	7,851.0	8.1439	8.5045	

자료: AIIB.

은 구소련 붕괴 이후 지속적인 운송 인프라 건설을 추진하고 있으나, 각국 정부의 재정 결핍으로 인한 인프라 건설 부문 재원 부족과 낮은 국가신용 등급 및 높은 NPL 비율로 인한 외국인 투자 저조 탓에 운송 인프라 건설은 낮은 수준에 머물러 있었다. 그러나 1991년에 설립된 EBRD[2], MDB의 자금 지원을 통해 유라시아 지역의 운송 인프라 발전 정도는 점차 향상되고 있다.

이러한 다자개발은행의 금융지원에도 불구하고 유라시아 지역의 운송 인프라는 중국의 일대일로와 실크로드경제벨트 구축에는 아직 미흡한 수

---

2   유럽 중동부 지역에서 공산 체제가 무너진 뒤 그 지역 국가들의 개인사업 부문을 개발하려는 목적으로 설립된 국제기구로서, 1991년 4월 설립되어 동유럽 국가들에 대한 자금을 지원해 왔다. 회원국은 자금 지원국들과 투자 대상국들로 나뉘며, 지원국이 출자한 자본금은 심사를 거쳐 민간부문과 공공부문으로 나뉜 후에 투자가 이루어진다.

그림 4-1　**중국의 일대일로**

자료: 연합뉴스, 2015.4.21.

그림 4-2　**일대일로 연선 6대 경제회랑**

자료: 김성애(2017).

준이다. 이에 중국 정부는 유라시아 지역의 인프라 건설을 지원하고 자국의 일대일로를 달성하기 위해 AIIB을 설립했다. AIIB는 2013년 10월 시진핑 중국 주석이 제안해 2016년 1월 회원국 57개국, 자본금 1000억 달러로 설립한 MDB이며, 2018년 말에 70개 회원국과 23개의 예비 회원국(Prospective Members)으로 확대되었다. 유라시아 지역에서는 회원국 7개국, 예비회원국 1개국(아르메니아)이 참여하고 있다. 중국은 AIIB의 금융자금 지원을 통해 유라시아 지역의 운송 인프라의 수준을 향상시킴으로써 일대일로 목표를 달성하려고 한다.

2) 유라시아 지역의 인프라 현황

유라시아 지역의 인프라 발전 정도는 1990년 초 소련 붕괴 이후 지속적인 건설에도 불구하고 낮은 수준이다. 인프라의 수준을 나타내는 인프라 경쟁력 지수, 물류 경쟁력 지수(LPI), 인프라 부문 위험/보상 지수(RRI: Risk-Reward Index) 등으로 살펴볼 때, 다음과 같이 낮은 수준을 나타내고 있다.

첫째, 유라시아 지역의 인프라 경쟁력 지수가 낮은 수준이다. 국가별 인프라 경쟁력 지수는 아제르바이잔 20위, 아르메니아 57위, 러시아 74위를 차지하고 있다. 이를 분야별로 보면 철도 분야를 제외하고는 도로·항만·전력공급 등 전반적인 인프라 순위가 하위권에 머물러 있어서, 해당 분야의 인프라 투자 및 개선 노력이 시급한 실정이다. 유라시아 국가에서 가장 높은 인프라 경쟁력 지수를 나타내는 철도 인프라는 구소련의 정책 덕분이다. 소련은 광대한 연방의 국토를 연결해 여객과 화물운송의 원활화를 꾀하기 위해 철도 부문 인프라를 우선 건설했다. 반면, 전력공급 수준이 낮은 것은 풍부한 자원으로 수력·화력 발전이 가능함에도 불구하고 송배전

표 4-3 유라시아 주요국 인프라 경쟁력 순위 및 지수

		교통 전반	도로	철도	항만	항공	전력 공급
러시아	2015/2016	64(4.1)	123(2.7)	24(4.3)	75(3.9)	77(4.1)	67(4.8)
	2017/2018	74(4.0)	114(2.9)	23(4.5)	66(4.2)	59(4.6)	59(5.1)
카자흐스탄	2015/2016	62(4.2)	107(3.1)	27(4.2)	114(2.9)	85(4.0)	74(4.6)
	2017/2018	77(3.9)	115(2.9)	32(4.1)	105(3.2)	90(4.0)	82(4.6)
키르기스스탄	2015/2016	104(3.3)	131(2.6)	77(2.4)	138(1.5)	126(2.9)	115(2.9)
	2017/2018	112(3.0)	122(2.7)	76(2.4)	137(1.4)	120(3.1)	102(3.6)
타지키스탄	2015/2016	85(3.8)	82(3.6)	46(3.4)	133(2.1)	78(4.1)	106(3.2)
	2017/2018	64(4.2)	70(4.1)	41(3.7)	132(2.0)	70(4.3)	100(3.7)
우크라이나	2015/2016	82(3.8)	132(2.4)	28(4.2)	108(3.2)	97(3.7)	75(4.6)
	2017/2018	88(3.6)	130(2.4)	37(3.9)	93(3.5)	92(4.0)	85(4.5)
조지아	2015/2016	61(4.2)	73(3.9)	35(3.9)	73(4.0)	90(3.9)	60(4.9)
	2017/2018	76(3.9)	82(3.8)	39(3.8)	69(4.1)	69(4.3)	68(5.0)
아제르바이잔	2015/2016	39(4.8)	70(4.0)	39(3.8)	59(4.3)	41(5.0)	6.2(4.9)
	2017/2018	20(5.0)	36(4.8)	20(4.7)	40(4.7)	24(5.6)	50(5.5)
아르메니아	2015/2016	58(4.3)	75(3.8)	71(2.6)	132(2.1)	86(4.0)	69(4.8)
	2017/2018	57(4.3)	85(3.7)	64(2.9)	125(2.5)	52(4.8)	77(4.8)

주: 2015/2016은 140개국, 2017/2018은 137개국이다.
자료: World Economic Forum, The Global Competitiveness Report 2015~2016, 2017~2018.

망 등의 인프라가 부족하기 때문이다.

둘째, 유라시아 지역은 아시아와 유럽을 연결하는 중심부로서의 지정학적인 중요성에도 불구하고 물류 경쟁력 지수(LPI: Logistics Performance Index)가 낮은 수준이다. 유라시아 지역은 지정학적 중요성을 감안해 운송 인프라 확충을 위한 건설을 지속하고 있으나, 물류 경쟁력 수준이 우크라이나와 카자흐스탄을 제외하고는 세계 평균에 크게 못 미치고 있다. 세부적으로 살펴보면, 통관·환적·물류 추적·적시 배송 등 물류산업 체인 전반의 경쟁력이 낮아 전방위적인 물류 경쟁력 개선 노력이 필요하다. 물류 경쟁력

표 4-4 **주요국 물류 경쟁력 지수(LPI)**

	LPI 순위	통관	인프라	국제 환적	물류 편의성	물류 추적시스템	적시 배송
우크 라이나	69(2.83)	95(2.46)	105(2.38)	81(2.77)	70(2.76)	54(3.08)	55(3.45)
카자흐 스탄	77(2.77)	78(2.57)	79(2.59)	87(2.73)	89(2.6)	78(2.81)	65(3.31)
러시아	85(2.68)	131(2.25)	73(2.64)	105(2.59)	73(2.74)	88(2.67)	74(3.23)
벨라루스	110(2.54)	126(2.29)	103(2.39)	124(2.47)	102(2.53)	124(2.44)	87(3.1)
아르 메니아	116(2.51)	107(2.39)	101(2.39)	110(2.55)	112(2.45)	128(2.38)	122(2.84)
우즈 베키스탄	117(2.5)	147(2.13)	98(2.44)	134(2.38)	109(2.49)	110(2.54)	101(3.01)
아제르 바이잔	123(2.45)	81(2.53)	66(2.69)	109(2.56)	153(2.14)	153(2.18)	146(2.62)
조지아	124(2.45)	109(2.38)	108(2.36)	132(2.38)	139(2.27)	130(2.37)	114(2.92)
키르기스 스탄	132(2.38)	110(2.38)	126(2.23)	157(2.2)	147(2.21)	116(2.49)	126(2.79)
투르크 메니스탄	142(2.34)	133(2.25)	129(2.23)	135(2.36)	150(2.2)	137(2.32)	143(2.63)
타지키 스탄	147(2.29)	154(2.02)	133(2.17)	143(2.32)	132(2.29)	143(2.26)	142(2.65)

주: 1) 총 160개국 중 순위, 1~5점 범위 중 5점 만점이다.
　　2) 괄호 안은 각국의 물류 경쟁력 지수를 의미한다.
자료: WB 국제물류지수(Logistics Performance Index: LPI), 2012·2014·2016·2018년 평균이다.

표 4-5 **유라시아 지역 인프라 부문 RRI**

러시아	카자흐스탄	우즈베키스탄	투르크메니스탄	우크라이나
53.6	53.9	41.2	37	26.6

주: RRI는 BMI사가 발표하는 산업별 지수로 인프라 부문 RRI는 인프라 부문의 매력도 및 투자 유치 경쟁력을 나타내는
　　지수다. 최종 RRI는 산업 Reward 지수 60%와 Risk 지수 40% 비중으로 계산. 2018년 2분기 RRI 세계 평균: 50.
자료: BMI Research.

개선을 위해서는 다자개발은행들의 금융지원 확대와 민관협력사업(PPP: Public Private Partnership) 등을 통한 인프라 건설을 확대해야 한다.

셋째, 인프라 부문의 위험/보상지수(RRI)가 낮아 인프라 건설이 지연되고 있다. 유라시아 지역의 RRI는 카자흐스탄 53.9, 러시아는 53.6으로 세계 평균 50보다(2018년 2분기) 높은 수준이나, 나머지 국가들은 낮은 수준에 머무르고 있다. 이처럼 낮은 RRI로 인해 인프라 부문에 대한 외국인 투자 유치가 어렵다. 이상과 같은 이유들로 유라시아 지역의 인프라 발전 정도는 낮은 수준이다.

3. 유라시아 지역의 일대일로와 금융기관

유라시아 지역은 구소련 붕괴 이후 다양한 인프라 건설 노력에도, 재정 부족으로 인해 여전히 그 발전 정도가 낮은 수준이다. 하지만 세계은행그룹, AIIB, EBRD, ADB, EDB, 아프리카개발은행(AfDB: African Development Bank), 미주개발은행(IDB: Inter-American Development Bank) 등 MDB와 개발

표 4-6 **2016~2030년 중앙아시아 예상 인프라 투자 필요액**

(단위: %, 억 명, 달러, 10억 달러)

	예상 경제성장률	2030년 예상 인구	2030년 예상 1인당 GDP	기후변화 조정 예상치		
				투자 필요액	연평균 투자 필요액	GDP 대비 투자 필요액 비중
중앙아시아	3.1	0.96	6,202	565	38	7.8
동아시아	5.1	15	18,602	16,062	1,071	5

주: 2015년 불변가격 10억 달러이다.
자료: UN 2015 세계 인구 전망 개정판, ADB.

펀드의 투융자를 통한 자금조달을 통해 유라시아 지역 국가들의 인프라 수준이 향상되고 있고, 경제발전을 위한 유라시아 지역의 정책과 중국의 일대일로로 인해 이 인프라 수요는 계속 커지고 있다. 특히 중앙아시아의 인프라 건설에 필요한 자금 수요가 지속적으로 증가하고 있다. 중앙아시아는 2016~2030년까지 5650억 달러 규모의 인프라 투자가 필요할 전망이다. 이는 GDP의 7.8%에 상당하는 규모이며, 이 비율은 인프라 투자수요가 가장 많은 동아시아(중국, 몽골)보다도 높은 수준이다.

1) 일대일로와 다자개발은행(MDB)

(1) 유럽부흥개발은행(EBRD)

유라시아 지역의 인프라 건설에 가장 많은 지원을 한 다자개발은행은 EBRD이다. EBRD는 1991년 4월 설립되어 공산 체제가 무너진 유럽 중동부와 CIS(Commonwealth of Independent States, 독립국가연합) 지역 국가들의 개인 사업 부문을 개발하려는 목적으로 자금을 지원하고 있다.

EBRD는 1991년 이후 2018년 1월 말까지 64개국, 5000여 건의 사업에 1160억 유로의 차관을 제공했으며, 유라시아 지역 10개국[3]에는 2070개(총 사업 대비 41.4%)의 사업에 417억 4700만 유로(총지원액 대비 36%)의 차관을 공여했다. EBRD는 러시아에 789개 사업, 239억 유로의 차관을 제공했고, 이는 EBRD가 지원하는 64개 국가 중 1위다. 2013년에는 러시아에 18.16억 달러를 지원했으나, 미국과 서방의 경제제재로 인해 2014년 1.08억 달러,

---

3   러시아, 카자흐스탄, 키르기스스탄, 투르크메니스탄, 타지키스탄, 조지아, 아제르바이잔, 아르메니아, 몽골 등 10개국을 의미한다.

그림 4-3　유라시아 국가들의 EBRD의 차관과 비중(1991~2018.01)

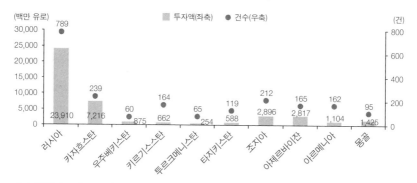

자료: EBRD, Annual report 각 연도별 자료를 이용해 작성했다. https://www.ebrd.com/Search.html?srch-term-user=
annual+report&srch-term=annual%2520report&srch-pg=srch&srch-type=all&pg=1&sort=relevant(검색일:
2018.4.8).

표 4-7　EBRD의 산업별 투자액 및 비중(2013~2017)

(단위: 백만 유로, %)

	러시아		카자흐스탄		우즈베키스탄		키르기스스탄		투르크메니스탄	
	투자액	비중	투자액	비중	투자액	비중	투자액	비중	투자액	비중
energy	94	3.8	1,087	42.0	0	0	91	35.7	53	89.8
financial institutions	591	23.6	139	5.4	46	62.2	40	15.7	1	1.7
infrastructure	524	21.0	248	9.6	27	36.5	27	10.6	0	0
industry, commerce & agribusiness	1,291	51.6	1,116	43.0	1	1.3	97	38.0	5	8.5
합계	2,500	100	2,590	100	74	100	255	100	59	100
	타지키스탄		조지아		아제르바이잔		아르메니아		몽골	
	투자액	비중	투자액	비중	투자액	비중	투자액	비중	투자액	비중
energy	144	42.0	249	33.6	713	60.6	73	25.6	576	69.0
financial institutions	63	18.4	239	32.2	50	4.3	118	41.4	99	11.9
infrastructure	24	7.0	194	26.1	75	6.4	22	7.7	154	18.4
industry, commerce & agribusiness	112	32.6	60	8.1	338	28.7	72	25.3	6	0.7
합계	343	100	742	100	1,176	100	285	100	835	100

자료: EBRD, Annual report 각 연도별 자료를 이용해 작성했다. https://www.ebrd.com/Search.html?srch-term-
user=annual+report&srch-term=annual%2520report&srch-pg=srch&srch-type=all&pg=1&sort=relevant(검색
일: 2018.4.8).

2015년 1.06억 달러, 2016년 0.5백만 달러로 계속 감소했고, 2017년에는 지원을 하지 않았다.

최근 5개년(2013~2017) 동안 EBRD는 유라시아 지역 10개국에 산업별로 는 산업, 무역, 기업식 농업(industry, commerce & agribusiness) 부문에 35%(31억 유로), 에너지 부문에 34.8%(30.8억 유로), 금융기관(financial institutions) 부문 에 15.6%(13.9억 유로), 사회기반시설(infrastructure) 부문에 14.6%(13억 유로) 의 차관을 공여했다. 국가별로는 2014년 이후 미국 등 서방의 경제제제로 인해 러시아에 대한 금융 지원은 급감한 반면, 카자흐스탄이 25.9억 유로 로 1위를 차지했다.

(2) 아시아인프라투자은행(AIIB)

AIIB에 참여하는 유라시아 지역 7개국의 자본 투자액은 78.51억 달러이 며, 자본 비율은 8.1439%, 투표권은 8.5045%이다. 유라시아 지역 중에서

표 4-8 **유라시아 지역에서 AIIB에 제안된 사업 동향**

	사업명	부문	AIIB 투자액	총사업비
우즈베키스탄	Railway Electrification Project(Bukhara-Urgench-Khiva)	철도	- AIIB: 168.2백만 달러 - UTY(Uzbekiston Temir Yollari): 170.9백만 달러	339.1백만 달러
조지아	280 MW Nenskra Hydropower Plant	Power Generation, Renewable Energy, Hydropower	- 프로젝트 비용: 1,083백 만 달러로 추산 • 자금조: 30% 지분, 70% 고액 대출 - ADB, EBRD, EIB, KDB 의 자본으로 충당하며 최대 758만 달러의 공동 자금을 조달	1,083백만 달러 (지분 30%, 대출 70%)

자료: AIIB(검색일: 2018.11.29).

러시아의 AIIB 자본 투자액은 65.362억 달러로 유라시아 지역 국가들 중 83.3%를 차지하고 있으며, 자본 비율은 6.7800%, 투표권은 5.9969%이다. 유라시아 지역은 중국의 일대일로에서 매우 중요한 지역이다. 중국은 유라시아 지역의 철도, 도로 등 인프라 건설을 지원하기 위해 AIIB를 설립했다. AIIB는 2018년 11월 말까지 타지키스탄 두 개, 조지아와 아제르바이잔 각 한 개 사업 등 총 네 개 사업에 8.015억 달러를 지원하고 있다. AIIB는 대출, 협조융자,4 평행융자,5 신디케이트론6 등으로 유라시아 지역 인프라 건설을

4   협조융자(Co financing)는 동일 융자 대상에 대해 두 개 이상의 금융기관이 사전에 융자 조건 등을 협정해 행하는 대출 행위로서 단독융자와 구별된다. 협조융자는 융자기관의 입장에서는 자금 부담을 줄일 수 있고 위험분산이 가능하다는 이점이 있고, 차입자의 입장에서는 필요한 재원을 원활히 공급받을 수 있는 이점 등이 있는 반면에 복잡한 수속, 기동성 결여 등의 단점이 있다. 이와 같은 협조융자는 국내 금융기관은 물론 국제 금융기관과도 제휴할 수 있는데, 특히 1970년대 이후 세계은행(IBRD) 등 주요 국제 금융기관에 의해 이 융자 방식이 활용되고 있다. 주요국의 연불수출 자금의 지원과 관련해서 미국, 일본 등 대부분의 정책금융기관이 상업금융기관과의 협조융자를 원칙으로 삼고 있다.

5   평행융자(Parallel Financing)는 동일 금융 대상에 대해 둘 이상의 금융기관이 융자를 제공한다는 점에서는 협조융자와 유사하지만, 각 금융기관의 융자 대상인 세부 project가 구분되는 점이 협조융자와 다르다. 또한 융자 조건이 통상 개별적으로 결정되며 대출 계약 중에 cross default clause(상호 채무불이행 조항)를 넣지 않는 등 협조융자에 비하여 금융기관 간 협력관계가 희소하다. 예를 들면, 어떤 원조 대상 프로젝트 중 세계은행이 토목공사를 지원하고 타 신용공여 기관이 장비분을 담당하는 등의 방식을 말한다.

6   신디케이트론(syndicate loan)은 두 개 이상의 은행이 차관단을 구성하여 공통의 조건으로 일정 금액을 중장기 융자해 주는 대출이다. 국내 금융시장에서도 이루어지나 일반적으로는 유로 시장과 미국 금융시장에서 대규모 자금에 대해 이루어지는 국제적인 무담보 신용대출이다. 전통적인 은행 대출 업무와 투자은행의 인수 업무 기능이 혼합된 융자 형태라 할 수 있다. 차입자의 입장에서는 대규모 소요 자금을 단일 조건으로 보다 효율적으로 조달할 수 있고, 차관단에 참여하는 은행 입장에서는 특정 차입자의 채무불이행에 따른 대출 위험을 공동 융자 방식을 통해 분산시킬 수 있는 이점이

지원하고 있으며, MDB와의 긴밀한 협조를 통해 동 지역을 지원하고 있다.

또한 2018년 11월 말 현재 유라시아 지역은 인프라 부문의 두 개 사업을 AIIB에 제안해 승인을 기다리고 있다. AIIB에 제안된 사업은 우즈베키스탄의 철도 전동화 프로젝트(Railway Electrification Project, Bukhara-Urgench-Khiva)를 건설하는 사업과 조지아의 280MW 넨스크라 수력발전(280MW Nenskra Hydropower Plant)를 건설하는 사업이다.

(3) 유라시아개발은행(EDB)

EDB는 회원국의 시장경제 발전과 지속 가능한 경제성장 기반 마련, 투자를 통한 무역과 기타 경제적 유대의 확대, 인프라 개발 등의 사업을 위해 2006년 설립되었다. EDB의 정관자본금(charter capital)은 70억 달러이며, 이 중에서 납입자본금(paid-in capital)이 15억 달러, 최고자본금(callable capital)이 55억 달러다. EDB의 회원국은 카자흐스탄, 키르기스스탄, 타지키스탄, 러시아, 벨라루스, 아르메니아 등 6개국이며, 2009년에 아르메니아와 타지키스탄, 2010년 벨라루스, 2011년 키르기스스탄이 회원으로 가입했다. 국가별 납입자본금은 러시아가 10억 달러(66%), 카자흐스탄이 5억 달러(33%)이다.

EDB는 2019년 1월 말 현재, 6개 회원국 및 기타국의 금융업, 농업, 금속·기계산업, 광업, 화학산업, 에너지 등의 산업 발전과 철도, 도로 등의 교통·물류 부문 인프라 건설 등 84개 프로젝트에 75.86억 달러를 지원하고 있다.[7] EDB에 의해 지원된 이 자금들은 회원국의 사회기반시설 개발 및 현대화·다양화에 기여할 뿐 아니라, 유라시아 지역의 사회·경제적 통합에

있다. 또한 중소은행들의 경우, 국제 금융시장의 신디케이트론에 참여함으로써 유로 도매 금융시장에서 대규모 은행들의 신용정보나 거래 기법들을 이용할 수도 있다.

7   https://eabr.org/en/about/facts-and-figures/(검색일: 2019.1.28).

표 4-9   AIIB의 유라시아 지역 인프라 건설 부문 승인 동향

대상 국가	사업명	부문	승인 일자	AIIB 투자액	총사업비	완공일
타지키 스탄	Nurek Hydropower Rehabilitation Project, Phase I	수력 발전소	2017.6.15	- AIIB: 60백만 달러, 협조융자, 융자 기간 25년, 거치 기간 5년 - IDA(국제개발협회): 225.7 백만 달러, IDA Scale-Up Facility-1억 달러(21년, 9년 거치 기간) • IDA 신용: 69.135백만 달러-32년, 5년 거치 기간 • IDA 보증: 56.565백만 달러 - EaDB(동아프리카개발은행): 40백만 달러-평행융자 - 부족분 충당 금융(Financing gap): 24.3백만 달러	350 백만 달러	2023.6.30
조지아	Batumi Bypass Road Project	도로	2017.6.15	- AIIB: 114.0백만 달러, 25년, 거치 기간 14년 - ADB: 114.0백만 달러, 24년 거치 기간 13년 - 조지아 정부: 87.2백만 달러	315.2 백만 달러	2022.12
아제르 바이잔	Trans Anatolian Natural Gas Pipeline Project (TANAP)	원유·가스	2017.2.1	- AIIB 대출: 6억 달러, 30년, 거치 기간 5년 • 차입금(Borrower's contribution): 14억 달러 - IBRD(WB) 대출: 8억 달러 - EIB 대출: 13억 달러 - EBRD 대출: 5억 달러 - BOTAS(터키): 10억 달러 - BP: 10억 달러 - 민간 금융기관(Private Commercial Sources): 20억 달러	86억 달러	2021.1.31
타지키 스탄	Dushanbe-Uzbekistan Border Road Improvement Project	고속 도로	2016.6.24	- AIIB 대출: 27.5백만 달러, 15년 거치 기간 3년 - EBRD 협조융자: 62.5백만 달러 - 타지키스탄 정부: 15.9백만 달러	105.9 백만 달러	2020.12

자료: AIIB(검색일: 2018.11.29).

표 4-10 **EDB 회원국별 납입자본금**

(단위: 백만 달러)

러시아	카자흐스탄	벨라루스	타지키스탄	아르메니아	키르기스스탄	합계
1,000	500	15	0.5	0.1	0.1	1,515.7

자료: https://eabr.org/en/about/, https://eabr.org/en/projects/eabr/(검색일: 2018.4.1).

그림 4-4 **EDB의 산업별 투자 비중과 EDB의 국별 누적 투자액 및 비중**

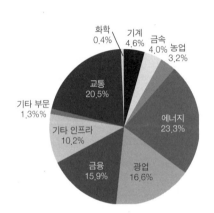

EDB의 산업별 투자 비중

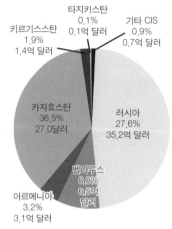

EDB의 국별 누적 투자액 및 비중

자료: https://eabr.org/en/about/facts-and-figures/
(검색일: 2019.2.10).

자료: https://eabr.org/en/about/facts-and-figures/(검색
일: 2019.2.10).

표 4-11 **기관별 실크로드펀드 자본금 지분 구조**

(단위: %)

중국외환관리국	중국투자공사	중국수출입은행	중국개발은행
65	15	15	5

자료: Silk Road Fund Co., Ltd. http://www.silkroadfund.com.cn/enwap/27365/27367/index.html(검색일: 2019.
2.1).

핵심적인 역할을 하고 있다. EDB의 유라시아 지역 금융지원 비중을 산업별로 살펴보면, 에너지 23.3%, 교통 20.5%, 광업 16.6%, 금융 15.9% 순서이며, 국가별로는 러시아에 47.6%, 35.2억 달러, 카자흐스탄에 36.5%, 27억 달러를 지원했다(〈부록 4-1〉 참조). 이러한 EDB의 지원을 통해 회원국들의 인프라 발전 정도가 나아지고 있다.

2) 일대일로와 개발 펀드

(1) (주)실크로드펀드

(주)실크로드펀드(Silk Road Fund Co., Ltd.; 이하 실크로드펀드)는 실크로드경제벨트(Silk Road Economic Belt)와 21세기 해양 실크로드 이니셔티브(The Silk Road Economic Belt and 21st Century Maritime Silk Road Initiative) 실현을 위해 2014년 12월 29일 설립된 중장기 개발·투자 펀드이다. 실크로드펀드의 자본금은 400억 달러(인민폐 1000억 위안)이며, 중국외환관리국(SAFE: State Administration of Foreign Exchange)이 65%, 중국투자공사(CIC: China Investment Corporation)가 15%, 중국수출입은행(Export-Import Bank of China)이 15%, 중국개발은행(CDB: China Development Bank)이 5%의 지분을 보유하고 있다. 실크로드펀드는 다양한 형태의 투자 및 자금조달을 통해 일대일로 이니셔티브(Belt and Road Initiative)와 관련된 국가 및 지역의 인프라 구축, 자원·에너지 개발, 산업·금융 협력을 수행함으로써, 중국과 여타 국가와 지역들[8]의 공동 발전과 번영을 증진시키는 것을 목적으로 하고 있다.

2017년 3월까지 실크로드펀드는 15개 프로젝트에 약 60억 달러의 투자

---

[8]   러시아, 몽골, 중앙·남·동남·서 아시아, 북아프리카 및 유럽 국가들이 투자 대상이다.

약정을 체결한 상태다. 또한 2015년 실크로드펀드는 20억 달러를 투자해 '중국-카자흐스탄 생산능력 협력 펀드(China-Kazakhstan Production Capacity Cooperation Fund)'를 설립했다. 이 펀드는 중국의 일대일로 이니셔티브와 카자흐스탄의 신경제정책인 누를리 졸(Nurly Zhol)의 목표 달성을 앞당기고, 카자흐스탄의 금융개혁과 자본시장 발전을 지원할 것이다.

그 밖의 실크로드펀드의 주요 투자 프로젝트를 살펴보면, 2014년에 케냐의 몸바사-나이로비(Mombasa-Nairobi) 표준궤 철도 건설 프로젝트[9]와 중국-파키스탄 경제회랑(China-Pakistan Economic Corridor) 지역의 파키스탄 카로트(Karot) 수력발전소 건설 프로젝트 및 기타 주변 지역의 수력발전소 건설 프로젝트에 1.65억 달러를 투자했다. 2015년에는 러시아 야말반도 북쪽의 사베타(Sabetta) 지역에서 노바테크(Novatek)가 추진하는 야말 LNG 프로젝트의 지분 9.9%를 인수했고,[10] 2016년 12월에 석유화학회사 시부르

표 4-12 **국별 EFSD 자본금 출자액과 국별 EFSD 자본금 투자액**

국별 EFSD 자본금 출자액
(단위: 백만 달러, %)

	투자액	비중
러시아	7,500	88.1
카자흐스탄	1,000	11.7
벨라루스	10	0.12
아르메니아	1	0.012
키르기스스탄	1	0.012
타지키스탄	1	0.012

국별 EFSD 자본금 투자액
(단위: 건, 백만 달러, %)

	건수	투자액	비율
타지키스탄	3	150	2.7
벨라루스	2	4,560	82.1
아르메니아	4	515	9.3
키르기스스탄	5	330	5.9
합계	14	5,555	100.0

자료: EFSD(2018).   자료: EFSD(2018).

9   실크로드펀드의 해외 인프라 투자 첫 번째 사업이다(*China Daily*, 2015.4.21).
10   실크로드펀드가 러시아에 투자한 첫 번째 사례다(*China Daily*, 2015.9.3).

홀딩스(SIBUR Holdings)의 지분 9.9% 인수에 투자했다.[11] 또한 2015년 두바이 하산(Hassyan) 청정 석탄화력발전소 건설에 중국공상은행 등과[12] 프로젝트 파이낸싱(PF) 방식으로 공동투자 하고 있다(Power Technology, 2017).

(2) 유라시아 안정화 및 개발 펀드(Eurasian Fund for Stabilization and Development: EFSD)

EDB는 회원국들의 글로벌 금융위기로 인한 부정적 영향 완화, 장기적인 경제안정 보장, 지역통합 강화 등을 목표로 2009년에 자본을 출자해 EFSD를 조성했다. EFSD의 총자본금은 85.13억 달러로 러시아가 75억 달러, 카자흐스탄이 10억 달러를 출자하고 있다. EFSD는 설립 이후 4개국, 총 14건의 사업에 55.55억 달러를 지원했다. 이 14건의 사업 중 회원국의 금융 환경 개선을 위해 벨라루스, 아르메니아, 타지키스탄 3개국에 47.9억 달러, 인프라 건설을 위해 아르메니아, 키르기스스탄, 타지키스탄 3개국에 5.85억 달러를 지원했다. 특히, EFSD는 2008년 글로벌 금융위기 이후 재정과 국제수지 적자가 계속되고 있는 벨라루스의 금융 환경 개선을 위해 EFSD 총지원금의 82.1%인 45.6억 달러를 지원했다(〈부록 4-2〉 참조). 이와 같은 EFSD의 금융 부문 지원으로 벨라루스, 아르메니아, 타지키스탄의 재정수지 등 금융 부문이 개선되고 있다.

---

11 https://www.guancha.cn/economy/2016_12_17_384805.shtml(검색일: 2019.2.15).

12 두바이 하산(Hassyan) 청정 석탄화력발전소는 발전 용량 2400MW, 총투자비 34억 달러 규모의 사업이다. 2016년 11월에 건설을 시작하여 2020~2023년 사이 매년 600MW씩 4기가 완공될 것이다. PF 참여 금융기관은 실크로드펀드를 비롯해 중국 공상은행, 중국은행, 중국농업은행, 중국건설은행 등 중국 금융기관과 First Gulf Bank, Union National Bank, Standard Chartered Bank 등이 참여하고 있다.

4. 유라시아 지역 일대일로 건설의 한계점과 금융 협력 확대 방안

1) 일대일로의 한계점

일대일로에 부응하는 인프라 건설을 위한 유라시아 지역의 자금조달 과정에는 다음과 같은 4가지 한계와 문제점이 노정되고 있다.

첫째, 유라시아 지역 금융기관들의 높은 부실채권(NPL: Non Performing Loan) 비율로 인해 인프라 건설 자금조달이 어렵다는 것이다. 특히 국가재정과 자국 금융기관들의 투자 여력이 부족한 유라시아 지역에서 대규모 자금을 필요로 하는 철도·도로 등 교통 인프라의 건설을 위해서는 외부 조달이 반드시 필요하다. 이러한 이유로 인해 유라시아 지역의 철도·도로 등 교통 인프라 건설에 대한 자금 지원은 다자개발은행과 외국계 투자은행(IB: Investment Bank)들이 담당하고 있다.

둘째, 유라시아 지역의 낮은 국가신용등급(Foreign Currency Long-Term

그림 4-5 **유라시아 지역 금융기관 NPL(Non Performing Loan)**

(단위: %)

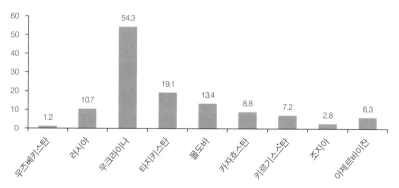

자료: IMF, Financial Soundness Indicators(FSIs).

표 4-13 유라시아 지역 국가신용등급

	모디스	스탠더드 앤드 푸어스	피치
우즈베키스탄	B1	BB-	
러시아	Baa3	BBB-	BBB-
우크라이나	Caa1	B-	B-
벨라루스	BC	B	
타지키스탄		B-	
투르크메니스탄	NR	NR	NR
몰도바	WR	NR	
카자흐스탄	Baa3	BBB-	BBB
조지아	Ba2	BB-	BB-
아제르바이잔	Ba2	BB+	BB+
아르메니아	B1		B+

자료: Bloomberg.

Debt) 문제이다. 러시아와 카자흐스탄을 제외한 나머지 국가들은 투자부적격 등급이다. 국제 신용평가기관인 모디스(Moody's), 스탠더드 앤드 푸어스(Standard & Poor's), 피치(Fitch)는 유가상승으로 경상수지와 재정수지가 호전된 러시아와 카자흐스탄의 신용등급은 투자적격으로 평가하고 있다.

반면 경상수지와 재정수지의 적자 지속과 미국의 러시아 경제제재 여파, 장기집권에 따른 정치적 불확실성, 투자심리 약화 등으로 인해 여타 유라시아 지역 국가들의 신용등급은 투자부적격 등급으로 하향 평가하고 있다. 국가신용등급이 투자부적격인 국가들은 외국으로부터 투자를 유치하기 어렵다.

셋째, 유라시아 지역의 높은 대외부채/GDP 비율 문제다. 유라시아 지역의 높은 대외부채/GDP 비율은 각국의 채무상환 능력을 저하시킴으로써 인프라 건설 자금조달 능력을 낮추고 있다. 특히 대외부채/GDP 비율이 높고, 경제 규모가 100억 달러에 못 미치는 키르기스스탄과 타지키스탄, 대외부채/GDP 비율이 높은 조지아, 카자흐스탄, 아르메니아 등은 대규모 자금을 필요로 하는 철도·도로 건설 사업을 추진하기 어렵다. 따라서 유라시아 지역의 철도·도로 등 대규모 인프라 사업은 다양한 MDB의 금융지원이 필요하다.

2) 일대일로와 금융 협력 확대 방안

전술한 바와 같이, 철도·도로 등 교통 인프라 건설 비용은 막대한 규모여서 유라시아 지역의 개별 국가나 금융기관이 단독으로 수행하기 어렵다. 따라서 현재까지 이 지역에서 다양한 교통·물류 인프라는 다수의 MDB와 해당국 정부의 참여를 통해 건설되고 있다. 유라시아 지역에서 일대일로를 달성할 수 있는 교통 인프라를 원활히 건설하기 위해서는, 유라시아 지역의 금융기관과 정부의 신용평가 등급 상향과 외화 조달 용이화 방안 마련 등 다음과 같은 한계점 개선이 필요하다.

첫째, 유라시아 지역은 금융기관들의 높은 NPL 비율을 낮추어야 한다. 금융기관의 NPL 비율이 높으면 채권 발행을 통한 대외 조달 금리가 인상되며, 높은 금리로 조달한 투자자금은 사업의 효율성을 떨어뜨린다. 따라서 금융기관들은 위험자산인 대출자산을 매각해 NPL 비율과 해외 조달금리를 낮추도록 해야 한다. 둘째, 유라시아 지역의 낮은 국가신용등급을 높여 외국인투자와 금융기관들의 자금조달 원활화를 꾀해야 한다. 신용등급 하락으로 외화 조달비용이 오르고 은행들이 자본 확충에 어려움을 겪는다

그림 4-6 유라시아 지역의 대외 부채액과 유라시아 지역의 대외 부채비율

유라시아 지역의 대외 부채

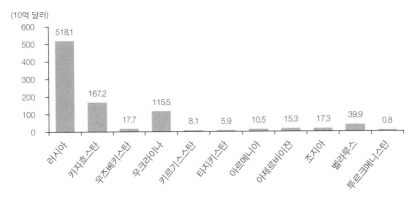

자료: Bloomberg, World Bank, 유라시아 각국 중앙은행.

유라시아 지역의 대외 부채비율

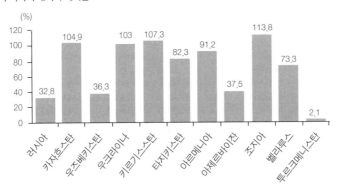

자료: Bloomberg, World Bank, IMF, 유라시아 각국 중앙은행.

면, 거액이 소요되는 교통·물류 인프라 건설은 어렵게 될 것이다. 요컨대 낮은 신용등급은 신규 투자유치를 어렵게 하고 주식·채권시장의 자금 유출을 초래한다. 즉, 낮은 신용등급은 자금 조달비용을 높여 인프라 건설의 효율성을 떨어뜨린다. 셋째, 유라시아 지역의 대외부채/GDP 비율을 낮춰

야 한다. 각국의 높은 대외부채/GDP 비율은 금융위기 상황에서 대외 상환 능력을 저하시킴으로써 금융기관의 자금조달을 어렵게 만든다. 따라서 각국은 대외부채를 줄여 금융위기에 대비한 대외 상환 능력을 키워야 한다.

이와는 별개로, 한국은 일대일로에 참여할 수 있는 금융 협력 확대 방안을 모색할 필요가 있다. 첫째, 한국 금융기관은 MDB와 공동으로 유라시아 지역의 인프라 건설을 지원할 투융자 플랫폼을 조성해야 한다. 이를 통해 그동안 유라시아 지역 투자의 걸림돌이던 투자 리스크를 줄이는 동시에 재원 조달 문제를 개선함으로써 우리 기업들의 진출과 투자 협력을 확대할 수 있다. 한국은 러시아와 공동으로 투융자 플랫폼을 구축한 경험이 있다. 2013년에 '한국수출입은행'과 '러시아대외경제개발은행'은 10억 달러 규모의 투융자 플랫폼을 구축했는데, 이것은 러시아의 극동·시베리아 지역에서 에너지, 석유화학산업과 같은 대형 개발 프로젝트를 발굴하고, 양국 기업이 참여할 경우 10억 달러 한도 내에서 지분투자, PF, 수출금융 등을 공동으로 지원하는 플랫폼이었다. 둘째, 중국의 실크로드펀드와 같은, 유라시아 지역의 인프라 개발 자금을 지원하기 위한 전문 펀드를 조성해야 한다. 일례로, 한국은 정책금융기관(산업은행, 수출입은행 등)과 금융공기업(신용보증기금 등), 그리고 민간금융기관과 정부 등이 함께 참여하는 유라시아 지역 인프라 개발 펀드인 '초원길 펀드(가칭)'를 조성해야 한다. '초원길 펀드(가칭)'를 통해 한국은 인프라 건설, 자원 및 에너지 개발, 산업·금융 협력 등을 추진함으로써 유라시아 지역과 함께 공동 발전과 번영을 이뤄나갈 수 있을 것이다.

5. 결론

1990년 초부터 노후화되었던 유라시아 지역의 철도, 도로 등 교통·물류 인프라는 각국 정부의 노력과 EBRD 등 다자개발은행의 금융지원과 민간 상업은행들의 투융자에 힘입어 점차 개선되고 있다. 그러나 세계적 기준으로 보면, 이러한 다양한 금융지원에도 불구하고 유라시아 지역의 인프라 관련 지수는 여전히 낮은 수준이다. 그런데 유라시아 지역이 지리적으로 교통과 물류의 중심지임을 고려할 때, 이 지역 국가들은 MDB, 개발펀드, IB들의 자금을 유치해 인프라 부문의 재정비 및 신규 건설을 추진할 것으로 전망된다. 이와 함께, 중국 또한 2014년부터 시작된 국가전략인 일대일로 달성을 위해 유라시아 지역의 교통·물류 인프라 건설에 금융지원을 확대해 갈 것으로 예상된다.

일대일로는 유라시아 지역의 교통·물류 인프라를 중국과 원활히 연결함으로써 완성된다. 따라서 중국은 인프라의 자력 건설이 어려운 유라시아 지역 국가들의 인프라 건설에 대한 금융지원을 지속할 것이다. 이를 위해 중국은 자국 주도의 인프라 투자은행인 AIIB를 설립하는 한편, 유라시아 지역 인프라 건설을 지원하기 위한 실크로드펀드를 조성했다.

한국은 중국의 일대일로 건설에 참여하는 방안을 적극 모색할 필요가 있다. 중국 주도의 AIIB 프로젝트는 유라시아 지역의 개별 국가별로 추진되는 중점 사업을 중심으로 추진될 가능성이 높으므로, 이에 대응하는 맞춤형 진출 전략 수립이 필요하다(조영관·김은경 외, 2017). 이를 위해 한국 정부와 금융기관은 MDB와 공동으로 투융자 플랫폼을 구축하는 방안을 추진하는 한편 중국의 실크로드펀드와 같은 전문 펀드를 조성함으로써, 유라시아 지역의 인프라 개발에 자금을 지원할 수 있는 기반을 마련할 필요가 있다.

부록 4-1   EDB 주요 투자사업(2018년 말 기준)

(단위: 백만 달러)

국가	프로젝트명	투자액	비고
러시아	Western High-Speed Diameter road 건설	372	PPP
벨라루스	Belarusian Steel Works 건설(압연공장)	161	
러시아	Financing of SSGPO's(Kazakhstan) supplies to Magnitogorsk Iron and Steel Works	95	
러시아	Beloporozhskaya HPPs 1 and 2 in Karelia 건설	61	
러시아	Central Ring Road 3 건설	184	PPP
카자흐스탄	Nurly Zhol automobile checkpoint 건설 및 운영, Western Europe–Western China road 내 교통물류센터 운영	84	PPP
러시아	Constructing and operating a 90.09ᴍᴡ wind farm in Azov District, Rostov Region	145	
러시아	Financing construction of two solar power plants with a total capacity of 30ᴍᴡ in Astrakhan Region	49	
카자흐스탄	Financing preparations for the development and modernisation of Bakyrchik gold deposit	80	

자료: EDB, INVESTING IN DEVELOPMENT AND INTEGRATION, 2019.1.2.

부록 4-2   EFSD 금융지원 현황(2017년 말 기준)

(단위: 백만 달러)

프로젝트명	국가	분야	투자액	상태
Financial credit No.1	타지키스탄	Budget support	70	Closed
Financial credit No. 1	벨라루스	Balance of payments support	2,560	Closed
Financial credit	아르메니아	Budget support	300	Loan Agreement signed
Financial credit No. 2	타지키스탄	Budget support	40	Loan Agreement signed
Financial credit No. 2	벨라루스	Budget and balance of payments support	2,000	Loan Agreement signed
소계			4,970	

Construction of the North-South Road Corridor, Phase 4	아르메니아	Transport	150	Loan Agreement signed
Irrigation System Modernisation	아르메니아	Agriculture	40	Loan Agreement signed
Agricultural Machinery Supplies	키르기스스탄	Agriculture	20	Loan Agreement signed
Bishkek-Osh Road Rehabilitation Project, Phase 4	키르기스스탄	Transport	60	Loan Agreement signed
Toktogul HPP Rehabilitation, Phase 2	키르기스스탄	Power generation	100	Loan Agreement signed
Commissioning of the Second Hydro Generation Unit of Kambaratinskaya HPP-2	키르기스스탄	Power generation	110	Loan Agreement signed
Construction of Mastara Reservoir	아르메니아	Agriculture	25.2	Preliminary Application approved
Toktogul HPP Rehabilitation, Phase 3	키르기스스탄	Power generation	40	Preliminary Application approved
Nurek HPP Rehabilitation, Phase 1	타지키스탄	Power generation	40	Preliminary Application approved
소계			585.2	
합계			5,555.2	

자료: EDB(2018).

참 고 문 헌

기획재정부 보도자료. 2017. 「아시아인프라투자은행, 한국기업 추진 사업 금융 지원」.

김성애. 2017. 「中 '일대일로' 2.0시대 ② 핵심 프로젝트 6대 경제회랑」. KOTRA 중국 베이징무역관

김준영·이현태. 2016. 「AIIB의 발전전망과 정책적 시사점」. ≪오늘의 세계경제≫, 16권 25호.

수출입은행 해외경제연구소. 2016. "AIIB 출범과 한·중앙아시아 인프라 협력 방안". *Issue Report*, Vol. 2016-지역이슈-6.

연합뉴스, 2015.4.21. "'진주목걸이 전략'에 또하나 구슬 꿴 시진핑".

임호열·문진영 외. 2015. 「AIIB의 추진현황과 한국의 대응방향」. ≪오늘의 세계경제≫, 15권 12호.

조영관. 2016. 『중앙아시아 인프라·플랜트 개발과 우리의 참여방안』. 한국수출입은행 해외경제연구소.

조영관·김은경 외. 2017. 『AIIB와 아시아·CIS 인프라 개발』. 한국수출입은행 해외경제연구소.

조영관·이정애. 2016. 『카자흐스탄 '누를리 졸' 경제발전 전략과 한국의 협력방안』. 한국수출입은행 해외경제연구소.

최필수. 2015. 「AIIB 설립과 동북아 개발금융」. ≪한국사회과학연구≫, 13권 1호, 105~118쪽.

한국금융연구원. 2014. 「AIIB 출범 선언과 향후 논의의 방향」. ≪주간금융브리프≫, 23권 44호, 14~15쪽.

KOTRA. 2016. 『AIIB를 활용한 아시아 인프라시장 진출 확대전략』. KOTRA.

ADB. 2017. *Meeting Asia's infrastructure needs highlights.*

China Daily. 2015.9.3. "China's $40b Silk Road Fund signs MoU with Russian firms." http://www.chinadaily. com.cn/china/2015-09/03/content_21785297.htm

ED. 2019. *INVESTING IN DEVELOPMENT AND INTEGRATION.*

EDB. 2018. *EURASIAN FUND FOR STABILIZATION AND DEVELOPMENT 2017 ANNUAL REPORT.*

Power Technology, "Hassyan Clean Coal Project, Dubai," Retrieved 2017.12.6. https://www. power-technology.com/projects/hassyan-clean-coal-project-dubai/(검색일: 2019.2.15).

World Economic Forum. 2017. *The Global Competitiveness Report 2017~2018.*

http://databank.worldbank.org
http://novosti.az/transport/1003.html
https://eabr.org
https://efsd.eabr.org/
http://www.adb.org
http://www.aiib.org
http://www.ebrd.com

http://www.kotra.or.kr
http://www.mid.gov.kz
http://www. silkroadfund.com.cn
http://www.unescap.org/our-work/transport/asian-highway
http://www.worldbank.org

5장

유라시아의 에너지 협력 및 전력망 연계와 일대일로

중국과 카자흐스탄, 우즈베키스탄, 투르크메니스탄을 중심으로

| 조정원 |

1. 서론

유라시아 지역의 에너지 교역에서 원유·가스의 수출입은 구소련이 만들어놓은 중앙아시아 에너지 네트워크를 중심으로 진행되었다. 그로 인해 중앙아시아의 원유·천연가스 생산국인 카자흐스탄·우즈베키스탄·투르크메니스탄은 구소련의 해체 이후에도 2000년까지 대러시아 원유·가스 수출에 의존할 수밖에 없었다. 이들은 원유·가스 수출의 대러 의존을 탈피하고 싶어 했지만, 자금과 기술 부족으로 인해 파이프라인을 비롯한 수출용 에너지 인프라를 자력으로 구축할 수 없었다.

---

*　이 장은 「유라시아의 에너지 협력 및 전력망 연계와 일대일로: 중국과 카자흐스탄, 우즈베키스탄, 투르크메니스탄을 중심으로」, ≪러시아연구≫, 29권 1호(2019), pp.311~344의 내용을 수정·보완한 것이다.

이 문제를 해결하는 데 가장 큰 도움을 준 국가가 중국이다. 중국의 국내 경제적 요인들(경제성장으로 인한 생활수준의 향상, 산업발전에 따른 에너지 수요의 급증)과 대외 환경의 변화(중동 정세의 불안정)는 중국이 유라시아 지역의 에너지 확보를 통해 자국의 에너지 안보를 강화하는 계기로 작용했다. 그로 인한 중앙아시아 국가들과 중국을 연결하는 에너지 네트워크 구축은 2015년 3월 일대일로를 추진하기 이전부터 시작되었다. 1993년 12월 당시 국가주석이던 장쩌민이 중앙재경영도소조(中央财经領導小组) 회의에서 국외에서의 에너지 보충을 지시한 후 중국은 국유기업들을 중심으로 해외 진출과 해외 자원 확보를 위한 저우추취(走出去)를 추진했다. 그 후 중국의 중앙아시아 원유·가스 확보와 수입 네트워크 구축 작업은 중국석유(中國石油)를 중심으로 진행되었다. 1997년 6월 중국석유의 탐사 담당 자회사인 중국석유천연가스탐사공사가 카자흐스탄 아크자빈 석유가스의 지분 60%를 인수했고, 2004년 카즈무나이가즈와 함께 중국-카자흐스탄 송유관 공사를 시작했다(조정원, 2010: 118).

중국-카자흐스탄 송유관은 2006년 7월 아타슈-아라산커우 구간, 2009년 10월 켄키약-쿰콜 구간이 개통되었고 이후 카자흐스탄 원유의 대중국 수출의 통로 역할을 하고 있다(윤성학, 2010: 422~429). 아울러 중국석유는 투르크메니스탄을 중심으로 중앙아시아-중국 가스관을 건설해, 2009년 12월에 1기 가스관을 개통하고 투르크메니스탄의 천연가스 수입을 시작한 후 2010년 10월에 2기, 2014년 5월에 3기 가스관을 추가로 개통하면서 우즈베키스탄과 카자흐스탄의 천연가스도 수입하고 있다(조정원, 2017: 1). 중국의 카자흐스탄 송유관, 중앙아시아-중국 가스관 구축은 중앙아시아 국가들의 대러시아 원유·가스 수출 의존 구도에 균열을 내고 대중국 수출을 통한 수출 루트 다변화라는 숙원을 해결하는 데 기여했다. 중앙아시아 국가들과 중국을 연결하는 송유·가스관 개통 이후 중국과 유라시아의 에너지 협력은, 2015년 3월 일대일로를 추진하면서부터 중국과 해외를 연계하는 전력망 구축 계획 추진과 유라시아 지역의 에너지산업 발전 지원 등으로 그 영역이 확장되고 있다.

기존 연구에서는 일대일로가 중국 중심의 지경학적 전략임에 주목하고, 일대일로가 포용적 세계화나 대외원조를 위한 예외적 공간으로 확장될 가능성을 고찰하면서, 예외적 공간으로 작용할 경우 중국과 피원조국의 자금세탁과 부패의 공간, 열악한 작업 조건에 따른 착취 공간이 될 수 있음을 지적했다(쉬진위·백지운, 2016). 그리고 중국의 일대일로를 국내 정치·경제적 추동 요인을 중심으로 분석하기도 했다(백우열, 2017). 또한 일대일로 관련 프로젝트들의 자금공급자 역할을 할 아시아인프라투자개발은행(AIIB)이 중국의 아시아 국가들에 대한 영향력 확대, 중국 기업들의 해외 비즈니스 기회 제공을 위해 만들어졌음을 지적한 연구도 있다(Yu, 2017). 최근에는 중국이 세계 각지의 에너지 수입과 중국으로의 공급 과정 안정화를 위해 일대일로를 추진하고 있음을 분석한 연구도 나와 있다(Umbach, 2019). 그러나 일대일로를 유라시아의 에너지 협력에 초점을 맞춰 분석한 연구는 찾아보기 어렵다. 특히 일대일로가 추진되기 전부터 진행된 중국과 중앙아시아의 협력 ― 대중국 에너지 수출국인 카자흐스탄·투르크메니스탄·우즈베키스탄과의 에너지 협력 ― 의 일대일로 추진 이후의 진전과 그 과정에서 나타난 성과와 문제점 분석은 중국의 일대일로를 종합적으로 평가하기 위해 필요한 작업이다.[1]

---

1 중국의 유라시아 에너지 협력 파트너로는 중앙아시아의 주요 에너지 수출국인 카자흐스탄·우즈베키스탄·투르크메니스탄이 있다. 전술한 바와 같이 카자흐스탄은 중국 신장으로 연결되는 송유관을 통해 원유를 수출하고 있다. 중앙아시아-중국 가스관은

이 장은 이를 위해 다음과 같은 순서로 구성했다. 2절에서는 유라시아 에너지 협력과 일대일로의 연계에 중요한 역할을 하고 있는 중국 중앙정부의 주요 정책들을 소개한다. 3절에서는 중국과 일대일로 연계가 활발하게 진행되고 있는 카자흐스탄·우즈베키스탄·투르크메니스탄의 에너지 협력 관련 정책에 대하여 설명한다. 4절에서는 일대일로가 추진된 이후 중국과 중앙아시아의 주요 에너지 수출국들(카자흐스탄·우즈베키스탄·투르크메니스탄) 간의 유라시아 에너지 협력의 성과와 문제점에 대하여 분석한다. 5절에서는 이 장을 마무리하면서 일대일로와 유라시아 에너지 협력의 연계가 카자흐스탄·우즈베키스탄·투르크메니스탄의 경제와 산업에 미치는 영향과 의의에 대하여 고찰한다.

2. 중국의 주요 정책

1) 국제에너지산업협력 가이드라인

2015년 3월에 중국 중앙정부 국무원 국가발전개혁위원회(이하 발개위)는 외교부, 상무부와 함께 일대일로의 가이드라인이라고 할 수 있는 실크로드 경제권과 21세기 해상실크로드 추진의 전망과 행동(推动丝绸之路经济带和 21世纪海上丝绸之路愿景与行动)을 내놓았다(国家发展改革委·外交部·商务部, 2015: 1). 이와 함께 발개위는 일대일로와 연계한 해외 산업협력을 추진하기 위해

투르크메니스탄 천연가스를 중심으로 카자흐스탄, 우즈베키스탄의 천연가스도 중국으로 수출하고 있다.

국제 산업 에너지, 장비 제조 협력 가이드라인(国务院关于推进国际产能和装备制造合作的指导意见, 이하 국제에너지산업협력 가이드라인)을 내놓았다(国家发展改革委, 2015: 1). 국제에너지산업협력 가이드라인에서는 해외자원개발을 강화하고 은행의 저금리 대출, 프로젝트 융자 등을 통해 해외의 대형 프로젝트 진행을 지원할 것을 명시했다. 이 가이드라인에 나오는 국제에너지산업협력이 최초로 추진되기 시작한 곳은 카자흐스탄이었다. 2014년 12월 24일 리커창 총리와 카림 마시모프(Karim Massimov) 카자흐스탄 총리는 중국과 카자흐스탄 간에 산업·에너지·장비 제조 협력을 추진하는 데 합의했다. 이는 카자흐스탄의 에너지산업 발전을 돕고 중국 기업들이 해외시장을 개척하는 데 도움이 될 수 있기 때문이었다.

리커창 총리는 카자흐스탄 방문을 마치고 귀국하면서 당시 국무원 발개위의 쉬샤오스(徐紹史) 주임에게 발개위가 중국과 카자흐스탄 간의 산업·에너지·장비 제조 협력의 컨트롤타워 역할을 맡도록 지시했다.[2] 그 이후 발개위와 카자흐스탄 투자발전부의 주도로 중국-카자흐스탄 산업에너지와 투자협력 협조위원회(中哈产能与投资合作协调委员会, 이하 협조위원회)가 만들어지면서 양국 간의 협력 프로젝트들을 선정하는 작업을 진행했다. 협조위원회는 협력 프로젝트 선정을 진행하기 위해 2015년부터 2018년 2월까지 14차례의 회담을 개최했다.[3] 14차례의 회담을 진행한 후에 중국 중앙정

---

2   발개위는 중국 국무원 산하 정부기관으로 국가 주요 정책의 컨트롤타워 역할을 하고 있다.

3   회담에는 양국의 협조위원회 주석인 중국 발개위 주임, 카자흐스탄 투자발전부 장관 외에도 중국 측에서 발개위 외자사 사장, 파이낸싱을 전담하는 정책금융기관인 국가개발은행, 일대일로 관련 사업의 금융지원에 참여하고 있는 중국 실크로드 기금, CODA 등이 참석했다. 또한 중국의 정책금융기관인 중국수출입은행과 대형 국유 은행인 중국공상은행, 중국은행이 회담에 참여할 때도 있었다(中华人民共和国国家发展

부는 정책금융기관인 국가개발은행이 2018년 6월 아스타나에 대표처를 개설하고 중국과 카자흐스탄의 에너지산업 협력에 필요한 파이낸싱 업무를 현지에서 직접 진행하도록 했다.

2) 실크로드 경제권과 21세기 해상실크로드 에너지 협력

발개위와 발개위 산하 국가에너지국(国家能源局)은 일대일로와 대외 에너지 협력의 연계를 위해 2017년 5월 실크로드 경제권과 21세기 해상실크로드 에너지 협력 추진을 위한 전망과 행동(推动丝绸之路经济带和21世纪海上丝绸之路能源合作愿景与行动, 이하 실크로드 경제권과 21세기 해상실크로드 에너지 협력)을 내놓았다. 실크로드 경제권과 21세기 해상실크로드 에너지 협력에서는 〈표 5-1〉에 나온 바와 같이 7가지 영역에 주안점을 두고 있다.

중국은 원활한 정책 소통을 위해 카자흐스탄·우즈베키스탄·투르크메니스탄과 정상회담, 총리회담, 장관급 회의 등의 방식으로 에너지 협력 계획과 실행 방안을 논의하고 있다. 그리고 중국은 중앙아시아 국가들과의 주요 에너지 협력 프로젝트에서는 정책금융기관(국가개발은행, 중국수출입은행)의 금융지원을 통해 중앙아시아 국가들에 부족한 자금을 지원해 왔다. 또한 중국은 일대일로와 대외 에너지 협력과 관련한 효과적 재정 투입을 위해 〈표 5-2〉에 나온 바와 같이 실크로드기금, 녹색실크로드기금을 설립하여 운영하고 있다.

〈표 5-2〉의 녹색실크로드기금에서와 같이 중국은 국내 로컬 기업들과 정부기관이 함께 참여하는 PPP를 통해 중앙정부와 정책금융기관에 대한 파이

和改革委员会, 2016.9.30).

표 5-1 **일대일로와 대외 에너지 협력 연계의 중점**

영역	주요 내용
정책 소통	각국의 에너지 발전 정책 및 계획에 대한 교류 및 협조 국가 간 에너지 협력 계획 및 실행 방안의 공동 제정 공동 실무 협력 추진을 위한 정책 지원
무역 강화	에너지 무역 절차의 간소화 거래비용 절감 에너지의 최적화 실현 에너지 공급 리스크 대응 능력 강화 글로벌 에너지 시장의 개방, 안정
에너지 투자 협력 강화	기업의 직접투자, M&A, 민관합작투자사업 등 다양한 방식의 투자 협력 장려 금융기관의 에너지 협력 프로젝트 전 과정 참여를 통한 산업, 금융 협력체계 구축
에너지 및 산업 협력 강화	에너지 장비 및 프로젝트 건설 협력 진행 에너지산업 발전 수준 향상을 위한 협력 추진 고급 핵심 기술, 장비 개발 에너지 과학기술의 이노베이션 및 발전
에너지 인프라 연계 강화	석유·가스 연결 통로 규모의 확대 및 개선 석유·가스 파이프라인의 안전 국가 간 전력망 사업 추진 역내 전력시장 구축 방안 논의 전력 무역 수준 제고
지속가능 에너지 보급 및 향유	2030년 지속가능발전 아젠다 및 파리협정 실행 및 정착 믿을 수 있으며 지속가능한 최신 에너지 서비스 실현 추진 에너지 효율 영역의 국제 협력 추진
글로벌 에너지 거버넌스 개선	녹색, 저탄소 에너지 거버넌스 아키텍처 구축을 위한 협력 글로벌 차원의 녹색 발전 협력 추진

자료: 国家发展和改革委员会·国家能源局:一带一路能源合作网(2017).

낸싱 의존도를 줄이고 민간기업들의 투자를 늘리도록 했다. 아울러 중국은 일대일로 에너지 클럽을 만들어서 일대일로 관련 국가들의 정책 공유와 에너지 싱크탱크 및 전문가들 간의 교류 활성화를 추진하기로 했다(国家发展和改革委员会·国家能源局, 2017: 1). 이를 통해 중국은 카자흐스탄·우즈베키스탄·투르

표 5-2   중국의 일대일로와 대외 에너지 협력 연계 관련 기금

기금	설립일	출자 규모 (단위: 억 달러)	참여 기관	주요 업무
실크로드기금 (丝路基金)	2014.12.29	400	중국 중앙정부	중국-카자흐스탄 산업 에너지 협력 기금 운영 (출자 규모: 20억 달러)
녹색 실크로드기금 (绿丝路基金)	2015.03.08	44.6	이리 에너지 그룹 (亿利资源集团) 판하이 그룹 (泛海集团) 정타이 그룹 (正泰集团) 훼이위안 그룹 (汇源集团) 중국 핑안은행 (中国平安银行) 쥔야오 그룹 (均瑶集团) 중국-싱가포르 톈진 생태도시 관리위원회 (中新天津生态城管委会)	실크로드 경제권의 생태경제 환경개선, 태양광에너지 발전

자료: 一带一路能源合作网(2018), ; 一带一路能源合作网(2018).

크메니스탄에서 일대일로와 대외 에너지 협력의 연계를 추진하고 있다. 에너지 인프라 연계 강화를 위해 중국은 2015년 9월 시진핑 국가주석이 UN 지속가능발전 정상회의에서 '글로벌 에너지 연계(Global Energy Interconnection, 全球能源互联网, 이하 GEI)'를 제안했고, 2016년 GEIDCO(Global Energy Interconnection Development and Cooperation Organization, 全球能源互联网发展合作组织, 글로벌에너지전력망발전협력기구)를 설립하면서 중국과 중앙아시아 국가들 간의 전력망 연계를 시도하고 있다.

3) 중국의 글로벌 에너지 연계 구상(GEI)

표 5-3 **중국의 GEI 실현을 위한 9횡 9종의 주요 내용**

종류	주요 내용
9횡	북극 아시아-유럽 북횡(亚欧北横) 아시아-유럽 남횡(亚欧南横) 아시아-아프리카 북횡(亚非北横), 아시아-아프리카 남횡(亚非南横) 북미 북횡(北美北横) 북미 남횡(北美南横) 남미 북횡(南美北横) 남미 남횡(南美南横)
9종	유럽-아프리카 서종(欧非西纵) 유럽-아프리카 중종(欧非中纵) 유럽-아프리카 동종(欧非东纵) 아시아 서종(亚洲西纵) 아시아 중종(亚洲中纵) 아시아 동종 (아시아 태평양 통로: 亚洲东纵) 미주 서종(美洲西纵) 미주 중종(美洲中纵) 미주 동종(美洲东纵)

자료: 全球能源互联网发展合作組織(2018.3.29).

중국이 제안한 GEI는 스마트그리드, 초고압 직류송전(High Voltage Direct Current, 이하 HVDC), 태양광 및 풍력을 중심으로 하는 청정에너지를 통해 중국과 세계를 서로 연결하는 전력망 구축 전략이다.[4] 청정에너지에 기반을 둔 GEI는 아시아, 유럽, 아프리카, 남미와 북미 등 5개의 거대 고리를 포함한다. 중국은 GEI 추진을 전담할 국제기구로 GEIDCO를 설립했다. GEIDCO는 GEI 사업 개발 전략 및 추진 계획 수립, 기술표준 정립 및 국제교류 플랫폼 구축을 준비하고 있다. 이를 위해 중국은 2018년 3월에 GEI의 실현을 위한 9횡 9종(九横九纵) 핵심 프레임워크를 공개했다.

9횡 9종 규획에서는 2035년까지 5횡 5종 통로를 연결하여 아시아-유럽-

---

4   HVDC는 발전소에서 생산된 교류(AC)를 직류(DC)로 변환해 필요한 곳까지 전력을 송전한 뒤 다시 교류로 바꿔 수요자에게 공급하는 차세대 전력전송 기술이다. 중국과 인도는 HVDC로 국내 송전 시스템을 전환하여 송전 과정에서의 전력 손실을 줄이려 하고 있다(≪한국경제≫, 2018.7.31).

아프리카를 연결하는 대륙간전력망을 구축할 계획인데 이를 위해 2018년 부터 2050년까지 전력 공급원 구축에 27조 달러, 전력망 구축에 11조 달러를 투입할 계획이다(GEIDCO, 2018: 1). 또한 2050년까지 핵심 프레임워크 구축을 위해 17만 7000km에 달하는 송전선을 신설하고 이를 위해 3900억 달러를 투입할 예정이다(GEIDCO, 2018: 1).

중국은 중앙아시아 국가들과 아시아 중종(亚洲中纵) 전력망 연계 네트워크를 구축할 것으로 보인다. 그러나 2018년 10월 동북아시아 국가들과의 전력망 연결 구상을 공개한 후, GEIDCO는 중앙아시아 국가들과의 전력망 구축에 대한 구체적인 방안을 아직 내놓지 않고 있다.

3. 카자흐스탄·우즈베키스탄·투르크메니스탄의 주요 정책

1) 카자흐스탄

(1) 누를리 졸

누를리 졸(광명의 길)은 카자흐스탄 중앙정부가 2015년부터 2019년까지 국내 산업 및 교통물류 인프라를 구축해 자국의 경제발전을 촉진하기 위한 전략이다(The Prime Minister of Kazakhstan, 2015: 1). 누를리 졸에서 추진하는 카자흐스탄의 인프라 확충과 산업기반 건설은 일대일로의 해외 사업 영역과 일치한다.[5] 전력 분야에서는 카자흐스탄의 수력·화력 발전소 건설

---

5   쉬샤오스(徐绍史) 발개위 주임은 누를리 졸을 2016년 유라시아 지역의 대표적인 일대일로 대응 사업으로 언급한 바 있다(第一财经, 2016.3.6).

과 카자흐스탄 국내 전력망 구축 완성을 목표로 하고 있다.

중국 및 카자흐스탄 중앙정부는 누를리 졸과 일대일로의 연계를 위해 2016년 9월 2일 발개위 주임 쉬샤오스와 국민경제부 장관 비슈무바예프가 실크로드 경제권 건설과 누를리 졸 신경제정책 대응협력규획("丝绸之路经济带"建设与"光明之路"新经济政策对接合作规划, 이하 대응협력규획)에 서명했다(中华人民共和国政府·哈萨克斯坦共和国政府, 2016.9.2: 1). 양국 정부는 대응협력규획 가운데 에너지 분야에서는 에너지 및 에너지 관련 제품(석유, 천연가스, 석유화학제품, 태양광 패널) 무역의 활성화, 신에너지산업 협력 강화를 추진하기로 했다(中华人民共和国政府·哈萨克斯坦共和国政府, 2016.9.2: 1).

(2) 신재생에너지 행동계획(2013~2020)

카자흐스탄 중앙정부는 2013년 1월 신재생에너지 행동계획(2013~2020)을 비준하면서 2020년 이전까지 풍력발전소 13개, 태양광 발전소 4개, 소형 수력발전소 14개를 증설하여 1040GW의 발전 용량을 확보하기로 했다(刘昌明·杨慧·刘洪正, 2018: 62). 이를 위해 카자흐스탄 중앙정부는 중국을 비롯한 해외 업체들과의 자본·기술 협력을 시도하고 있다.

2) 우즈베키스탄

(1) 경제발전 정책

우즈베키스탄 정부는 카리모프 대통령이 재임 중이었던 2015년에 국내 경제발전과 산업 현대화를 위한 경제발전 가이드라인(2015~2019)을 내놓고 현재까지 시행하고 있다. 경제발전 가이드라인에서는 해외 자본과 유명 기업들의 투자를 유치하여 석유·가스 가공 분야의 설비 및 기술 현대화를

표 5-4 **우즈베키스탄의 경제발전 정책**

정책	기간	주요 내용
경제발전 가이드라인	2015년~2019년	고부가가치 제품의 생산 및 발전: 석유화학, 화공, 기계, 방직, 식품 분야에서 1000여개의 신제품 개발 공업생산 50% 증가 과학기술 제품의 수출 증가 5만 2000개의 신규취업 창출
5대 우선 영역 발전 계획	2017년~2021년	경제자유화, 국가관리 시스템, 사회 관리 시스템, 사법 독립, 국가안전의 5개 영역 발전을 통한 국가 현대화 추진 세계은행, 아시아개발은행, 이슬람개발은행 등에서 77억 달러 융자 한국, 중국, 일본과의 협력 강화를 통한 외자 유치
이노베이션 발전 계획	2019년~2021년	국가 연구개발 잠재력 개발과 효율 향상 국가의 연구개발, 디자인, 이노베이션, 기술 영역에 대한 투자 증대 국가와 민간 협력 강화 산학연 협력체계 구축

자료: 商務部国際貿易経済合作研究院·中国駐烏茲別克斯坦大使館経済商務参贊処·商務部対外投資和経済合作司 (2018a: 19~20).

추진하여 기계 제조, 방직, 식품산업과 함께 1000여 개의 신제품 개발을 목표로 하고 있다(商務部 国際貿易経済合作研究院·中国駐烏茲別克斯坦大使館経済商務参贊処·商務部 対外投資和経済合作司, 2018: 19~20). 2017년부터 카리모프 대통령의 뒤를 이은 샤브카트 미르지요예프(Shavkat Mirziyoyev) 대통령은 2017년에 5대 우선 영역 발전계획(2017~2021)을 내놓으면서 경제자유화를 5대 우선 영역 중 하나에 포함시키고, 다자개발은행들로부터 자금 지원을 받아서 국가경제체제를 개선하는 것을 목표로 제시했다. 또한 5대 우선 영역 발전계획에서는 중국, 한국, 일본과의 협력을 통한 투자 유치를 명시하여 중국의 일대일로와의 연계, 일대일로 관련 기금(실크로드기금, 녹색실크로드기

금) 및 정책금융기관의 금융지원 수혜의 가능성을 열어 놓았다. 미르지요
예프 대통령은 2019년에는 이노베이션 발전계획을 내놓고 2021년까지 산
업구조 고도화와 기술 발전을 위해 국내 교육과 연구개발, 시장 환경, 금융
제도의 혁신을 추진하고 있다.

(2) 에너지 인프라 구축 계획

우즈베키스탄 정부는 2016년과 2017년에 에너지 인프라 구축 관련 정
책을 내놓으면서 국내 에너지 인프라의 확충과 현대화를 추진하고 있다.
우즈베키스탄의 발전소들은 대부분은 1950~1960년대 구소련 체제하에서
만들어졌으며 1만 킬로미터 이상의 전력망과 변전소도 사용기한을 초과해
서 설비 교체가 필요하다(乔刚·袁铁江·阿力马斯别克·沙肯别克, 2015: 82).

우즈베키스탄 정부는 2020년까지 수력발전소 건설 목표달성을 위해 해
외투자와 인력·기술 지원 유치에 초점을 맞추고 있다. 이를 위해 2017
년 5월 우즈베키스탄 국가투자위원회와 중국 상무부는 중소형 수력발전소
건설 협력 협의서(中华人民共和国商务部与乌兹别克斯坦共和国国家投资委员会关于在

표 5-5 **우즈베키스탄의 에너지 인프라 구축 계획**

정책	기간	주요 내용
수력발전 개요	2016~2020년	중·소형 수력발전소 9개 신규 건설: 출력 9만 4500kw, 연평균 발전량 3억 9000만 kwh 14개 수력발전소 개조: 출력 138만 5000kw, 연평균 발전량 48억 7000만 kwh
5대 우선 영역 발전 계획	2017~2021년	국내 발전소, 저압 전력망, 변전소의 신규 건설과 개조

자료: 商務部国際貿易経済合作研究院·中国駐烏兹別克斯坦大使館経済商務参賛処·商務部对外投資和経済合作司(2018a: 23~24).

표 5-6 **투르크메니스탄의 국가 경제사회 발전 가이드라인**

정책	기간	주요 내용
국가 사회경제 발전 가이드라인	2011~2030년	2030년까지 원유 생산량 6700만 톤 도달 2030년까지 천연가스 생산량 2300억 ㎥ 도달, 그중 1800억 ㎥ 수출. 에너지 수출 시장 확대 파이프라인을 통한 에너지 수출 능력 제고 TAPI 가스관, 트랜스카스피해 가스관 건설 추진
국가 사회경제 발전 가이드라인	2012~2016년	경제구조의 다원화 추진 천연가스, 전력, 화학 산업의 구조조정과 현대화 완성
국가 사회경제 발전 가이드라인	2018~2024년	매년 경제성장률 6.2%에서 8.2% 사이를 유지 석유, 화학공업, 전력, 전자, 인터넷, 교통: 국가 경제발전의 중심

자료: 商務部国際貿易経済合作研究院·中国駐烏玆別克斯坦大使館経済商務参贊処·商務部対外投資和経済合作司 (2018a: 17~18).

乌兹别克斯坦共和国建设中小型水电站的合作协议)에 서명하여 중소형 수력발전소 신규 건설을 추진하고 있다(中华人民共和国商务部, 2018.5.12: 1).

3) 투르크메니스탄

(1) 국가 경제사회 발전 가이드라인

투르크메니스탄은 2010년대 초반부터 경제사회 발전의 단기·장기 가이드라인을 제시하고 국가정책에 반영했다. 2011년에 나온 국가 경제사회 발전 가이드라인(2011~2030)에서는 2020년까지 투르크메니스탄의 1인당 GDP를 3만 2000달러까지 끌어올리는 것을 목표로 했다(商务部 国际贸易经济 合作研究院·中国驻土库曼斯坦大使馆经济商务参赞处·商务部对外投资和经济合作司, 2018a: 18). 이를 위해 천연가스, 원유의 생산과 수출을 늘리는 데 초점을 맞추고 있다.

2012년 베르디무하메도프 투르크메니스탄 대통령이 내놓은 국가 경제 사회 발전 가이드라인(2012~2016)에서는 2016년까지 주요 산업의 구조조정과 현대화 완성을 목표로 했다. 2018년부터 2024년까지의 가이드라인에서는 에너지산업이 투르크메니스탄 경제발전의 중심이 될 것임을 언급했다.

4. 유라시아 에너지 협력의 성과와 문제점

1) 성과

(1) 중앙아시아 천연가스의 대중국 수출 증대

일대일로 추진 이후에도 중앙아시아-중국 가스관은 중앙아시아 천연가스의 대중국 수출 증대에 기여하고 있다. 이는 2014년 5월 중앙아시아-중국 가스관 3기가 개통된 이후 2009년 12월부터 대중국 수출을 시작한 투르크메니스탄 천연가스 외에도 우즈베키스탄, 카자흐스탄 천연가스가 중국으로 수출되고 있기 때문이다.

〈표 5-8〉에 나온 바와 같이 투르크메니스탄 천연가스는 매년 중국의 연간 파이프라인 천연가스 수입량의 80% 이상을 차지했다. 중국은 중앙아시아-중국 가스관을 통해 2018년에 474억 m³의 천연가스를 수입했는데 이는 중국의 동년 천연가스 수입량(1254억 m³)의 약 37.8%를 차지하는 분량이며 전년 대비 약 23% 증가를 기록했다(中华人民共和国驻哈萨克斯坦共和国大使馆经济商务参赞处, 2019.7.12: 1). 중앙아시아-중국 가스관으로 수입하는 투르크메니

표 5-7　중앙아시아-중국 가스관 1기, 2기, 3기, 4기의 주요 내용

사업명	구간	거리
중앙아시아-중국 가스관 1기	게다임(투르크메니스탄과 우즈베키스탄 국경 지대)-카자흐스탄-중국 신장 위구르자치구 호르고스	1833km
중앙아시아-중국 가스관 2기 (카자흐스탄 국내 가스관)	베이네우-쉼켄트	1475km
중앙아시아-중국 가스관 3기	게다임(투르크메니스탄과 우즈베키스탄 국경 지대)-우즈베키스탄, 카자흐스탄-중국 신장 위구르자치구 호르고스	1830km
중앙아시아-중국 가스관 4기	투르크메니스탄-타지키스탄-중국 신장	1000km

자료: "Flow of natural gas from Central Asia," CNPC homepage(2011); 조정원(2014: 246).

표 5-8　파이프라인을 통한 중국의 국가별 천연가스 수입(2015~2017)

국가	2015 수입량 (단위: 억 m^2)	전체 수입량에서 차지하는 비중 (단위: %)	2016 수입량 (단위: 억 m^2)	전체 수입량에서 차지하는 비중 (단위: %)	2017 수입량 (단위: 억 m^2)	전체 수입량에서 차지하는 비중 (단위: %)
투르크메니스탄	240	82.7	254.4	77.3	288.2	80.5
우즈베키스탄	13.3	4.6	37.2	11.3	30.5	8.5
카자흐스탄	3.1	1	3.7	1	9.5	2.7
미얀마	33.9	11.7	33.6	10	29.6	8.3

자료: 중국세관(中国海关), www.haiguan.info.

스탄 천연가스와 우즈베키스탄, 카자흐스탄 천연가스는 중국 서북부 신장 위구르자치구에서 서기동수 2기, 3기 가스관과 연결되어 중국의 27개 성, 자치구와 홍콩까지 공급되고 있다. 타지키스탄을 통과하는 중앙아시아-중국 가스관 4기가 시공업체인 중국석유의 계획대로 2020년에 완공되면 투르크메니스탄은 매년 300억 m³의 천연가스를 중국으로 수출함으로써 자국

천연가스의 대중국 수출량과 이윤을 증대시킬 것으로 기대하고 있다(≪中国石油新聞中心≫, 2014: 1).

(2) 중앙아시아 에너지산업 기반 구축 및 현대화 지원

일대일로 추진 이후 유라시아 에너지 협력의 가장 큰 성과는 중앙아시아 지역의 에너지산업 인프라 구축과 현대화에 대한 기여다. 〈표 5-9〉와 같이 중국은 카자흐스탄의 전기자동차 개발과 보급, 쉼켄트 정유공장의 현대화를 통한 석유화학 제품 품질 향상, 태양광발전소, 풍력발전소의 가동을 통한 신재생에너지 보급에 기여하고 있다.

우즈베키스탄에서는 중국 국유기업 하얼빈전기국제공정공사(哈尔滨电气国际工程公司)가 우즈벡에네르고와 함께 공사에 참여한 안그렌 화력발전소의 신규 블록 완공과 전력공급(2016년 8월 21일)이 일대일로 추진 이후의 가장 큰 성과이다.[6] 기존의 안그렌 화력발전소는 8개의 화력발전 블록에서 484MW의 전력을 공급해 왔는데 첫 번째 블록은 1957년, 여덟 번째 블록은 1968년에 사용되기 시작했다(Azizov, 2014). 이후 새로운 설비가 도입되지 않아서 안그렌과 주변 지역의 경제개발로 인해 전력수요가 늘어날 경우 이를 감당하기가 쉽지 않은 상황이었다. 이를 해결하기 위해 우즈벡에네르고는 하얼빈전기국제공정공사와 150MW 규모의 신규 발전 블록을 건설했고 공사비용 2억 4930만 달러(2769억 4737만 원) 중에 중국수출입은행이 1억 6560만 달러(1840억 3169만 4000원)를 지원하고 우즈벡에네르고가 8370만 달러(929억 8233만 원)를 부담하는 방식으로 진행했다(哈电国际, 2016: 1). 안그렌

6 　이 공사는 2012년 9월 12일 하얼빈 전기국제공정공사와 우즈벡 에네르고가 2억 2600만 달러에 계약을 맺으면서 시작되었다(≪北极星电力网新闻中心≫, 2016.8.24).

표 5-9　중국-카자흐스탄 에너지 협력의 주요 성과

프로젝트	장소	생산 개시	주요 내용
샤릴카 전기자동차 공장	카자흐스탄 서북부 쿠스타나	2015.12	- 중국 장화이자동차(江淮汽车), 카자흐스탄 아룰 자동차그룹의 협력 프로젝트 - 장화이자동차의 전기자동차 제조 및 생산 - 샤릴카 공장에서 생산한 장화이자동차의 S3: 2016년 카자흐스탄 국민 브랜드 선정
쉼켄트 정유 공장 현대화 프로젝트(1기)	남카자흐스탄주 쉼켄트	2017.06.30	- 중국석유, 카자흐스탄 국가 석유가스공사 공동 운영 - 카자흐스탄 중앙정부의 공업 이노베이션 계획(2015~2019)의 주요 프로젝트에 포함 - 유럽연합의 자동차 배기가스 배출 기준인 유로 4, 유로 5 기준의 자동차용 연료유 생산
알마티 태양광발전소	알마티주 아라타우 이노베이션 하이테크센터	2018.11.30	시공: 중신건설 용량: 1GW
알마티 풍력발전소	알마티주 마사크 농업지구	2018.11.30	시공: 중신건설 용량: 5GW(2.5GW 풍력발전 설비 2대 운영)

자료: ≪国際在線≫, 2014.4.17; ≪中国新聞网≫, 2017.4.21; 周翰博·謝亜宏(2017.4.24); 周艮(2018.12.1).

화력발전소 설비 현대화가 완료된 후 화력발전소의 석탄 연소율이 100만 메트릭 톤당 20%에서 45%로 제고되어 우즈베키스탄에서는 안그렌의 전력 생산량이 늘어나고 안그렌과 주변 지역의 전력 공급 중단 문제도 완화될 것으로 기대하고 있다.[7]

7　　메트릭 톤(metric tone)은 1000kg을 1톤으로 하는 중량 단위이다(≪北极星电力网新闻中心≫, 2016.8.24).

2) 문제점

(1) 중앙아시아 국내 전력설비의 노후화

카자흐스탄·우즈베키스탄·투르크메니스탄은 국내 전력 관련 설비의 노후화로 인해 전력설비의 교체와 신설이 필요하다. 이 3개국의 노후화된 국내 송전망과 관련 설비의 교체·신설 비용은 최소 150억 달러에 달할 것으로 예상된다(乔刚, 袁铁江, 阿力马斯别克·沙肯别克, 2015: 82). 특히 투르크메니스탄의 국내 전력설비 노후화는 투르크메니스탄 천연가스의 대중국 공급 안정화에도 부정적 영향을 주고 있다. 2019년 1월 8일에는 투르크메니스탄 국내 전력망의 고장으로 중앙아시아-중국 가스의 천연가스 유입이 중단됐다(邓雅蔓·侯瑞宁, 2019: 1). 그로 인해 중국의 국내 가스공급 업체들이 투르크메니스탄 PNG(Pipeline Natural Gas)를 대체할 LNG를 급구하게 되었고, 중국 내 LNG 가격이 급등하는 부작용이 발생했다(邓雅蔓·侯瑞宁, 2019: 1). 중국은 중앙아시아 지역의 전력망 구축 지원에서 역내 최빈국인 키르기스스탄의 남북 송전망 사업을 먼저 지원했다. 그러나 향후 투르크메니스탄 천연가스를 비롯한 카자흐스탄, 우즈베키스탄 천연가스의 중국~중앙아시아 가스관으로의 원활한 유입과 중국으로의 공급 안정성 확보를 위해서는 세 나라의 국내 전력 인프라 구축에 더 많은 지원을 해야 할 수도 있다.

(2) 신재생에너지 보급의 어려움

풍력의 경우 풍력발전소를 더 많은 지역으로 확산하기 위해서는 발전기 가동 소음이 주변지역 주민들에게 피해를 주는 문제를 기술적으로 해결해야 한다. 태양광은 소규모 주택단지나 촌락 등지에서 전력공급원 역할을 할 수 있지만 중대형 행정 단위의 주요 전력공급원 역할을 할 수 없다. 그리고 카자흐스탄·우즈베키스탄·투르크메니스탄 3개국 모두 정부와 로컬 업체들의 자금·기술로는 태양광·풍력 발전소를 자력으로 건설하기가 어렵다. 그렇기 때문에 중국과 해외 업체들, 다자개발은행의 자본과 기술지원이 있어야만 중앙아시아에서 태양광·풍력 발전의 확산을 시도할 수 있다.

그러나 외부로부터 자본과 기술지원을 받는다 하더라도 태양광·풍력 발전소의 경제성 확보 여부는 별개의 문제다. 전술한 바와 같이 카자흐스탄·우즈베키스탄·투르크메니스탄은 국내 전력망과 변전소의 노후화를 개선해야 한다. 또한 발전전력을 적은 인구와 좁은 면적을 보유한 곳으로만 공급해서는 수익 증대가 어렵다. 전력 공급 인프라가 개선되지 않은 상황에서 특정 지역에 태양광·풍력 발전소의 건설과 가동을 서두를 경우 그 발전전력을 전력이 부족한 다른 지역이나 국가로 원활하게 공급하기가 쉽지 않다. 중국도 태양광·풍력 발전소를 확산하는 과정에서 태양광·풍력으로 만든 전력을 국내 전력망에 손실 없이 공급하는 문제에 대한 준비 부족으로, 사용되지 못하는 전력이 매년 발생하고 있다.[8] 이와 같은 태양광·풍력 발전소 가동 후의 경제성에 대한 우려로 인해 우즈베키스탄은 아시아개발은행의 금융지원을 받아 중국의 주하이훙업녹색과기건축(珠海兴业绿色科技建筑)과 우즈벡에네르고가 건설하기로 했던 사마르칸트 태양광발전소 사업을 연기하기로 결정했다(The Tashkent Times, 2018.6.25: 1).

---

8 중국에서는 국내 풍력발전소에서 만든 전력이 국내 전력망에 유입되지 못하고 버려지는 것을 기풍(弃风), 국내 태양광발전소에서 만든 전력이 국내 전력망에 유입되지 못하고 버려지는 것을 기광(弃光)이라고 한다. 중국의 2018년 기풍 전력량은 277억 kwh, 같은 해 기광 전력량은 18억 kwh였다(姜琳·치羊旸, 2019.1.30).

(3) 전력망 연계를 위한 자금조달

중국의 GEI 구상 실현을 위한 중국~중앙아시아 전력망 구축에는 막대한 자금이 필요하다. 그런데 중국이 이 자금을 어떻게 조달해 내놓을지에 대한 구체적인 계획이 나와 있지 않다. 물론 중국이 세계 최대 외환보유국이자 아시아인프라투자은행(AIIV: Asian Infrastructure Investment Bank)의 창설 주도국이므로 인프라 구축 자금의 조달이 다른 나라들보다 용이할 수는 있다. 그러나 국가 간, 대륙 간 전력망 연계에 필요한 막대한 자금을 중국이 단독으로 조달할지 아니면 다른 국가들과의 협의 및 분담을 통해 조달할지는 논의 과정을 좀 더 지켜봐야 한다.

그리고 중앙아시아 국가들 간의 전력망 연결에 대해서는 아시아개발은행(ADB: Asian Development Bank)이 중앙아시아경제협력 프로그램(Central Asia Regional Economic Cooperation)과의 연계를 통해 중국보다 더 빠르게 움직이고 있다. ADB는 2018년 11월 14일 투르크메니스탄 정부와 투르크메니스탄의 아할주-바르간주, 바르간주-다조구츠주를 연결하는 초고압 송전망 구축에 필요한 자금을 대출하기로 했다(中国驻土库曼斯坦大使馆经济商务参赞处, 2018.11.16: 1). ADB의 중앙아시아 역내 전력망 연결이 구체적으로 추진될 경우, 중국은 중앙아시아 국가들의 국내 전력망 연결과 노후 설비 교체 지원을 ADB보다 더 빠르게 진행할 것인지, 중국과 중앙아시아 국가들을 연결하는 GEI 실현을 ADB, CAREC과 함께 공동으로 추진할 것인지를 선택해야 할 수도 있다.

5. 결론

일대일로와 유라시아 에너지 협력의 연계는 중국의 국제에너지산업협력 가이드라인에서 명시된 중국 정책금융기관들의 금융지원을 바탕으로 중국 기업들의 프로젝트 수행을 통해 가시화되고 있다. 중국이 카자흐스탄·우즈베키스탄·투르크메니스탄의 에너지 인프라 구축과, 이를 통해 구소련 시기에 건설된 러시아 중심의 에너지 수출 루트 탈피에 기여하고 있는 점은 긍정적으로 평가할 수 있다. 그리고 중국이 자국 천연가스 수입량의 약 3분의 1을 투르크메니스탄과 우즈베키스탄, 카자흐스탄에서 수입하게 되면서 정세가 불안정한 중동 의존도를 낮춘 것도 유라시아 에너지 협력의 성과라 할 수 있다. 중국은 카자흐스탄-중국 송유관을 통해 카자흐스탄 원유도 수입하고 있지만 이는 전체 원유 수입량의 4%에도 미치지 못하는 분량이므로, 중국의 일대일로와 유라시아 에너지 협력의 연계에서 원유 수입은 큰 비중을 차지하고 있지 않다. 그러나 중국은 2017년 5월에 카자흐스탄에서 전기자동차 보급과 태양광·풍력 발전소 건설 등을 통해, 중앙아시아에서 가장 먼저 자동차 산업의 패러다임 전환 및 신재생에너지 보급의 가능성을 보여 주었다. 또한 우즈베키스탄과는 중소형 수력발전소 건설과 샤르곤 탄광 현대화 사업을 진행하고 있고 투르크메니스탄과는 중앙아시아-중국 가스관 4기 공사를 통해 투르크메니스탄 천연가스의 추가 도입을 준비하고 있다.

그러나 중국-중앙아시아 가스관을 통해 투르크메니스탄 천연가스를 대량으로 수입하면서 중국 북방 지역의 투르크메니스탄 천연가스에 대한 의존이 지속되고 있다. 그로 인해 2017년 12월, 2018년 1월, 2019년 1월에 투르크메니스탄 천연가스 공급이 중단되어 중국의 국내 LNG 가격 상승을 초래했다. 중국은 러시아산 천연가스를 대량으로 수입할 수 있는 중러 동부 가스관이 개통되기 전까지 투르크메니스탄 국내 전력설비와 천연가스 공급망 개선에 대한 투자와 기술 지원을 할 필요가 있다.

그리고 중국은 중앙아시아 국가들과의 전력망 연계를 통한 GEI 프로젝트 추진을 ADB 및 해외 기업들과의 협력을 통해 진행할지, 아니면 중국의 정책금융기관(국가개발은행, 중국수출입은행, AIIB)과 일대일로 관련 기금, 중국 로컬 기업들을 중심으로 진행할 지를 결정해야 한다. 국가 간 전력망 연계는 막대한 자금과 연계 이후 국가 간의 전력공급을 관리할 수 있는 운영자들이 필요한데, 이를 모두 중국 주도로 진행하려면 엄청난 자금을 투입해야 한다. 따라서 ADB를 비롯한 다자개발은행과 해외 기업들과의 공조를 통해 GEI 투자와 전력망 연계 이후의 관리 부담을 줄이는 것도 중국이 다른 지역의 일대일로 관련 사업에 필요한 비용을 확충하는 데 도움이 될 것이다.

중국의 일대일로와 유라시아 에너지 협력의 연계에 대해 카자흐스탄·우즈베키스탄·투르크메니스탄 정부는 자국의 국내 에너지 인프라 구축, 에너지 수출, 에너지 산업 활성화를 통한 경제적 이익 창출 등을 우선 고려하여 움직일 것이다. 특히 우즈베키스탄은 미르지요예프 대통령 취임 이후 한국, 일본과도 투자유치와 국내 산업발전을 위해 협력할 것임을 공표했고, 러시아와는 신규 원자력발전소 건설을 위해 자국의 원자력 전공 인력을 러시아로 파견해 교육받도록 하고 있다(中华人民共和国驻乌兹别克斯坦共和国大使馆经济商务参赞处, 2018: 1). 중국이 향후 중앙아시아 국가들과의 에너지 협력에서 지속적으로 성과를 창출하려면 중앙아시아의 에너지 수출국인 카자흐스탄·우즈베키스탄·투르크메니스탄의 수요와 연계된 사업과 투자를 진행해야 할 것이다.

참고문헌

백우열. 2017. 「중국 일대일로 (一帶一路) 정책의 국내 정치경제적 추동 요인 분석」. ≪동서연구≫, 29권 3호, 185~208쪽.

쉬진위·백지운. 2016. 「중국 '일대일로'의 지정학적 경제학: 포용적 천하인가, 예외적 공간인가?」. ≪창작과 비평≫, 44권 3호, 476~493쪽.

조정원. 2010. 「중국- 카자흐스탄 석유 및 가스 협력 관계」. ≪슬라브학보≫, 25권 2호, 117~141쪽.

_____. 2017. 「중국의 중앙아시아 에너지 네트워크 구축」. ≪Russia-Eurasia Focus≫, 421호, 1~2쪽.

윤성학. 2010. 「[해외화제] 중국 '석유·가스'싹쓸이, 한국 에너지안보 위협」. ≪신동아≫, 2월호, 422~429쪽.

≪한국경제≫. 2018.7.31. "초고압 직류송전". 한경 경제용어사전, http://dic.hankyung.com/apps/economy.view?seq=10217(검색일: 2019.2.11).

姜琳·刘羊旸. 2019.1.30. "我国"弃水""弃风""弃光"状况明显缓解". ≪人民网≫. http://energy.people.com.cn/n1/2019/0130/c71661-30598130.html(검색일: 2019.2.11).

乔刚, 袁铁江, 阿力马斯别克·沙肯别克. 2015. 「中亚5国电力发展概况及合作机遇探析」. ≪电力电容器与无功补偿≫, 第36卷 第3期, pp.81~85.

国家發展改革委. 2015. "关于进口原油使用管理有关问题的通知(发改运行 2015-253号)". 中华人民共和国 国家发展改革委员会 经济运行调节局. http://yxj.ndrc.gov.cn/zttp/dflygl/201502/t20150216_738641.html(검색일: 2018.1.21).

国家发展和改革委员会·国家能源局. 2017. "推动丝绸之路经济带和21世纪海上丝绸之路能源合作愿景与行动". 一带一路能源合作网. http://obor.nea.gov.cn/detail/987.html(검색일: 2019.2.21).

邓雅蔓. 2017.11.24. "中国天然气发展最大瓶颈: 地下储气库不足". 界面. http://www.jiemian.com/article/978811.html(검색일: 2017.12.21).

邓雅蔓·侯瑞宁. 2019.1.8. "中亚管道对华输气量再次单方面减少, 中石油已启动紧急预案." ≪腾讯网≫. https://new.qq.com/omn/20190108/20190108A17IZU.html(검색일: 2019.2.11).

刘昌明·杨慧·刘洪正. 2018. 「一带一路框架下中国-中亚能源互联网建设：机遇, 挑战与政策建议」. ≪青海社会科学≫, 2018年 第1期, pp.58~64.

商务部国际贸易经济合作研究院·中国驻乌兹别克斯坦大使馆经济商务参赞处·商务部 对外投资和经济合作司. 2018a. 『对外投资合作国别(地区)指南 乌兹别克斯坦(2018年版)』. 北京: 中华人民共和国 商务部. pp.19~24.

商务部国际贸易经济合作研究院·中国驻土库曼斯坦大使馆经济商务参赞处·商务部 对外投资和经济合作司. 2018b. 『对外投资合作国别(地区)指南 土库曼斯坦(2018年版)』. 北京: 中华人民共和国 商务部.

pp.17~18.

新浪网. 2018.2.6. "中亚管道咳喘致气价剧震 LNG供应恢复后涨势基本归零." http://finance.sina.com. cn/stock/yjdt/2018-02-06/doc-ifyreuzn3468486.shtml(검색일: 2018.2.7).

一带一路能源合作网. 2018. "丝路基金". http://obor.nea.gov.cn/v_finance/toFinancialDetails.html? countryId=203&status=2(검색일: 2019.2.21).

一带一路能源合作网. 2018. "绿丝路基金". http://obor.nea.gov.cn/v_finance/toFinancialDetails.html? countryId=204&status=2(검색일: 2019.2.21).

全球能源互联网发展合作组织. 2018.3.29. "全球能源互联网布局'九横九纵'骨干网架". http://www. chinanews.com/ny/2018/03-29/8478689.shtml(검색일: 2018.10.19).

全球能源互联网发展合作组织. 2018.10.17. "东北亚、东南亚能源互联网发展论坛". http://www.geidco. org/html/qqnyhlw/col2017080722/2018-10/16/20181016211942262488391_1.html(검색일: 2018.10.19).

第一财经. 2016.3.6. "徐绍史: 一带一路顶层设计完成 加大金融支持力度." https://www.yicai.com/news/ 4758091.html(검색일: 2019.2.27).

周良. "中国援建哈萨克斯坦太阳能及风能电站投入使用." ≪新华网≫, 2018.12.1. www.xinhuanet. com/fortune/2018-12/01/c_1123793953.htm(검색일: 2019.2.13).

周翰博·谢亚宏. "江淮汽车: 中哈产能合作实现共赢." ≪人民画报≫ 一带一路 频道. 2017.4.24. http:// www.rmhb.com.cn/zt/ztg/gtpbd/201704/t20170424_800094523.html(검색일: 2018.7.15).

中国驻土库曼斯坦大使馆经济商务参赞处. 2018.11.16. "亚洲开发银行将为土库曼斯坦高压输电项目提供 贷款".

中华人民共和国 驻哈萨克斯坦大使馆 经济商务参赞处. 2018.11.12. "中国-中亚天然气管道冬供期间负荷 率将达到100%". http://kz.mofcom.gov.cn/article/jmxw/201811/20181102805478.shtml(검색 일: 2018.11.23).

中华人民共和国国家发展和改革委员会. 2016.9.30. "中哈举行第十次产能与投资合作对话". http://www. ndrc.gov.cn/tpxw/201609/t20160930_821842.html(검색일: 2018.7.9).

中华人民共和国商务部. 2018.5.12. "商务部部长与乌兹别克斯坦国家投资委员会主席阿赫梅德哈扎耶夫签 署水电基础设施和中小企业领域合作文件". http://www.gov.cn/xinwen/2017-05/12/content_ 5193256.htm(검색일: 2019.1.23).

中华人民共和国政府·哈萨克斯坦共和国政府. 2016.9.2. "中华人民共和国政府和哈萨克斯坦共和国政府关 于'丝绸之路经济带'建设与'光明之路'新经济政策 对接合作规划". http://www.ndrc.gov.cn/gzdt/ 201610/t20161017_822792.html(검색일: 2019.3.11).

中华人民共和国驻乌兹别克斯坦共和国大使馆经济商务参赞处. 2018.7.12. "乌兹别克斯坦计划在2028年 前建成并投入使用首座核电站". http://uz.mofcom.gov.cn/article/jmxw/201807/20180702765354. 20180702765354.shtml(검색일: 2019.2.11).

中华人民共和国驻哈萨克斯坦共和国大使馆经济商务参赞处. 2019.7.12. "中国首次同时成为油气最大进口

国”. http://kz.mofcom.gov.cn/article/jmxw/201901/20190102829808.shtml(검색일 : 2019.1. 23).

哈电国际. 2016.6.22. "发力'一带一路'哈电国际建造中乌合作标志性工程". 新华丝路. http://silkroad. news.cn/2016/0622/46279.shtml(검색일: 2019.1.22).

≪国际在线≫, 2014.4.17. "一带一路合作使农产品和技术人才引进来又走出去". http://news.cri.cn/ 20170417/c3091e67-1d5f-777d-fb6a-1ec291821dac.html(검색일: 2018.7.5).

≪北极星电力网新闻中心≫. 2016.8.24. "哈电国际承建的乌兹别克斯坦 安格连燃煤火电厂成功并网发电". http://news.bjx.com.cn/html/20160824/765955.shtml(검색일: 2019.1.23).

≪中国石油新闻中心≫. 2014. "中亚天然气管道累计输气突破1000亿方". http://news.cnpc.com.cn/ system/2014/11/18/001516264.shtml(검색일: 2019.1.12).

≪中国新闻网≫, 2017.4.21. "从科研院所到田间地头中哈农业合作打造良性循环", http://www. chinanews.com/cj/2017/04-21/8205416.shtml(검색일: 2018.7.12).

Azizov, Demir. 2014.10.19 "Chinese company modernizes TPP in Uzbekistan." Trend News Agency. http://en.trend.az/business/economy/2323532.html(검색일: 2019.1.25).

The Prime Minister of Kazakhstan. 2015.4.7. "The state program of infrastructure development 'Nurly Zhol' for 2015~2019." The Prime Minister of Kazakhstan Official website.

The Tashkent Times. 2018.6.25. "Samarkand solar power plant project suspended."

Umbach, F. 2019. "China's belt and road initiative and its energy-security dimensions." RSIS Working Paper, No.320, Singapore: Nanyang Technological University, pp.1~41.

Yu, Hong. 2017. "Motivation behind China's 'One Belt, One Road' Initiatives and Establishment of the Asian Infrastructure Investment Bank." Journal of Contemporary China. Vol.26, pp.353~368.

2부
일대일로와 유라시아 각국의 협력과 갈등

6장

중국의 일대일로와 중·러 협력
동북3성과 극동 지역 교통물류 협력을 중심으로

| 변현섭 |

1. 서론

최근 중국 중앙정부는 일대일로 전략 추진에서 동북 지역을 중심으로 한 동북아 지역협력을 중요하게 인식하고 있다. 시진핑 국가주석은 2018년 9월 말 동북3성 시찰 이후 가진 좌담회에서 동북 진흥을 심화·추진하기 위한 방안 중 하나로 일대일로의 공동 건설을 제시했다. 이 좌담회에서 한정(韓正) 국무원 부총리는 동북3성이 북쪽을 향하는 주요 관문이자 동북아 협력의 거점지역이라 언급하고 동북3성을 통한 동북아 국가와의 협력 의지를 시사했다(이상훈 외, 2018).

2018년 9월 11~13일 러시아 블라디보스토크에서 열린 4차 동방경제포럼에 시진핑 주석이 처음으로 참석했다. 이 포럼에 중국 동북3성 최고지도자(당서기)들이 전원 참석한 것 또한 특기할 만하다. 이는 러시아의 극동 지역 개발과 중국의 동북3성 진흥 전략을 연결시키려는 중국 측의 의지 표현으로 해석된다.

　일대일로 정책이 시행된 지 5년이 경과한 시점에 맞춰 성과와 한계에 대한 다양한 평가가 나오는 한편, 몇몇 국가에서 부작용이 나타나고 있다는 보도가 계속되고 있다.[1] 하지만 「2018 일대일로 빅데이터 보고서」에서는 일대일로가 소개된 지 5년이 지나는 동안 일대일로가 줄곧 전 세계적인 관심을 받았으며 전 세계에서 일대일로에 대한 긍정적 여론이 2013년 16.5%에서 2017년 말 23.7%로 상승했다고 평가했다. 특히 「2018 일대일로 빅데이터 보고서」는 중국과 일대일로 국가 간 국제적 소통과 협력 성과를 평가한 국가별 협력지수를 발표했는데, 2018년 총지수는 47.12로 2017년, 2016년 대비 각각 2.01, 3.57%p 증가했다. 2018 국가별 협력지수 상위 5개 국가는 러시아, 카자흐스탄, 파키스탄, 한국, 베트남으로서 러시아는 3년 연속 1위를 차지했다(주중국 한국대사관, 2018). 이 보고서에서 중국과 러시아의 경제협력 성과가 매우 긍정적으로 나타난 이유를 밝히지는 않았지만 그것은 이 장에서 분석할 주요 사례를 통해 유추 가능할 것으로 보인다.

　중국 동북3성과 러시아 극동 지역은 문재인 정부의 신북방정책 추진과 연계된 지역으로, 우리 정부의 신북방정책 추진 과정에서 중국 동북3성과 러시아 극동 지역 간 협력 논의 동향을 참고할 필요가 있다. 특히 중국이 일대일로 전략하에 추진하고 있는 6대 경제회랑 중에서 중·몽·러 경제회랑은 한반도 인접 지역으로서 우리나라 신북방정책의 주요 대상 지역을

1　《워싱턴 포스트》는 중국이 일대일로를 추진하는 과정에서 예기치 않게 프로젝트 비용이 상승하자, 참여국들이 금융위기를 맞이할 상황에 놓였다고 진단했다. 더 자세한 내용은 한국경제TV(2018.11.26) 참조. 이 외에도 일대일로 5년간의 평가에 대해서는 이효진(2018.9.7)과 《중국전문가포럼》(2019.9.14) 참조.

포함하고 있을 뿐 아니라, 향후 북한을 포함한 동북아 지역의 지역개발과 직접적으로 연계될 가능성을 내포하고 있다(이현주 외, 2016: 17). 또한 러시아는 국제 운송회랑인 프리모리예-1, 프리모리예-2 프로젝트를 통해 중국 동북3성의 물류를 극동 항만으로 유치하고자 한다.

따라서 우리 정부는 신북방정책의 접점인 이 지역에서 전략적으로 추진되는 교통물류 사업들을 주시하면서 정책적 협력과 사업적 참여 기회를 모색해야 한다. 이 장의 목표는 중국 동북3성과 러시아 극동 지역에서 이뤄지고 있는 중국과 러시아의 협력정책(2절)과 주요 프로젝트의 추진 현황 (3절)을 교통물류를 중심으로 살펴보고, 이것이 문재인 정부가 추진하고 있는 신북방정책에 어떠한 시사점이 있는지(4절)를 도출하는 것이다. 기존 논문들은 중국의 중·몽·러 교통회랑, 러시아의 국제 교통회랑 프리모리예-1, 프리모리예-2 등에 대한 개별적 현황 분석[2]에 그치고 있다. 반면 이 장에서는 중·러 양국이 동북 지역과 극동 지역에서 추진하는 교통물류 협력정책을 종합적으로 분석해 중·러 교통물류 협력이 주는 전략적이고 실질적인 의미를 도출했다. 또한 최근 사업들이 실제로 어떻게 진행되고 있는지 구체적인 사례를 통해 설명함으로써 기존 논문과 차별화된다. 과거의 담론이나 당위성 위주의 글과는 달리 구체적이고 실질적인 내용을 담고 있고, 시기적으로 남북 관계 개선 노력이 전개되는 상황에서 신북방정책과의 연계 및 시너지 효과를 염두에 두고 작성되었다는 점에서 의미가 있다.

---

[2] 대표적인 논문으로 이현주 외, 「일대일로에 대응한 초국경 개발협력 추진전략 연구: 중·몽·러 경제회랑을 중심으로」, 제성훈 외, 「중·몽·러 경제회랑의 발전 잠재력과 한국의 연계방안」, 서종원 외, 「프리모리예 국제운송회랑 개발 현황 및 협력 방향」 등이 있다.

2. 중·러 간 교통물류 협력의 주요 정책

1) 중국의 중·몽·러 교통회랑

시진핑 주석은 집권 첫해인 2013년 9월 7일 카자흐스탄을 방문해 나자르바예프대학교 연설을 통해 일대일로 전략 구상을 제창했다. 이후 전략의 구체화, 확대를 점진적으로 추진해 중국 정부(국가발전개혁위원회, 외교부, 상무부 공동)는 2015년 3월 '보아오 아시아 포럼'에서 「실크로드경제벨트 및 21세기 해상실크로드 합작건설을 위한 비전과 행동」이라는 보고서를 발표했다. 이것이 중국의 새로운 대외 경제전략으로 정립되었다. 일대일로는 고대 실크로드처럼 육상과 해상의 교통물류 네트워크를 구축해 유라시아와 아프리카 대륙을 하나로 연결한다는 구상이다. 육상(One Belt)의 실크로드경제벨트는 6개의 경제회랑을 중심으로 추진하고자 하는데, 6대 경제회랑은 다음과 같다. ① 중국-몽골-러시아, ② 신유라시아 대륙교량, ③ 중국-중앙아시아-서아시아, ④ 중국-인도차이나반도, ⑤ 중국-파키스탄, ⑥ 방글라데시-중국-인도-미얀마.[3]

6대 경제회랑 중에서 중·몽·러 경제회랑은 3차례의 3국 간 정상회담을 통해 구체적인 합의를 이끌어낸 다자협력의 틀이라는 점에서 매우 큰 의미가 있다.[4] 특히 2016년 6월 3국 정상회담에서 32개 시범 프로젝트[5]를 포함하는 '중·몽·러 경제회랑 건설 프로그램'을 확정했다. 32개 프로젝트 중

---

3 6대 경제회랑은 중국 국무원 장가오리(張高麗) 부총리가 2015년 5월 27일 충칭에서 개최된 "ASEM Industry Dialogue on Connectivity"에서 처음 발표했다.

4 중·몽·러 3국 정상회담의 주요 협의 내용은 이현주 외(2017: 38) 참조.

5 중·몽·러 경제회랑 32개 시범 프로젝트의 상세 목록은 제성훈 외(2016: 71) 참조.

에는 교통인프라 분야가 13개 있으며, 5번째 '두만강 교통회랑(프리모리예-2)'과 6번째 '프리모리예-1 철도교통회랑'이 포함됐다. 두만강 철도노선은 초이발산-우란하오터-창춘-옌지-자루비노로 이어지는 노선이며, 프리모리예-1 노선은 초이발산-만저우리-치치하얼-하얼빈-쑤이펀허-블라디보스토크로 이어지는 노선으로, 다음에서 설명할 러시아의 국제 교통회랑 프리모리예-1·2 프로젝트의 확장된 개념으로 볼 수 있다. 또한 이 '두만강 교통회랑(프리모리예-2)'과 '프리모리예-1 철도교통회랑'은 각각 지린성과 헤이룽장성에서 주력하고 있는 국제수송 노선으로서 이미 GTI에서 제안된 사업이기도 하다. 이처럼 기존에 많이 논의되었던 사업들이기 때문에 향후 이 사업들의 실현 가능성은 더 높아진 것으로 평가될 수 있다.[6]

또한 중·몽·러 경제회랑은 중국에 안보전략적 측면뿐 아니라 동북 지역의 개발을 통한 동북 진흥 차원에서도 중요한 의미가 있다. 중국 국무원은 2016년 4월 '동북 지역 등 노후 공업기지 전면 진흥에 관한 약간의 의견'을 발표해 동북 지역을 중국의 대(對)북방 개방의 중요 창구이자 동북아 지역 협력의 중심 허브로 조성할 것이라는 계획을 제시한 바 있다. 이를 위해 중·몽·러 경제회랑을 추진하고 동북 진흥과 러시아 극동 개발 전략과의 연계 및 접경 지역 협력을 확대한다는 방침이다(이현주 외, 2016: 56).

중·몽·러 경제회랑에서 중국의 핵심 지역인 동북3성 지역의 주요 참여 계획을 살펴볼 필요가 있다. 중국의 일대일로는 '포용적 글로벌 강국' 전략의 핵심이자 시진핑 주석의 역점 사업이지만, 남북한과 연계된 사업은 사실상 없는 실정이었다. 하지만 2018년 9월 10일 랴오닝성이 '일대일로 종

---

6   GTI 9대 교통회랑 중에서 Tumen Transport Corridor(TTC)와 Suifenhe Transport Corridor(STC)가 이에 해당한다(이현주, 2016: 82).

그림 6-1 중·몽·러 경제회랑

자료: ≪중앙일보≫, 2017.9.19.

합 시범구 건설 총체 방안'을 발표했는데, 여기에 단둥-평양-서울-부산 연결을 통한 일대일로의 한반도 확장을 처음으로 명시했다.

이 문서에서 랴오닝성 정부는 단둥-훈춘-러시아 블라디보스토크로 연결되는 철도 건설과 단둥항에서 블라디보스토크항으로 연결되는 해상 통로를 동시에 추진하겠다고 밝혔다. 횡으로는 북·중 접경지역을 따라 중국과 러시아를 연결하고, 종으로는 중국과 한반도를 연결하겠다는 것이다. 문건은 일대일로 동북아 관문의 지위가 두드러지는 시기를 2030년으로 명시해, 이번 계획을 2030년까지 완성하는 것을 목표로 하고 있음을 시사했다.

시진핑 주석은 2018년 9월 12일 블라디보스토크에서 열린 동방경제포럼 연설에서 미국의 일방주의와 대비시킨 '동북아경제권'을 주창했다. 일대일로의 한반도 확장이 미국과의 패권 경쟁을 위한 것임도 배제할 수 없는 것이다(≪동아일보≫, 2018.9.17). 실제 랴오닝성의 일대일로 종합 시범구 건설 방안에서도 '동북아경제회랑(東北亞經濟走廊)'이라는 새로운 개념을 제시하는데, 최근 동북아 정세의 호전을 기회로 활용해 북한, 한국, 일본, 몽골을 아우르는 동북아경제회랑 조성 계획을 제시했다. 중국은 이 계획을 통해 향후 동북아 경제협력의 새로운 플랫폼으로서 기능을 모색할 것으로 보인다.

지린성은 동쪽으로는 차항출해(借港出海: 항구를 빌려 바다로 진출) 방식을 활용한 동북아 출해 통로를 확보하고 서쪽으로는 훈춘을 기점으로 창춘-아얼산-초이발산-러시아-유럽으로 이어지는 통로를 구축함으로써 중·몽·러 경제회랑에 참여한다는 계획이다. 이 노선을 통해 몽골 광물자원의 출해 통로가 확보되고 한국과 일본 화물의 유럽 수송이 가능해짐으로써 궁극적으로 지린성의 대외협력과 개방에 크게 기여할 것으로 보고 있다(이현주 외, 2016: 63). 중국은 동북아 역내 국가 간 협력 방안으로 지린성 '창지투

그림 6-2　랴오닝성 일대일로 종합실험구 건설 총체 방안

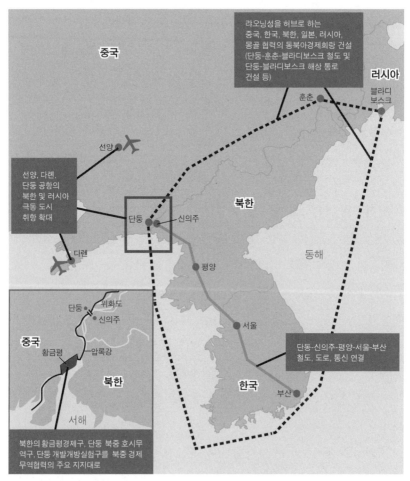

자료: ≪동아일보≫, 2018.9.17.

개발개방 선도구'를 동북아 지역 대외 시범구로 지정하는 방안도 검토하고 있다.

창지투 판공실은 향후 '중한 국제합작시범구'를 통해 창춘을 표준화된 한중 자유무역 시범구로 건설해 한국-훈춘-자루비노·나진 육해 복합운송

노선과 연결하고, 한국 동부-러시아 극동-훈춘-통화(通化)-단둥-인천을 연결해 시장수요에 부합하는 순환 물류 노선 개발, 부산-창춘-쓰핑(四平)-얼렌하오터(二連浩特)를 연결해 유럽 진출 물류 노선 활성화, GTI 구상 발전을 위한 창춘-바이청(白城)-몽골 노선 개발 등을 지속적으로 추진해 갈 예정이다.

특히 창지투 전략은 한국의 부산, 울산, 동해, 속초 등 동해권 도시들과 러시아 자루비노항 및 북한 나진항 연결을 목표로 하고 있다. 훈춘에서 자루비노항까지 거리는 도로 73km, 철도 81.5km이며 훈춘에서 나진항까지는 80km로, 훈춘은 육해 복합운송 노선을 가진 물류 요충지라고 할 수 있다. 창지투 전략은 창지투 지역만을 대상으로 하는 것이 아니라 남쪽으로 지린성 통화, 랴오닝성 단둥 지역까지 포함하는 것으로, 한국이 추진하는 신북방정책 및 한반도 신경제구상과 연계가 가능하다. 한국 동부(속초, 포항, 부산, 동해 등)-러시아 자루비노-지린성 훈춘-지린성 통화-랴오닝성 단둥-한국 서부(인천)로 연결되는 순환노선을 개발해 시장수요에 맞게 활용할 수 있다.

헤이룽장성은 중국의 일대일로 전략 추진에 따라 자체적으로 '중·몽·러 경제회랑 헤이룽장 육해상실크로드경제벨트'를 2015년 8월에 발표해 추진하고 있다. 헤이룽장성의 중·몽·러 경제회랑 사업은 하얼빈-자무쓰-퉁장, 쑤이펀허-만저우리 , 하얼빈-헤이허 등을 주요 노선으로 주변 도로, 내륙수운, 항공, 파이프라인, 전력망을 구축하고 항만과 공항, 철도역을 접점으로 유라시아의 국제화물 수송 통로를 건설하는 것이다. 육·해상 수송 통로로 한국의 부산 등에서 극동러시아의 블라디보스토크·나홋카 등 항만, 그다음 쑤이만 철도로 다시 쑤이펀허에서 하얼빈·만저우리, 러시아의 자바이칼·시베리아횡단철도(TSR: Trans siberian railway)와 이어지는 노선을 추진하고 있다. 이 밖에 동북 항만에서 퉁장 철교, 하얼빈에서 헤이허 철도-헤이허 대교-블라고베센스크-러시아 TSR 연계, 국경 철도노선 등의 사업들을 포함하고 있다(이현주 외, 2016: 68).

중·몽·러 경제회랑과 관련해 주목할 부분은 네이멍구의 얼롄하오터와 만저우리가 '중점개발개방시범구'에 포함되어 있고, 국가급 철도통상구에도 네이멍구의 얼롄하오터와 만저우리, 헤이룽장성의 쑤이펀허, 지린성의 훈춘, 투먼, 지안 그리고 랴오닝성의 단둥이 지정되었다는 점이다. 또한 중·몽·러 3국 간 무역과 투자협력을 중점적으로 추진하기 위해 네이멍구의 얼롄하오터와 만저우리, 헤이룽장성의 헤이허와 쑤이펀허, 지린성의 훈춘과 허룽, 랴오닝성의 단둥이 변경 협력구로 지정되었다(이현주 외 2016: 70~71). 이는 접경지역을 인접국가와의 협력을 위한 주요 플랫폼이자 일대일로 전략의 선도 지역으로 삼아 개발을 확대하겠다는 의미를 내포하고 있다.

2) 러시아의 국제 교통회랑 프리모리예-1, 프리모리예-2

교통물류 관점에서 러시아 극동은 매우 특별한 지위에 있다. 극동을 통해 유럽과 아시아를 잇는 최단 루트인 TSR 및 BAM(바이칼-아무르 철도)이 있으며 TSR과 BAM 현대화는 동북아 물류의 미래에 직접적인 영향을 미칠 것이다. 현재 극동의 철도는 러시아 전체 철도 수출 화물의 36%(10년 전 22%), 극동 항만은 러시아 전체 항만 물동량의 26%를 차지하고 있으며 거의 모든 항만의 물동량이 증가하고 있다.[7]

---

7   "ВЭФ-2018. Логистика: дискуссии, проекты, презентации," https://minvr.ru/

국제 교통회랑 프리모리예-1, 프리모리예-2는 러시아와 중국이 극동에서 진행하는 전략적 상호협력 프로젝트이며, 러시아는 이를 유라시아경제연합(EAEU)과 일대일로 접점의 모범사례로 평가하고 있다.[8]

프리모리예 프로젝트는 중국 내륙의 창지투·훈춘 등 역내 육상교통망을 TSR을 포함한 러시아의 교통망과 극동 항구로 연결하려는 국제 교통회랑 구축 계획이다. 러시아는 국제운송회랑 '프리모리예' 프로젝트를 극동개발과 연계해 적극적으로 추진 중이다. 러시아 연방정부는 2016년 12월 30일 국제운송회랑 프리모리예-1·2 개발 개념을 승인했다. 이 개념은 프리모리예-1·2 개발 분야의 목적, 과제, 국가정책의 주요 방향과 메커니즘 등을 정의하고 있다.

국제운송회랑 프리모리예-1·2의 구축 목적은 참여국 간의 경제협력 강화, 러시아와 아시아·태평양 지역 경제의 통합, 특히 극동을 포함한 인접지역의 사회·경제 발전이다. 국제운송회랑 프리모리예-1·2 구축의 주요 과제는 리스크와 운반비 감소를 위한 운송 과정의 효율성 증대, 화물 보호 및 운송 기간 준수다. 운송의 효율성 증대는 인프라의 발전·갱신·현대화, 화물 처리용량 증대, 화물운송 통신의 최적화, 현대적 물류센터 발전, 행정 장벽 제거 등이다.[9]

---

press-center/news/18394/?sphrase_id=696989(검색일: 2018.11.18).

8   트루트네프 부총리와 갈루슈카 극동개발부 장관 등이 국제 교통회랑 프리모리예 프로젝트의 의미를 부여하면서 언급한 내용이다. 관련 상세 내용은 다음 사이트 참조: "Китайские эксперты завершили исследование МТК 'Приморье-1' и 'Приморье-2'," https://minvr.ru/press-center/news/11082/?sphrase_id= 755208(검색일: 2018.12.30); "Россия и Китай подписали соглашение по развитию МТК 'Приморье-1' и 'Приморье-2'," https://minvr.ru/press-center/news/6161(검색일: 2018.12.30).

표 6-1　중국 동북 지역에서 연해주 주요 항만까지 화물운송 비용 비교

	곡물($ / 톤)		컨테이너($ / TEU)	
	철도	도로	철도	도로
다롄항	55	95	1,185	1,645
자루비노항	35	55	870	1,050
블라디보스토크항	60	75	1,350	1,210
나홋카항	65	90	1,530	1,400

자료: 러시아직접투자기금, "ПРИМОРСКИЙ КРАЙ ИНВЕСТИЦИОННЫЙ ПОТЕНЦИАЛ, "http://investinrussia.
com/image/main/pdf/primorsky_krai.pdf(검색일: 2018.11.11).

　중국은 항구가 없는 내륙지역인 동북3성 물동량을 연해주 항만을 통해 중국 남부로 보내는 루트인 프리모리예 프로젝트에 큰 관심을 보이며 적극 추진 중이다. 또한 이 프로젝트 실현 시 물류 운송 비용 및 시간이 크게 절감될 것으로 보인다. 현재 동북3성에서 생산된 물량은 가장 가까운 다롄항까지 약 1000~1500km 이동 후 해상운송을 통해 중국 동남부 등으로 보내지고 있는데, 프리모리예-1·2를 이용할 경우 포그라니치니-블라디보스토크항까지 약 240km, 훈춘-자루비노항까지 약 130km로 육로 운송 거리가 대폭 줄어들어 물류 비용의 10~40% 절감이 가능하다(〈표 6-1〉 참조).[10]

　프리모리예-1의 주요 노선은 (중국) 헤이룽장성-하얼빈-무단장-쑤이펀허-(러시아) 포그라니치니·쑤이펀허-(러시아) 그로데코보·두닌-폴타프카-우

9　"Об утверждении Концепции развития международных транспортных коридоров 'Приморье-1' и 'Приморье-2'," http://government.ru/news/25953 (검색일: 2018.12.8).

10　"Транспортные коридоры," http://russiachina-eastcargo.com/ru/transport-corridors (검색일: 2018.12.8).

그림 6-3　국제 교통회랑 프리모리예-1, 프리모리예-2

자료: http://www.busan.com/view/busan/view.php?code=2019011320003061082

수리스크-블라디보스토크·보스토치니·나홋카항으로 이어진다. 프리모리
예-2의 주요 노선은 (중국) 창춘-지린-훈춘-(러시아) 크라스키노 및 훈춘-(러
시아) 마할리노-자루비노항으로 이어진다. 프리모리예-1 노선은 중국에서
블라디보스토크를 거쳐 미국 서부 지역 및 유럽으로 가는 화물을 운송하
는 주요 루트인 반면, 프리모리예-2 노선은 중국과 러시아 지역 간 화물운
송 및 한국과 일본의 화물운송을 주로 처리할 예정이다. 프리모리예-1 프
로젝트에는 도로·철도 건설 및 개보수 작업과 국경 검문소 현대화 등의 작
업이 포함되어 있으며 2016~2019년(1, 2단계)에 약 100억 루블, 2020~2030
년(3단계)에 1350억 루블의 투자가 계획되어 있다. 또한 프리모리예-2는 주
요 항만 현대화 사업에 예산이 집중되어 있는데 2016~2019년(1, 2단계)에
약 1400억 루블, 2020~2030년(3단계)에 약 300억 루블의 투자를 계획하고
있다(서종원 외, 2018: 7~9).

러시아 정부는 국제 교통회랑 개발 프로젝트 실현을 통해 항만, 통관 구역, 자동차 및 철도 인프라 건설·확장 등 국경 지역 인프라를 현대화하고자 한다. 프리모리예 프로젝트 실현을 위해서는 상당한 자본투자가 필요하기 때문에 연해주 정부는 중국의 파트너들과 양허계약(concession agreement)[11]을 체결해 민관합작투자사업(PPP: public-private partnership) 방식으로 진행할 예정이며 이러한 금융모델은 러시아 연방정부에서 승인한 바 있다.[12] 또한 러시아와 중국 측 통과 화물의 국경 통관 절차를 매우 간소화할 예정이다. 이를 위해 러시아는 2017년 7월부터 이미 러·중 국경 검문소를 24시간 운영하는 법안을 통과시켜 시행하고 있다. 또한 중국에서 러시아로의 통과 화물 세관 업무를 국경이 아닌 자루비노, 포시예트, 블라디보스토크, 보스토치니, 나홋카 항만에서 한 번만 하면 되도록 변경했다.[13]

전문가들의 평가에 따르면, 프리모리예-1·2 국제 교통회랑의 화물운송 규모는 2030년에 곡물 2300만 톤과 컨테이너 2200만 톤(180만 TEU) 등 총 4500만 톤에 이를 것으로 본다. 그 결과 항만과 운송 기업의 매출이 2030년에 연간 910억 루블(항만 400억 루블, 철도 및 자동차 운송 510억 루블)에 이를 것으로 전망된다.[14] 실제로 프리모리예-1 국제운송회랑을 통한 화물운송이

---

11 외국인 투자가가 현지에서 공익사업이나 천연자원 개발 또는 장기간에 걸친 설비투자 등을 행할 목적으로 현지국 정부 또는 국영기업과 체결하는 계약이다.

12 "Правительство РФ утвердило концепцию МТК 'Приморье-1' и 'Приморье-2'," https://www.primorsky.ru/authorities/executive-agencies/departments/education/ news.php?ELEMENT_ID=122435(검색일: 2018.11.17).

13 "Россия и Китай подписали соглашение по развитию МТК 'Приморье-1' и 'Приморье-2'," https://minvr.ru/press-center/news/6161(검색일: 2018.12.30).

14 "Утверждена концепция развития международных транспортных коридоров 'Приморье-1' и 'Приморье-2'," http://dvkapital.ru/regionnow/dfo_06.01.2017_9293_utverzhdena-kontseptsija-razvitija-mezhdunarodnykh-transportnykh-

2016년 중반 이후 크게 증가했다. 2015년 283TEU에서 2016년 3247TEU의 운송 실적을 거두었다.[15] 프리모리예-1을 통한 통과 화물은 중국 동북 지역에서 블라디보스토크항 및 나홋카항을 거쳐 한국, 일본, 중국 남부로 운송되며, 품목은 주로 목제품이었으나 최근에는 콩·옥수수·녹말·쌀 등 농산물, 의류, 세제 및 화장품 등 소비재가 운송되고 있다.[16]

3) 중·러 간 교통물류 협력 논의

시진핑 주석은 2018년 9월 블라디보스토크 4차 동방경제포럼에 참석해 행한 연설에서 중국 동북3성과 러시아 간 협력을 언급했다. 중국은 동북 지방 노후 공업기지 진흥정책을 적극 추진하고 있고 러시아는 국가발전 전략에 극동 지역 발전 방안을 포함하여 극동 지역에 대한 정책 지원을 더욱 강화하고 있다고 평가했다. 그러면서 중·러 양국은 중국 동북 지역-러시아 극동·바이칼 지역 정부 간 협력위원회 설립, 중국 동북 지역-러시아 극동·바이칼 기업협의회 조직, 중·러 지방정부 지도자 교류회 개최 등 중국 동북 지역-러시아 극동 지역 간 효율적인 협력 시스템을 운영 중이라고 언급했다. 2017년 중국-러시아 극동 지역 간 무역액 및 투자액은 각각 77억

---

koridorov-primorje-1-i-primorje-2.html(검색일: 2018.11.17).

15 "Объём грузоперевозок по МТК 'Приморье-1' вырос в 1,5 раза," http://
www.rzdtv.ru/2017/04/03/obyom-gruzoperevozok-po-mtk-primore-1-vyros-v-1-5-
raza/(검색일: 2018.11.18).

16 "Объем транзитных перевозок по МТК 'Приморье-1' сопоставим с
результатами всего прошлого года," http://logirus.ru/news/transport/
obem_tranzitnykh_perevozok_po_mtk_primore-1_sopostavim_s_rezultatami_
vsego_proshlogo_goda. html(검색일: 2018.11.18).

달러, 40억 달러를 돌파했으며, 중국은 러시아 극동 지역 최대 무역 대상국이자 투자 대상국으로서 현재 중·러 송유관, 천연가스관, 퉁장(同江) 철도교, 헤이허(黑河) 도로교 등의 협력 프로젝트가 순조롭게 추진되고 있음을 강조했다.

또한 4차 동방경제포럼에서 중국 동북3성 지도자들은 극동 지역과의 협력에서 프리모리예-2 노선 강화, 훈춘-블라디보스토크 고속철도 추진 등 인프라 연계 강화, 극동 지역 통관 절차 간소화 및 디지털화 등을 제안했다. 특히, 바인차오루 지린성 서기는 프리모리예-2 건설 관련 디지털화 및 정보화 수준을 향상시켜 통관 효율성을 제고해야 한다고 강조했다. 더불어 전자정보 기술, 국제운송 수속 간소화, 화물 통관 처리속도·화물 회전율 제고를 통한 고효율 교통회랑 구축이 필요하다고 강조했다. 또한 철도, 도로, 항구, 물류 체인 등에 스마트 국제 교통망을 구축해 스마트 프리모리예-2를 건설하고 프리모리예-2를 디지털 교통 선도 브랜드로 만들자고 제안했다.

2018년 11월 초 베이징에서 열린 23차 중·러 총리 회담에서 러시아 극동 및 중국 동북 지역 간 협력위원회 2차 회의 프로토콜이 서명되었다. 이는 지난 8월 다롄에서 개최된 2차 회의 결과에 대한 것으로 러시아 극동연방관구 전권대표 겸 부총리 유리 트루트네프(Yuri Trutnev)와 중국 국무원 부총리 후춘화(胡春華)가 서명했다. 양국은 러시아 극동에서 중국의 투자유치와 중국 기업이 참여하는 프로젝트의 실현을 위해 중국 기업과 러시아 투자수출청 간의 교류를 확대하기로 했다. 이를 위해 러시아 투자수출청은 베이징, 하얼빈, 상하이에 대표 사무소를 개설하기로 했으며, 극동 지역에 중국 상무부 산하의 투자진흥청 대표부 개설을 지원하기로 했다. 또한 이 회의에서 농업·지방정부 간 협력 분야 외에도 국제운송회랑 발전 문

제가 논의되었다.[17]

이처럼 중국 동북3성과 러시아 극동 지역 간 교통물류 협력 사업 즉 프리모리예-1·2 사업은 분명 러·중 양측 모두에 이로운 사업이지만, 투자예산 또는 인프라 부족 등을 이유로 실행보다는 장기간 논의에만 갇혀 있었던 것도 사실이다. 특히 물동량을 취급할 항구가 없는 중국 동북3성에 비해 항구를 갖고 있는 러시아는 상대적으로 급할 이유가 없었고 자국 국경을 중국에 열어주는 데 부담을 느껴 의도적으로 프로젝트를 장기간 끌어오고 있다는 평가도 있다.[18] 하지만 2017년 7월 초 시진핑 주석의 모스크바 방문 시 국제운송회랑 프리모리예-1·2 사업 개발 분야 협력에 관한 양해각서가 체결되었으며 이후 양국 총리의 연례 정부 간 회의, 부총리급의 러시아 극동-중국 동북 지역협력위원회 회의에서 지속적으로 논의되고 있다. 즉 양국 정상 및 지역 지도자급에서 다양한 계기를 통해 지속적으로 논의함으로써 프로젝트의 추진 동력 확보와 실현 가능성을 높이고 있다.

3. 중·러 간 교통물류 협력 주요 프로젝트와 최근 동향

중국 동북 지역과 러시아 극동 지역 간 대표적인 교통물류 협력 사업은

---

17 "Подписан протокол 2-го заседания российско-китайской МПК," https://min-vr.ru/press-center/news/19650/?sphrase_id=696989(검색일: 2018.11.24).

18 "KOTRA, 극동 러·중 최근 협력 이슈 ①: Primorye1-2 프로젝트, 이번엔 본격화될까". http://news.kotra.or.kr/user/globalAllBbs/kotranews/album/2/149754&column=title&search=극동 러-중&searchAreaCd=&searchNationCd=&searchTradeCd=&searchStartDate=&searchEndDate=&searchCategoryIdxs=&searchIndustryCateIdx=&page=1&row=10(검색일 2018.12.8).

아무르주 블라고베셴스크와 헤이허 간 자동차도로 건설과 유대인자치주 니즈네레닌스코예와 중국 퉁장(同江) 간 철교 건설이다. 러시아 아무르주 및 유대인자치주와 중국 국경 간 새로운 다리 건설은 양국의 물동량 증가에 크게 기여할 것으로 보인다. 러시아 유대인자치주의 니즈네레닌스크코예와 중국 헤이룽장성의 퉁장(同江) 간 다리는 러시아와 중국을 연결하는 첫 번째 철도 교량으로서 2209m(러시아 측 309m)의 길이이다. 이 철교는 러시아 및 중국 철도 표준을 함께 부설하는 복합궤로 건설되고 있다. 2018년 10월 초에 러시아와 중국 측의 교각이 연결되었으며 2019년 여름 완공될 예정이다. 이 철교가 완공되면 러시아는 철광석, 석탄, 비료, 목재, 농산물 등의 제품을 중국으로 수출하는 등 연간 2000만 톤이 운송될 것으로 기대된다. 한편 아무르강을 가로지르는 이 철교 건설 프로젝트는 2008년 10월 27일 러·중 정부 간 합의에 의해 추진되었으며 철교 건설 협정은 2013년에 체결되었다.

공식적인 자료에 따르면 90억 루블이 투자될 예정이며 투자자금의 25%는 극동개발기금, 75%는 러·중 투자펀드[19]를 통한 러시아직접투자기금에서 지원되고 있다. 최근까지도 프로젝트 실행을 위해 정부의 관심뿐 아니라 확실한 예산 지원도 이루어지고 있다. 실제로 2018년 10월 중순 메드베데프(Dmitrevich Medvedev) 국무총리는 극동 지역발전을 위한 예산 84억 루블을 배정했는데, 주요 사업으로 러시아 유대인자치주 니즈네레닌스코예

19　2012년 6월 러시아직접투자기금(RDIF)은 중국투자공사(CIC)와 공동으로 20억 달러 규모의 러·중투자펀드(Russia-China Investment Fund)를 조성한 바 있다. 보다 자세한 내용은 다음 사이트 참고. "Российский Фонд Прямых Инвестиций и Китайская Инвестиционная Корпорация создали Российско-Китайский Инвестиционный Фонд," https://rdif.ru/fullNews/136/(검색일: 2018.11.24).

표 6-2 중·러 간 교통물류 협력 프로젝트 사례

프로젝트명	유대인자치주 니즈네레닌스코예와 헤이룽장성 퉁장 간 철교 건설	아무르주 블라고베셴스크와 헤이룽장성 헤이허간 자동차도로 건설
사업 내용	2209m의 철교, 복합궤(표준궤+광궤) 건설	1283.8m의 대교 및 진입로 포함 20km 건설
공사 기간	2013년 말~2019년 중순	2016년 말~2019년 말
투자액	90억 루블 (1억 4000만 달러)	24.7억 위안 (3억 5560만 달러)

와 중국 퉁장 간 철교 건설이 포함되었다.[20] 이 철교 건설로, 킴카노-수타르스키 광산을 소유한 페트로파블롭스크사는 운송 거리를 700km 단축시킴으로써 톤당 6달러의 석탄 수출원가를 인하하는 효과를 얻을 수 있다고 밝힌 바 있다.[21]

또한 러시아 아무르주 블라고베셴스크와 중국 헤이룽장성 헤이허로 연결되는 자동차 대교 건설의 착공식이 2016년 12월 말 이루어졌으며, 2019년 말 완공 예정이다. 이 프로젝트는 자동차용 다리 건설과 진입로 등 약 20km를 건설하는 사업이며 대교 길이는 1283.8m, 넓이는 14.5m이다. 총 투자액은 24.7억 위안(3억 5560만 달러)로 예상하고 있다. 투자자금은 헤이룽장성 정부 은행으로부터 연 5%의 이율로 차입했다. 이 대교가 완공되면 2040년까지 650만 톤의 화물과 300만 명의 인원이 운송될 전망이다.[22] 러시

---

20 "Дальний Восток получил бюджетные средства на реализацию проектов экономического роста," https://minvr.ru/press-center/news/19258/?sphrase_id= 696989(검색일: 2018.11.24).

21 "Мост плюс тариф равно," https://www.eastrussia.ru/material/most-plyus-tar-if-ravno/(검색일: 2019.2.10).

22 "В Приамурье началось строительство моста между Россией и Китаем через

아 블라고베셴스크와 중국 헤이허를 연결하는 이 프로젝트가 1995년 중·러 정부 간 합의 사항이었음을 상기할 때, 20년 이상 된 사업의 결실이 이루어진다는 점에서 최근 중·러 관계의 진전과 일대일로 실행력 측면에서 중요한 의미가 있다.

이러한 중·러 국경에서 철도와 자동차 통행용 교량 건설은 중국의 일대일로 프로젝트의 중요한 일부분으로서, 특히 중·몽·러 국제 교통회랑의 중요한 출발점이 된다는 점에서 의미가 있다. 또한 이 프로젝트의 완성은 중·러 국경도시 간 협력 확대뿐만 아니라 중국의 동북3성과 러시아 극동 간 교통물류 발전에 크게 기여할 것으로 평가된다.

새로운 철교 및 도로 건설 이외에도 최근에는 기존의 중·러 육상교통로의 재개와 운송 품목의 제한 해제 등 새로운 협력 움직임들이 나타나고 있다. 즉, 중국 훈춘과 러시아 자루비노항까지의 철도운송이 그것이다.

2017년 7월 22일 메드베데프 총리가 서명한 러시아연방 정부 명령 732호(2017년 12월 10일 발효)는 훈춘-자루비노 간 통과 컨테이너 화물의 통제, 허용 및 운송 규칙, 러시아 측 화물의 검사·수속 시간이 1시간을 초과하면 안 된다는 규정을 발표했다. 또한 이 명령에서는 통과 컨테이너 화물로 어떤 것도 가능함을 명기하고 있다.[23] 그동안 중국으로부터 명태, 건조 옥수수, 콩, 차조기(꿀풀과의 한해살이풀로 향료로 쓰인다), 간장 등 식료품의 수입이 제한되었고 해산물 수송을 위한 냉동 컨테이너 사용은 러시아 교통부와 검역 당국의 특별 허가가 필요했다. 즉, 기존에는 석탄, 목재 등 일부 품목

Амур," https://www.newsvl.ru/far_east/2016/12/25/154895/(검색일: 2018.11.24).

23   "Налажен транспортный маршрут Хуньчунь-Зарубино-Пусан," http://biang.ru/ru/economics/nalazhen-transportnyij-marshrut-xunchun-zarubino-pusan.html(검색일: 2018.11.25).

만 운송 가능했으나 이제는 운송 품목의 제한이 사라졌다. 그간 훈춘에서 러시아로의 주요 화물운송 수단은 트럭이었는데 앞으로는 훈춘-마할리노 철도를 이용한 컨테이너 전용 화물열차의 활용도가 높아질 것으로 보인다. 특히 러시아 측이 냉동 해산물의 반입을 엄격히 제한해 왔는데 이를 완화함으로써, 냉동 해산물 상당량을 취급하는 훈춘 소재 '포스코현대 국제물류센터'의 활성화에도 도움이 될 것이다.

또한 현재 중·러 간 철도를 이용한 국경 통과 화물의 세관 신고는 훈춘-마할리노와 쑤이펀허-그로데코보의 국경 통과 지점에서 이루어졌으나 이를 극이 항만으로 이관한다는 내용이 포함되었다. 따라서 철도를 이용한 컨테이너 화물의 통관이 상당히 빠르게 진행될 수 있고 화물수송 활성화에도 기여할 수 있을 것이다. 훈춘-마할리노 철도는 이 구간의 도로 이용에 비해 운송 시간을 4시간 절감할 수 있을 것으로 보인다.[24]

4. 중·러 간 교통물류 협력과 신북방정책

프리모리예-1·2 프로젝트는 동북아 주변국 교통물류 전략과 연계해 국제 운송로로서 역할이 기대된다. 블라디보스토크, 보스토치니, 자루비노 등 연해주 항만을 기점으로 중·몽·러 경제회랑까지 연결 가능하며, 향후 한국 화물의 동북아·유럽 국제 운송 시 중요한 역할을 할 수 있을 것이다.

---

24 "Новые таможенные правила укрепят международные транспортные коридоры на Дальнем Востоке". http://dvzd.rzd.ru/news/public/ ru?STRUCTURE_ID=60&layer_id=4069&refererLayerId=4069&id=114296 (검색일: 2018.11.25).

동북아 지역에서 중국의 일대일로 사업 발굴과 추진, 러시아의 극동 지역 개발 정책과 중·러 간 교통물류 협력 등은 중국과 러시아 측 모두 매우 관심이 높은 사항이고, 문재인 대통령도 신북방정책과 더불어 최근 '동아시아철도공동체' 구상을 제안한 상황으로, 상호 간 협력의 요구가 큰 편이다.

한국의 신북방정책과 중국 일대일로·러시아 신동방정책 간의 연계는 중국 동북3성과 중·몽·러 경제회랑, 프리모리에 프로젝트와의 연계 문제로 귀결된다. 이러한 연계는 우리 경제의 지평을 북방 대륙까지 확대해 동북아 상생·평화·번영의 성공 사례가 될 것이다. 러시아 극동과 중국 동북3성을 연결하는 국제 교통회랑 프리모리에 프로젝트와 중·몽·러 경제회랑은 문재인 대통령이 2018년 광복절 경축사에서 제안한 동북아 6개국과 미국이 함께하는 동아시아 철도 공동체의 중요한 교통축이다. 또한 이 국가들이 문재인 대통령 지역공동체 구상의 중요 일원이라는 점에서 한국의 신북방정책은 중국 일대일로, 러시아 신동방정책과 연계가 필수적이다.

2절과 3절에서 살펴본 최근 중·러 간 교통인프라 발전은 신북방정책의 중요한 과제 중 하나인 훈춘-자루비노-부산 노선을 포함한 한·중·러 육해복합운송 루트의 활성화를 가져올 수 있다는 점에서 주목할 필요가 있다.

중국 ≪지린일보≫(2018.1.24: 5)에 따르면 주방용품, 크림차, 김, 정미기, 알루미늄호일 등 한국산 화물(약 44.2만 달러, 153.4톤 분량)을 실은 특별 열차가 훈춘 통상구를 통해 중국으로 들어왔다고 보도했다. 이는 부산-자루비노-훈춘 간 해운을 통해 운송된 컨테이너가 마할리노-훈춘 철도를 통해 훈춘으로 운반된 사례다. 훈춘-마할리노 철도 개통 이전에는 부산에서 해운을 통해 운반된 화물이 자루비노항에 도착한 후, 도로를 통해 훈춘으로 운반될 수밖에 없었다. 훈춘-자루비노-부산 운송 노선은 2015년 5월 24일 개통되었으며 매주 운행되고 있다.[25]

2017년 12월 16일 훈춘 철도통상구에서 9칸 컨테이너, 194톤 화물을 실은 기차가 발차했으며 운송 화물 중에는 훈춘-자루비노-부산 노선을 이용해 한국으로 수출되는 냉동 수산물 46.5톤(총액 43만 달러 상당)이 포함되어 있었다. 이는 이 루트를 연계한 첫 냉동 수산물의 한국 수출이자 중·러 훈춘 철도통상구를 통한 첫 냉동 수산물 수출이기도 하다.

이 화물은 훈춘-마할리노 철도를 통해 러시아 자루비노항에 도착 후 하이쓰루 1호 화물선에 적재해 다시 한국 부산항으로 운송된다. 이 화물운송 루트는 기존 다롄항까지 24시간 소요되던 것을 1시간 거리에 있는 자루비노항으로 대체함으로써, 그 육상 운송 시간을 크게 단축했을 뿐 아니라 한 컨테이너당 30% 이상 운송비를 절감할 수 있었다. 이는 바다와 가깝지만 항구가 없는 훈춘이 이 노선의 국제 간 연계를 통해 동북 지역 내 새로운 해상 루트를 확보했음을 의미한다.

훈춘-자루비노-부산 루트를 2년여 운영하는 동안 운항 선박은 4246톤급 카룬호에서 8947톤급 하이쓰루 1호로 그 규모가 커졌고, 취항 이래 총 118

---

25 한편, 훈춘-마할리노 철도 구간은 연해주-2 국제운송회랑의 틀에서 1994년 7월 5일자 러시아 정부 명령에 근거하여 건설되었으며 연간 300만 톤의 화물운송을 기대했다. 러시아의 최초 민간 철도회사인 졸로토에 즈베노(Золотое Звено)는 1999년 20km 노선을 완공했다. 하지만 2000~2004년 기간 동안 4만 300톤 운송(762개 화차)에 그쳤으며 2004년 운행이 중단되었다. 2010년 졸로토에 즈베노(Золотое Звено)는 부채 누적으로 파산선고를 받았고 2011년 러시아철도공사에서 인프라를 인수했다. 러시아철도공사는 2012년부터 마할리노-훈춘 구간 현대화를 단계적으로 진행하여 2013년 완료했다. 2013년 8월 2일 30개 화차에 석탄을 실은 열차가 시범운행되었고 2013년 12월 17일 40개 화차를 단 마할리노-훈춘 간 열차가 약 10년 만에 정식으로 운행 재개되었다. "Переход Махалино–Хуньчунь," http://www.gudok.ru/zdr/171/?ID=594871(검색일: 2018.11.25); "В модернизацию железнодорожного погранперехода Махалино – Хуньчунь в Китай РЖД инвестирует 6 млрд рублей," http://www.gudok.ru/freighttrans/?ID=1333222(검색일: 2018.11.25).

차례 운항, 수출입화물 총운송량 1917TEU(6719만 달러 상당)를 달성했다. 이 항로의 개통으로 새로운 동북아 지역 철도·해운 복합운송 루트가 구축되어 지린성과 헤이룽장성은 한국 전역은 물론이고 유럽, 미국까지 연계할 수 있는 물류 통로를 확보했다.

지린성 정부 차항출해 전략의 구체적인 성과인 이 철도·해운 복합운송 루트는 동북아 물류 비즈니스의 허브 구축을 꿈꾸는 훈춘시에 매우 중요한 물류 운송 루트가 될 것이다. 동시에 동북 지역 제품의 국내 화물운송에도 큰 이점이 있을 것으로 보인다. 일례로 훈춘-상하이 육로 거리는 2500km 이상이지만 훈춘 췐허통상구에서 해로를 통한 거리는 928km로, 지린성의 광물·곡물·목재 등의 운송 시간, 거리 절감을 통해 물류 비용을 대폭 절감할 수 있다.

즉, 훈춘-자루비노-부산 철도·해운 복합운송 루트는 바다와 인접하지만 출해구가 없는 지린성, 헤이룽장성이 러시아 자루비노항을 이용한 수출입을 진행할 수 있어 기존 루트보다 시간과 비용을 절감할 수 있다. 한국과 중국 동북3성 간 경제협력은 대부분 접근성이 높은 랴오닝성과 이뤄지고 있지만, 훈춘-자루비노-부산 루트가 좀 더 활성화된다면 향후 한국-지린성·헤이룽장성 간 협력 강화, 나아가 한·중·러 3국 경제협력에 큰 도움이 될 것으로 보인다.

또한 최근에는 이러한 한·중·러 물류 협력에 일본도 관심을 가지고 참여를 추진하고 있어 물동량 확보를 통한 경제성 제고 및 물류 활성화에 기여할 것으로 보인다. 2018년 10월 24일 트로이츠만의 항구에서 국제 교통회랑 프리모리예-2 노선을 따라 일본-중국 화물운송 2차 시범 사업이 실시되었다. 이는 한국의 이스턴드림호(선적용량 4000톤)가 일본 사카이미나토에서 디지털 장비 부품과 소비재를 블라디보스토크항까지 운송한 후 자동차

도로로 중국 창춘까지 운송하는 사업이다. 또한 당일 이스턴드림호는 창춘에서 자루비노항으로 미리 운반된 농산품을 냉동컨테이너에 싣고 사카이미나토로 운송했다. 화물의 통관 수속은 1시간 만에 끝났다. 화물운송의 주체는 일본의 돗토리현이고 운송 대리업체는 일본 물류회사 일본통운(Nippon Express Co.)이다. 2019년 4월에도 비슷한 루트로 시범 화물운송이 이루어진 바 있다.[26]

2018년 10월 30일 블라디보스토크에서 열린 동북아 지방정부 간 국제교류 및 협력 분야 회의에서 일본 돗토리현 노가와 사토시(野川聡) 부지사는 2018년 말 또는 2019년 초에 러시아와 공동으로 DBS 크루즈 페리 노선과 시베리아횡단철도를 이용한 물류 실험을 계획하고 있다고 발표했다. 사토시 부지사는 일본 정부가 이 물류 프로젝트에 많은 관심을 가지고 있으며, 사카이미나토항에서 DBS 크루즈 페리를 통해 자루비노항을 거쳐 시베리아횡단철도를 이용하는 새로운 물류 노선 개발이 주요 과제라고 언급했다. 일본 교통부에 따르면, 현재 53~62일 정도 소요되는 해상운송을 시베리아횡단철도로 대체할 경우, 기간은 20~27일 정도 단축할 수 있고 비용은 약 40%까지 절감할 수 있다.[27]

한편, 신북방정책의 일환으로 한국 정부는 프리모리예-2 노선의 일부인 자루비노 항만과 인접한 슬라반카 항만의 현대화 사업에 대한 타당성 조사를 지원하는 등 우리 기업의 극동 지역 항만 진출을 위한 여건을 조성하

---

26 "По МТК 'Приморье-2' прошла вторая тестовая перевозка грузов из Японии в Китай," https://minvr.ru/press-center/news/19431/?sphrase_id=696989(검색일: 2018.11.25).

27 "Япония воспользуется Транссибом для логистического эксперимента," https://iz.ru/806383/2018-10-30/iaponiia-vospolzuetsia-transsibom-dlia-logisticheskogo-eksperimenta(검색일: 2018.11.25).

고 있다. 또한 나진-하산 사업의 발전적 재개를 위해 나진-하산 등 초국경 지역에서 관련국들 간 다양한 분야의 협력 사업을 추진하고 있다. 예를 들어 나진항을 리모델링해 컨테이너·크루즈·카페리 부두로 변경하고, 항만 배후 부지는 물류·산업·관광 복합단지 등으로, 그리고 나선특구, 훈춘, 하산 등 북·중·러 접경지역을 연계해 두만강 관광특구로 개발하는 방안을 검토 중이다. 이러한 사업들을 프리모리예(또는 중·몽·러 경제회랑) 프로젝트와 연계함으로써 교통물류를 활성화할 수 있고 중국 동북 지역과 한국 간 화물의 이동 거리, 시간, 비용 등을 절감할 수 있으며 북한의 참여와 개발을 촉진할 수 있다.

5. 결론

중국 동북3성과 러시아 극동이 경제 환경 측면만 보면 우리 기업들의 투자 선호 지역은 아니지만 한·중·러 경제 관계 발전, 남북 관계 관리, 동북아 평화·번영 등에 여러 함의를 지닌 지역이므로 경제정책적 측면 이외의 부분도 고려할 필요가 있다. 대미 무역마찰과 서방의 제재로 고전하는 중국과 러시아에 한반도 정세 호전은 동북아 국가 간 협력 강화를 위한 기회요인으로 작용할 수 있다. 또한 중국은 동북 진흥 전략과 일대일로를, 러시아는 신동방정책을 한국의 신북방정책과 연결하려는 의지가 강하다는 측면에서, 한국은 이를 적극 활용할 필요가 있다. 한국 정부는 신북방정책-일대일로-신동방정책 구상 간 연계를 통해 인프라·건설업 진출 확대, 신흥 시장 진출을 위한 교두보 확보뿐만 아니라 중국 및 러시아와 정책적 대화를 지속하는 기반을 마련할 수 있다.

중·몽·러 경제회랑의 교통물류 협력 사업 중 '프리모리예-1 확장 프로젝트'로 제안된 노선은 '초이발산-숨베르-만저우리-치치하얼-하얼빈-쑤이펀허-블라디보스토크-나홋카'로, 연해주 항만을 시작으로 중국의 헤이룽장성을 지나 몽골까지 연결된다. '프리모리예-2 확장 프로젝트'로 제안된 노선은 '초이발산-숨베르-우란하오터-창춘-옌지-자루비노'로, 연해주 자루비노 항만을 시작으로 중국의 창춘, 우란하오터를 경유해 몽골의 초이발산까지 연계되는 노선이다(서종원 외, 2018: 13). 즉 중·몽·러 경제회랑에서 제안된 두 노선은 러시아가 추진하는 프리모리예-1·2 노선이 확장된 개념이며, 또한 모두 GTI에서 제안된 사업이고, 중국의 헤이룽장성과 지린성에서 주력하는 국제수송 노선이므로 향후 실현 가능성이 매우 높다고 평가된다. 특히, 최근 중·러 정상회담, 총리급 정부 간 위원회, 부총리급 지역(중국 동북3성, 러시아 극동 지역) 간 협력위원회 등 다양한 계기를 통해 국제운송회랑 프리모리예-1·2 프로젝트 실현에 대한 논의가 진행되고 있다. 또한 이 프로젝트 중 하나로, 중국 동북 지역과 러시아 극동 지역 간의 대표적인 교통물류 협력 사업인 아무르주 블라고베셴스크와 헤이허 간 자동차 도로 건설과 유대인자치주 니즈네레닌스코예와 퉁장 간 철교 건설이 거의 완공 단계에 와 있다. 그리고 최근에는 기존의 중·러 육상 교통로인 중국 훈춘과 러시아 자루비노항까지 철도운송이 재개되고 운송 품목의 제한이 해제되는 등 새로운 협력의 움직임들이 나타나고 있다. 이러한 움직임들은 동북아 지역에서 새로운 무역과 경제회랑을 구축하고 한국을 유라시아 대륙과 연결시키고자 하는 한국의 신북방정책 실현에 긍정적인 역할을 할 것으로 보인다.

하지만 몇 가지 제약 사항이 있는 것도 사실이며 이를 고려해 향후 중국 및 러시아와 협력 방향을 설정해야 한다. 중국 지린성은 출해 루트의 핵심

인 자루비노항 연결을 위해 러시아에 공을 들이고 있는데 만약 북한의 나진항, 나아가 청진항이 열린다면 자루비노항 출해에 매달릴 필요가 없어진다는 점을 염두에 두어야 한다. 특히 일대일로와 관련된 부정적인 여론이 최근 확산되고 있고, 일대일로 협력 대상국의 정치적 불안정 등을 이유로 경제적 이익 창출 여부에 대한 의문도 제기되고 있는 상황으로, 향후 일대일로 구상과의 협력 방향을 고민할 필요가 있다. 그리고 동북아 지역 경제협력 강화와 관련해 남·북·중·러 연계를 통한 교통, 물류뿐만 아니라 산업, 에너지, 관광 등으로 확대한 신네트워크 구축이 필요하다.

이상훈 외. 2018. 「'랴오닝성 일대일로 종합시험구' 조성 계획의 주요 내용 및 평가」. ≪KIEP 세계경제
　　포커스≫, Vol.1, No.4.

이현주 외. 2016. 『일대일로에 대응한 초국경 개발협력 추진전략 연구: 중·몽·러 경제회랑을 중심
　　으로』. 대외경제정책연구원·국토연구원 협동연구총서.

서종원 외. 2018. 「프리모리예 국제운송회랑 개발 현황 및 협력 방향」. ≪동북아북한교통물류≫, 이슈
　　페이퍼 4호. 한국교통연구원.

제성훈 외. 2016. 『중·몽·러 경제회랑의 발전 잠재력과 한국의 연계방안』. 대외경제정책연구원.

주중국 한국대사관. 2018.9.19. 「일대일로 관련 동향」.

이효진. 2018.9.14. "중국의 일대일로 건설 추진 5년 평가". ≪중국전문가포럼≫. http://csf.kiep.go.kr
　　(검색일: 2018.11.10).

≪동아일보≫. 2018.9.17. "中 '단둥-평양-서울-부산 연결' …… 일대일로 한반도 확장 첫 명시."
　　http://news.donga.com/3/all/20180917/92027830/1(검색일: 2018.12.8).

≪중국전문가포럼≫. 2018.9.7. "中 일대일로 사업의 성과와 직면한 문제점". http://csf.kiep.go.kr(검
　　색일: 2018.11.10).

≪중앙일보≫. 2017.9.19. "중국의 '일대일로'는 우리에게 그림의 떡인가".

한국경제TV. "WP '일대일로 참여국 재정위기 …… 부채 급등'". http://news.wowtv.co.kr/NewsCenter/
　　News/Read?articleId=A201811260088&t=NNv(검색일: 2018.11.29).

"KOTRA. 극동 러·중 최근 협력 이슈①: Primorye1-2 프로젝트, 이번엔 본격화될까". http://
　　ews.kotra.or.kr/user/globalAllBbs/kotranews/album/2/globalBbsDataAllView.do?dataIdx=14
　　9754&column=title&search=극동 러·중&searchAreaCd=&search&searchStartDate=
　　&searchEndDate=&searchCategoryIdxs=&searchIndustryCateIdx=&page=1&row=10(검색일
　　2018.12.8).

"В модернизацию железнодорожного погранперехода Махалино – Хуньчунь в Китай РЖД
　　инвестирует 6 млрд рублей." http://www.gudok.ru/freighttrans/?ID=1333222(검색일:
　　2018.11.25).

"В Приамурье началось строительство моста между Россией и Китаем через Амур."
　　https://www.newsvl.ru/far_east/2016/12/25/154895/(검색일: 2018.11.24).

"ВЭФ-2018. Логистика: дискуссии, проекты, презентации." https://minvr.ru/press-
　　center/news/18394/?sphrase_id=696989(검색일: 2018.11.18).

"ВЭФ-2018. Логистика: дискуссии, проекты, презентации.''https://minvr.ru/press-center/news/ 18394/?sphrase_id=696989(검색일: 2018.11.18).

"Дальний Восток получил бюджетные средства на реализацию проектов экономического роста." https://minvr.ru/press-center/news/19258/?sphrase_id=696989(검색일: 2018.11.24).

"Инфраструктурное развитие регионов." https://minvr.ru/activity/infrastrukturnoe-razvitie-regionov/?view=desktop(검색일: 2018.11.18).

"Китайские эксперты завершили исследование МТК 'Приморье-1' и 'Приморье-2'." https://minvr.ru/press-center/news/11082/?sphrase_id=755208(검색일: 2018.12.30).

"Мост плюс тариф равно." https://www.eastrussia.ru/material/most-plyus-tarif-ravno/(검색일: 2019.2.10).

"Налажен транспортный маршрут Хуньчунь-Зарубино-Пусан." http://biang.ru/ru/ economics/nalazhen-transportnyij-marshrut-xunchun-zarubino-pusan.html(검색일: 2018.11.25).

"Новые таможенные правила укрепят международные транспортные коридоры на Дальнем Востоке." http://dvzd.rzd.ru/news/public/ru?STRUCTURE_ID=60&layer_id=4069&referer LayerId= 4069&id=114296(검색일: 2018.11.25).

"Об утверждении Концепции развития международных транспортных коридоров 'Приморье-1' и 'Приморье-2'." http://government.ru/news/25953(검색일: 2018.12.8).

"Объём грузоперевозок по МТК 'Приморье-1» вырос в 1,5 раза." http://www.rzdtv.ru/2017/ 04/03/obyom-gruzoperevozok-po-mtk-primore-1-vyros-v-1-5-raza/(검색일: 2018.11.18).

"Объем транзитных перевозок по МТК 'Приморье-1' сопоставим с результатами всего прошлого года." http://logirus.ru/news/transport/obem_tranzitnykh_perevozok_po_mtk_ primore-1_sopostavim_s_rezultatami_vsego_proshlogo_goda.html(검색일: 2018.11.18).

"Переход Махалино–Хуньчунь." http://www.gudok.ru/zdr/171/?ID=594871 (검색일: 2018.11.25).

"По МТК 'Приморье-2' прошла вторая тестовая перевозка грузов из Японии в Китай." https://minvr.ru/press-center/news/19431/?sphrase_id=696989 (검색일: 2018.11.25).

"Подписан протокол 2-го заседания российско-китайской МПК." https://minvr.ru/press-center/ news/19650/?sphrase_id=696989 (검색일: 2018.11.24).

"Правительство РФ утвердило концепцию МТК 'Приморье-1' и 'Приморье-2'." https://www. primorsky.ru/authorities/executive-agencies/departments/education/news.php?ELEMENT_ ID=122435(검색일: 2018.11.17).

"ПРИМОРСКИЙ КРАЙ ИНВЕСТИЦИОННЫЙ ПОТЕНЦИАЛ." http://investinrussia.com/ image/main/pdf/primorsky_krai.pdf(검색일: 2018.11.11).

"Российский Фонд Прямых Инвестиций и Китайская Инвестиционная Корпорация создали Российско-Китайский Инвестиционный Фонд." https://rdif.ru/fullNews/136/(검색일: 2018. 11.24).

"Россия и Китай подписали соглашение по развитию МТК 'Приморье-1' и 'Приморье-2'." https://minvr.ru/press-center/news/6161(검색일: 2018.12.30).

"Транспортные коридоры." http://russiachina-eastcargo.com/ru/transport-corridors(검색일: 2018.12.8).

"Утверждена концепция развития международных транспортных коридоров'Приморье-1' и 'Приморье-2'." http://dvkapital.ru/regionnow/dfo_06.01.2017_9293_utverzhdena-kontseptsija-razvitija-mezhdunarodnykh-transportnykh-koridorov-primorje-1-i-primorje-2.html(검색일: 2018.11.17).

"Япония воспользуется Транссибом для логистического эксперимента." https://iz.ru/806383/2018-10-30/iaponiia-vospolzuetsia-transsibom-dlia-logisticheskogo-eksperimenta(검색일:2018.11.25).

7장

중앙아시아와 일대일로

중국식 해외 인프라 개발 모델의 한계

| 윤성학 |

1. 서론

시진핑 중국 주석이 2013년 '일대일로'라는 구상을 처음 꺼낸 곳은 카자흐스탄의 수도 아스타나에 위치한 나자르바예프 국립대학이다. 중국은 일대일로 사업의 핵심 협력 국가인 카자흐스탄에 2017년까지 약 400억 달러를 쏟아부었다. 하지만 카자흐스탄 국민은 중국에 대해 여전히 호의적이지 않다. 중국의 카자흐스탄 투자 확대가 철저하게 중국의 이익을 반영하고 있다고 생각하기 때문이다. 중국에 대한 경계심은 다른 중앙아시아 국가들도 마찬가지다.

---

* 이 장은 「중앙아시아와 일대일로: 중국식 개발모델의 한계」, ≪슬라브연구≫, 35권 1호 (2019), 27~52쪽을 수정·보완한 것이다.

중국은 중앙아시아 국가들을 일대일로 사업의 핵심 파트너로 간주하고 유라시아 국가와의 에너지·교역·물류 사업 등을 위한 거대한 경제회랑(Economic Corridor)을 건설하고 있다. 2014년부터 서방의 경제제재를 받고 있는 러시아는·일대일로 사업이 자국의 부족한 인프라 건설에 도움이 된다며 반기고 있다. 반면 러시아와 같은 경제 규모와 군사력이 없는 중앙아시아 국가들은 일대일로 사업을 기회이자 위기로 생각한다. 역사적으로 중앙아시아 국가들은 중국과의 교역을 통해 경제적 이득을 얻어왔지만, 다른 한편으로는 중국의 서진을 안보의 가장 큰 위협으로 간주해 왔다(퍼듀, 2014: 516~517).

중국이 중앙아시아 지역에 관심을 두는 이유 또한 경제와 안보에 있다. 중국은 카자흐스탄에서는 주로 석유를, 투르크메니스탄에서는 가스를 대거 수입한다. 중국은 카자흐스탄의 석유 개발 및 육상 수송로 확보에 전략적 중요성을 두고 투자했다. 또한 갈수록 부족한 천연가스를 확보하기 위해 투르크메니스탄의 가스전을 개발하고, 2009년에 1833km의 '중앙아시아-중국 가스관'을 건설했다. 중국은 또한 자국 내 신장위구르 자치구 등 안보 불안을 해소하기 위해 중앙아시아와 협력을 강화하고 있다. 신장의 위구르족은 같은 투르크족이자 무슬림 국가인 중앙아시아 국가의 지원을 기대한다. 중국은 이러한 안보적 잠재 위협을 고려해 일찍부터 SCO(Shanghai Cooperation Organization, 상하이협력기구)를 만들어 중앙아시아 국가와 공조하고 있다.

일대일로 이전 중국의 대중앙아시아 외교는 조용히 실리를 추구하는 것이었다. 중국은 중앙아시아에서 역사적 연고를 가진 러시아, 새로운 경쟁자인 미국·EU 등과의 마찰을 피하고자 했다. 전통적으로 중앙아시아에서 소극적 관찰자 입장에 머물던 중국이 2014년 이후 일대일로를 내세우며 적극적인 정책으로 전환한 것은 경제성장을 바탕으로 한 강대국화 정책 때문이다(한석희, 2004: 134~136). 시진핑이 추진하는 일대일로는 중국이 주도적으로 유라시아의 경제질서를 구축하겠다는 의지로 평가할 수 있다.

이 장에서는 중앙아시아에 대한 중국의 일대일로 정책을 중국식 인프라 개발 모델로 파악하고, 그 특징과 한계를 살펴볼 것이다. 중앙아시아 국가들은 한편으로는 중국의 원조와 재정지원을 부진한 해외투자 유치를 극복하는 계기로 삼았지만, 다른 한편으로는 그 부작용에 대해 강력히 반발하고 있다. 중국의 원조와 지원에 따른 경제협력 양상의 변화는 무역·투자 통계분석을 통해 고찰할 것이다. 특히 2014년 일대일로 추진 이후 중국의 대중앙아시아 투자 및 교역이 크게 증가했는데, 이와 함께 주목할 만한 새로운 현상은 중국발 대외부채와 중국 이주노동자의 진출 등이다.

이와 함께 중앙아시아에 대한 중국의 일대일로 정책이 어떤 변화를 초래했는지 국가별로 분석할 것이다. 중국식 인프라 개발 모델인 일대일로는 '약탈적 대출'을 통해 중앙아시아 국가들에게 부채 함정을 야기했다. 중국은 중앙아시아에 경제구조의 대중국 의존성을 심화하고 부패 문제를 악화시켰다.

2. 중국의 대중앙아시아 전략의 구상과 변화

1) 중앙아시아와 중국의 무역투자의 특징

중앙아시아 5개국의 주요 교역 대상국은 러시아, EU, 중국이다. 1990년대 중반까지 중앙아시아의 최대 교역국은 러시아였으나 2000년대 들어

표 7-1 중앙아시아와 중국의 교역 변화

만 달러		2012	2013	2014	2015	2016	2017
카자흐스탄	총교역	2,568,57	2,859,596	2,2245,167	1,429,019	1,309,767	1,794313
	수출	1,100,073	1,254,512	1,270,985	844,124	829,259	1,156,444
	수입	1,468,084	1,605,084	974,182	584,895	480,508	647,869
우즈베키스탄	총교역	287,519	455,145	427,612	349,583	361,461	422,087
	수출	178,334	261,336	267,821	222,876	200,755	274,942
	수입	109,185	193,809	159,791	126,706	160,706	147,145
키르기스스탄	총교역	516,232	513,770	529,794	434,069	567,669	542,386
	수출	507,337	507,535	523,252	428,212	560,546	533,681
	수입	8,895	6,235	5,542	5,857	7,124	8,706
타지키스탄	총교역	185,670	195,812	251,594	184,742	175,634	134,811
	수출	174,787	186,936	246,824	179,539	172,510	130,138
	수입	10,883	8,875	4,770	5,204	3,125	4,674
투르크메니스탄	총교역	1,037,250	1,003,090	1,047,044	864,313	590,177	694,324
	수출	169,912	113,764	95,428	81,547	33,848	36,812
	수입	867,338	889,326	951,616	7872,766	556,330	657,513

자료: National Bureau of Statistics of China(2018).

EU가, 그리고 2008년 세계 금융위기 이후에는 중국이 부상했다. 2001년 중국의 중앙아시아 국가들과의 교역액은 15억 2100만 달러에 불과했지만 2013년에는 무려 502억여 달러로 급증했다. 2013년 이후 국제유가의 하락으로 이 규모는 358억 달러로 줄어들었지만 중국과의 교역 비중은 갈수록 커지고 있다. 중국과 중앙아시아 5개국 간의 총무역량은 2001년 15억 달러에서 2015년 500억 달러로 증가한 반면, 두 번째 무역 상대국인 러시아는 약 310억 달러에 머물렀다.[1]

중국은 5개국 가운데 카자흐스탄의 최대 무역 상대국인 반면, 타지키스탄과의 교역은 미미하다. 〈표 7-1〉에 의하면 2017년 중국은 카자흐스탄에 115억 달러의 상품을 수출했고, 우즈베키스탄에는 42억 달러, 키르기스스탄에는 56억 달러의 상품을 수출했다. 키르기스스탄의 교역 규모가 우즈베키스탄보다 더 컸던 이유는 통과국 역할을 통해 중국에서 들어오는 대부분의 수입 상품이 여타 유라시아 지역으로 재수출되었기 때문이다.

중국의 대(對)중앙아시아 주요 수출 상품은 가전제품, 자동차, 의류 등으로 소비 제품이 큰 비중을 차지한다. 반면 중앙아시아 국가들의 대중국 수출품은 천연자원이 대부분을 차지한다. 카자흐스탄과 투르크메니스탄이 대중국 자원 수출을 주도하는 반면, 타지키스탄과 키르기스스탄의 수출은 미미하다. 중국은 카자흐스탄 석유 생산량의 4분의 1, 투르크메니스탄 가스 수출량의 약 60%를 차지한다. 투르크메니스탄은 중국 최대의 천연가스 공급국으로 2017년 중국에 약 65억 달러의 천연가스를 수출했는데, 이는 중국 천연가스 수입량의 약 20%에 달한다. 카자흐스탄은 2017년 중국에 약 1230만 톤의 원유를 수출했는데, 이는 육상 파이프라인을 통한 수출 규모로는 세계에서 두 번째로 큰 규모다.[2] 중국이 중앙아시아에 집중하는 이유는 이처럼 이 지역에 대한 석유·가스 수입의존도가 높기 때문이다.[3]

중국은 또한 중앙아시아의 최대 투자국이다. 일대일로가 시작된 2014년

---

1   http://news.kotra.or.kr/user/globalBbs/kotranews/3/globalBbsDataView.do?setIdx=242& dataIdx=38250(검색일: 2018.12.20).

2   http://www.xinhuanet.com/english/2018-01/11/c_136888551.htm(검색일: 2018.12.20).

3   https://thediplomat.com/2018/08/why-central-asia-is-betting-on-chinas-belt-and-road/(검색일: 2018.12.20).

표 7-2　**중국의 대중앙아시아 투자**

(단위: 백만 달러)

	카자흐스탄	키르기스스탄	타지키스탄	투르크메니스탄	우즈베키스탄
2017	2,070	124	95	47	-76
2016	488	159	272	-24	179
2015	-2,510	152	219	-315	128
2014	-40	108	107	195	181
2013	811	203	72	-32	44
2012	2,996	161	234	12	-27
2011	582	145	22	-383	88
2010	36	82	15	451	-5
2009	67	137	17	120	5
2008	496	7	27	87	39
2007	280	15	68	1	13

주: 마이너스는 투자 철회 금액이다.
자료: Ministry of Commerce of the People's Republic of China(2018).

부터 중국의 대중앙아시아 투자는 급격히 증가하기 시작해 〈표 7-1〉에서 보는 것처럼 2017년 카자흐스탄에는 약 20억 달러, 키르기스스탄에는 1억 2000만 달러, 타지키스탄에는 9500만 달러를 투자했다. 카자흐스탄, 키르기스스탄, 타지키스탄은 주요 협력국가들이다. 중국은 특히 운송, 인프라 및 에너지 부문에 막대한 자금을 투자해 중앙아시아 전역에 도로, 철도, 교량 및 터널을 건설하거나 자금을 지원했다.

중국이 중앙아시아에 투자하는 데는 경제적 목적도 있지만 안보적 이유도 중요하다. 카자흐스탄, 키르기스스탄, 타지키스탄 등 3개국은 중국과 국경을 맞대고 있다. 또한 국경을 사이에 둔 중국의 위구르족은 이들과 같은 투르크족이며 이슬람이라는 공통의 종교가 있다. 중앙아시아 국가들 또한 자국 안보의 위협 세력인 원리주의 이슬람에 공동으로 대처하기 위해 중국과의 협력을 강화하고 있다. 이들은 자유, 민주주의, 인권 등의 자유주의 가치보다는 평화와 안정을 우선시하며, 이를 위해 경제개발을 강력히 추진하고 있다.[4]

또한 중앙아시아는 중국이 유럽, 서남아시아, 중동으로 가는 관문이다. 중국은 이 지역에 거대한 경제회랑을 건설해 새로운 성장 동력으로 삼기를 희망한다. 이를 위해 중국은 철도·도로 등 일대일로 인프라 사업을 추진하면서 중앙아시아에 대한 투자를 지속하고 있다.

2) 일대일로 이후 중국의 대중앙아시아 전략의 변화

중국 일대일로 정책의 '일대(一帶)'는 육상으로 연결되는 실크로드경제벨트를 의미한다. 중국은 중앙아시아 육로를 통해 유럽까지 철도와 도로, 에너지 파이프라인을 연결하고자 한다(Miller, 2017: 79). 중국은 중앙아시아 일대일로를 추진하기 위해 자본금 615억 2500만 위안 규모의 '실크로드기금(Silkroad Fund)'을 2014년 12월 29일 베이징에 설립했다. 중국은 새롭게 형성되는 경제공동체 건설 플랫폼에 자국의 국유기업, 지방정부 등이 참여할 수 있는 공간을 열어줌으로써 국익을 극대화하고 있다.

중국이 중앙아시아에 건설하고자 하는 일대일로 경제회랑은 크게 두 가지다. '신유라시아 대륙교량'과 '중국-중앙아시아-서아시아 경제회랑'이 그

---

4   중국과 중앙아시아 안보 파트너십은 1996년 상하이 파이브(Shanghai Five)로 처음 제도화되었으며 이후 상하이협력기구(SCO: Shanghai Cooperation Organization)로 발전되었다.

것이다. 인도차이나를 돌아 인도양을 거쳐 아프리카와 유럽으로 향하는 중서선(中西线)과 남태평양으로 진출하는 남선(南线) 그리고 북극항로를 개척하겠다는 의지를 표명한 북선(北线)이 바로 그것이다. 주요 노선으로는 중국 렌윈강-정저우-시안-란저우-우루무치, 카자흐스탄-러시아 스몰렌스카야-브란스크-벨라루스, 브레스트-바르샤바-베를린-로테르담이다. 이 회랑을 위해 중국은 중국-유럽 국제화물열차를 개통하고 유라시아 대륙 운송 시스템을 확립 중이다.

'중국-중앙아시아-서아시아(석유·가스 수송관)' 회랑은 중국, 카자흐스탄, 키르기스스탄, 타지키스탄, 우즈베키스탄, 투르크메니스탄, 이란, 터키 등이 관련되어 있다. 주요 노선으로는 '투르크메니스탄-우즈베키스탄-카자흐스탄-중국 알라샨카우', '투르크메니스탄-타지키스탄-키르기스스탄-중국' 등이다. 2013년 우즈베키스탄, 타지키스탄, 키르기스스탄과 새로운 가스관을 건설하기로 합의했으며 2019년에는 카자흐스탄 수도 아스타나에 중국 기업이 추진한 경전철이 완공될 예정이다. 2016년에는 우즈베키스탄-키르기스스탄-중국 철도 연결 중 향후 가장 중요한 구실을 할 캄치크(Kamchiq) 터널(19.2km)이 개통됐다.

3. 중앙아시아 국가들의 일대일로 대응 전략

1) 카자흐스탄

중국은 일찍이 카자흐스탄의 지정학적 위치와 자원을 주목했다. 중국은 카자흐스탄을 중국의 일대일로 노선을 잇기 위한 핵심 허브로 본다. 카자흐스탄의 최대 교역국은 중국이며, 카자흐스탄 유전의 절반 이상은 중국에 소유권이 있다. 카스피해에서 신장위구르 자치구까지는 송유관과 가스관이 부설되어 있다. 또한 카자흐스탄은 중국의 가장 중요한 가스 수입국인 투르크메니스탄에서 시작하는 '중앙아시아-중국' 가스관이 세 개나 지나간다. 중국은 2015년부터 유럽으로 가는 물류 허브로서 카자흐스탄에 대한 대규모 투자를 진행했다.

2013년 9월 7일 시진핑 주석은 카자흐스탄을 방문하여 '실크로드경제벨트'를 새로운 협력 모델로 제안했다. 이후 중국과 카자흐스탄은 무역, 에너지원, 금융, 투자, 여행 등 다양한 분야에서 협력이 증대되고 있다. 이 정책을 바탕으로 중앙아시아 지역에는 중국-키르기스스탄-우즈베키스탄 철도, 중국-카자흐스탄 도로 2기와 중앙아시아 천연가스 C선, D선 수송관 등이 건설되었다.

또한 2012년 4월 14일 중국과 카자흐스탄 국경 지대에 호르고스 자유경제지대(FEZ: the Khorgos Free Economic Zone)가 정식으로 설립되어 운송·물류 단지 겸 경제특구로서 유라시아의 신물류 허브로 부상하고 있다. 일대일로의 6대 경제회랑 중 하나인 '신유라시아 대륙교량'의 출발지이자 물류 허브인 호르고스에 집결한 중국 상품이 국제철도를 통해 중앙아시아·러시아·유럽 등으로 수출된다. 중국은 장기적으로 이 지역에 산업단지를 유치해 직접 제조에 나설 예정이다.

호르고스는 '대륙의 항구'로서 철도나 도로 방면에서 모두 우월한 입지 조건을 지닌다. 거리 면에서도 중국 변경에서 카자흐스탄까지 기존의 아라산커우(阿拉山口)를 경유하는 것에 비해 200km나 단축할 수 있다. 또한 중국 해안도시에서 해로를 통해 화물을 운송할 경우 유럽까지 40일이 걸리지만, 중국 내륙과 중앙아시아를 거치는 신실크로드를 이용하면 10일

정도로 운송 기간이 대폭 줄어든다.

2017년 호르고스의 컨테이너 물동량은 10만 TEU였지만 2020년에는 50만 TEU로 급증할 것으로 예상된다. 2018년 말부터는 모든 수화물이 전자식으로 처리된다. 중국은 호르고스를 유럽으로 가는 내륙 항만(dry port)으로 개발하고 있으며, 이미 카자흐스탄으로부터 지분 49%를 사들였다.

2017년 6월 시진핑 주석은 일대일로를 처음 선언한 카자흐스탄을 다시 방문한 자리에서 일대일로 이니셔티브는 지난 4년간 제안에서 행동으로, 개념에서 실행 단계로 옮겼으며 이제 더 빠른 속도로 발전 전략을 강화할 필요가 있다고 강조했다. 중국과 카자흐스탄 관계를 "꿈의 날개에 오른다"라고 비유했다.[5]

그러나 카자흐스탄 국민은 최대 투자국인 중국을 여전히 경계하고 있다. 19세기 카자흐 부족은 조공을 강요하는 청나라를 피해 러시아의 피지배를 선택했다. 중국을 러시아보다 더 위협적인 국가로 생각했기 때문이다. 카자흐스탄은 자국 및 중앙아시아 역내로의 과도한 중국의 영향력 확장을 경계한다. 2016년 3월 카자흐스탄 정부가 외국인 토지임대 허용 기간을 10년에서 25년으로 늘리자 국민들은 이 조치가 중국에게 혜택을 주는 것이라며 대규모 반중 시위를 벌였다. 국민들의 노골적인 반중 시위에 놀란 나자르바예프 정권은 경제 및 농업 장관을 해임하고 토지개혁을 유예했다. 유라시아개발은행(Eurasian Development Bank, 이하 EDB)의 조사에 따르면 카자흐스탄 국민 6명 가운데 1명만이 중국을 우방으로 여기는 것

---

5   http://www.chinadaily.com.cn/world/2017xivisitskazakhstan/2017-06/07/conThent_29656868.htm(검색일: 2018.12.20).

으로 나타났다.[6]

2) 우즈베키스탄과 투르크메니스탄

2016년 6월 시진핑 주석이 우즈베키스탄의 부하라를 방문했다. 시 주석은 양국의 전통적인 우의가 2000년 전까지 거슬러 올라간다면서, 양국 인민은 함께 위대한 실크로드를 열어 왕래했으며 지금은 일대일로 건설을 위한 합작에서 성과를 거두고 있다고 말했다. 중국은 환경보호 협력을 심화시키고 생태 보존을 강화하는 녹색 실크로드(Green Silk Road)를 건설할 것을 제안했다.[7]

우즈베키스탄은 중국과 국경을 맞대고 있지는 않지만 '신유라시아 대륙교량(국제철도)'과 '중국-중앙아시아-서아시아'의 주요 통과국이다. 중국은 투르크메니스탄의 가스를 우즈베키스탄을 거쳐 운반하고 있다. 이 가스관을 통해 우즈베키스탄 또한 자국의 천연가스를 중국에 수출하고 있다.

중국은 '신유라시아 대륙교량' 구축을 위해 기존의 카자흐스탄이 아닌 키르기스스탄을 통해 우즈베키스탄의 안디잔 지역을 연결하는 철도를 건설할 예정이다. 현재 중국의 카스(Kashi)에서 중국과 키르기스스탄의 국경 도시인 이르케슈탐(Irkeshtam)까지 철도가 건설되어 있다. 중국은 2020년 착공하여 2025년 완공을 목표로 이르케슈탐에서 남부 오시(Osh)까지 철도

---

6   Eurasian Development Bank, http://eabr.org/e/research/centreCIS/
     projectsandreportsCIS/inThegration_baromeTher/index.php?id_16=48994(검색일:
     2018.12.20).
7   http://www.scio.gov.cn/32618/document/1481477/1481477.htm(검색일: 2018.
     12.20).

를 건설할 예정이다. 이 철도는 오시에서 안디잔으로 연결되고 중앙아시아를 경유하여 유럽으로 연결된다.

중국은 차관과 원조를 통해 우즈베키스탄에 대한 다양한 경제협력을 추진했다. 중국은 우즈베키스탄과의 경제·기술 협력협정에 따라 1830만 달러의 원조를 제공했는데 주로 철도화물 제어시스템과 화물 스캔 시스템, 예비 부품비 명목 등이다. 우즈베키스탄은 이 설비들로 국경지대인 타슈켄트와 부하라 등에 대규모 통관검사 시스템을 구축했다.

중앙아시아 국가 가운데 일대일로에 적극적인 관심을 보이지 않는 나라는 우즈베키스탄과 투르크메니스탄이다. 우즈베키스탄은 중국과 국경을 접하지 않고 카리모프 대통령 시절 폐쇄적인 경제정책으로 인해 중국과의 무역·투자가 활성화되지 않았다. 또한 중국의 진출이 자국 노동시장을 왜곡한다는 이유로 강력한 규제 법안을 통과시켰다.

우즈베키스탄보다 일대일로에 더 관심을 보이지 않는 나라는 투르크메니스탄이다. 세계 5위의 천연가스 매장지인 투르크메니스탄은 국가 수입의 70%를 천연가스 수출에 의존한다. 투르크메니스탄은 자국의 풍부한 가스를 중국에 수출하고 있으며 키르기스스탄, 타지키스탄과 달리 풍부한 재정 덕분에 중국의 인프라 투자에 의존할 필요가 없다.

투르크메니스탄과 중국은 지난 2009년부터 가스 협력을 계기로 관계를 강화해 왔다. 당시 투르크메니스탄은 가스전 개발과 인프라 건설에 필요한 자금을 중국으로부터 빌려오고, 향후 30년간 연 300억 m^3의 천연가스를 중국에 공급하기로 합의했다. 가스관 설치와 함께 중국과 투르크메니스탄 간 교역규모는 2009년부터 2014년까지 5배로 증가했다. 2012년에는 2011년보다 2배 증가한 100억 달러에 도달하면서 중국은 투르크메니스탄의 최대 교역국으로 부상했다. 2013년 9월 시진핑 주석의 투르크메니스탄 방문 당시 중국의 CNPC(China National Petroleum Corporation)와 투르크메니스탄의 국영기업인 투르크멘가스(Turkmengaz)는 가스 거래량을 25bcm 늘려, 매년 65bcm을 수급하기로 합의했다.[8]

중국은 투르크메니스탄을 중앙아시아의 거점으로 삼고 장기적으로 중동으로 연결되는 파이프라인을 건설해 육로로 연결되는 안정적인 자원 회랑을 건설할 계획이다. 그렇지만 영세중립국인 투르크메니스탄은 가스 판매를 바탕으로 이미 충분한 국가재정을 확보하고 있기 때문에 중국의 진출을 달가워하지 않는다. 투르크메니스탄은 자국에 대한 러시아의 영향력 강화를 우려해 EAEU 가입이나 가스 협력을 진전시키지 않는 것과 마찬가지로 중국에 대해서도 경계심을 보이고 있다.

3) 키르기스스탄과 타지키스탄

중앙아시아 국가 중에 상대적으로 빈곤하고 개발이 지체된 키르기스스탄과 타지키스탄은 중국의 일대일로에 큰 기대감을 보이고 있다. 키르기스스탄에는 '중국-중앙아시아-서부아시아'를 연결하는 가스 파이프라인이 지나가고, 우즈베키스탄과 중국을 연결하는 철도가 놓일 예정이다. 중국과 850km에 달하는 국경을 접하고 있는 키르기스스탄은 중국 내 위구르족의 분리독립 운동 및 이슬람 근본주의 확대를 저지하기 위한 주요 협력국가이다.

2013년 9월 시진핑 주석은 제13차 SCO 정상회담 참석차 키르기스스탄

---

8   https://www.reuThers.com/article/gas-turkmenistan-china/turkmen-gas-exports-to-china-to-hit-65-bcm-year-by-2020-idUSL6N0GZ0OT2013093(검색일: 2018. 12.20).

을 국빈 방문해 양국 관계를 '전략적 협력 동반자 관계'로 격상함과 동시에, 총 30억 달러 규모의 차관 제공과 인프라 건설 등 각종 경제협력, 양국 간 가스관 건설 등 에너지 협력, 3대 악(테러, 극단주의, 분리주의)에 대한 공동 대처 등에 합의했다.[9] 2015년 알마즈베크 아탐바예프(Almazbek Atambayev) 대통령, 2018년에는 소론바이 제엔베코프(Sooronbay Jeenbekov) 대통령이 방중해 경제 지원을 호소할 정도로 중국과 키르기스스탄의 관계는 긴밀하다.

타지키스탄 또한 중국의 일대일로를 적극 환영하는 입장이다. 타지키스탄은 중국과 국경을 접하고 있기 때문에 타지키스탄의 정치적 안정은 중국에 중요하다. 중국은 서남아시아와의 교통 물류 및 안보 측면에서 타지키스탄의 지정학적 위치를 고려하지 않을 수 없다. 이에 따라 중국은 극빈국인 타지키스탄에 대해 유·무상 원조를 점차 확대해 나가고 있는데, 주로 자원 탐사·개발 등 에너지자원 확보에 주력하고 있다. 중국은 수력발전소 건설, 도로·터널 공사 등 기간산업에 우대적인 자금 대출을 지원함으로써 타지키스탄 개발에 적극 참여하고 있다.

타지키스탄은 이제 중국의 투자와 교역 없이는 제대로 경제를 운용할 수 없는 상황이다. 중국은 2016년 타지키스탄 서부 도시 '바흐다트-아만' 간 48.6km 구간의 철도 공사를 완공했는데, 이 공사로 타지키스탄은 처음으로 중부와 남부 지역을 철도로 연결할 수 있었다. 또한 타지키스탄의 최대 산업인 수력발전 부문에 중국이 적극적 원조에 나서고 있다. 2012년부터 2014년 사이 중국의 대중앙아시아 누적 원조 규모는 키르기스스탄 약 21억 달러, 타지키스탄 약 7억 달러에 달한다.[10]

---

9   https://www.fmprc.gov.cn/mfa_eng/topics_665678/xjpfwzysiesgjtfhshzzfh_
    665686/t1077178.shtml(검색일: 2018.12.20).

10 AID DATA, 2018, china.aiddata.org.

표 7-3 **중앙아시아 국가들의 대외 부채와 중국 비중**

(단위: 백만 달러)

	2013	2014	2015	2016	2017(1~8월)
키르기스스탄 부채	3,159	3,437	3,601	3,743	3,985
중국 차관	758	1,116	1,296	1,483	1,639
중국 차관 비중(%)	24	32	36	40	41
카자흐스탄 부채	148,753	157,062	153,456	163,758	167,890*
중국 차관	15,840	15,969	13,248	12,589	11,975*
중국 차관 비중(%)	11	10	9	8	7
타지키스탄 부채	2,188.5	2,095.9	2,194	n/a	n/a
중국 차관	915	915	1,080	n/a	n/a
중국 차관 비중(%)	42	44	49	n/a	n/a

자료: 카자흐스탄, 키르기스스탄, 타지키스탄 통계청 자료 종합해 작성했다.

중국은 타지키스탄과 키르기스스탄의 도로·철도·전력 등 사회간접자본 건설을 집중 지원하고 있다. 키르기스스탄 또한 중국으로부터 기대하던 '중앙아시아-중국' 가스관 하나를 유치했으며, 중국의 원조로 주변국을 연결하는 도로 건설 및 비슈케크 시내 도로를 개보수할 수 있었다. 그러나 중국이 무상으로 인프라를 건설해 준 것은 아니다. 두 나라는 중국의 자금으로 철도와 도로, 수력발전소, 가스관을 건설하면서 부채가 증가하고 중국 의존도는 눈덩이처럼 커졌다(Bruce Pannier, 2016: 23). 키르기스스탄 부채 규모는 일대일로 사업 이후 GDP 대비 16%나 불어났다. 〈표 7-3〉에 의하면 2016년 기준 중국 차관 비중이 키르기스스탄의 전체 대외 부채 중 40%나 차지한다.

2011년 1월 타지키스탄은 중국이 요구해 온 파미르 국경지대 영토의

3.5%를 양허할 것에 합의해 양국 간 영토 문제를 해결했다. 이 양허 합의에 따라 양국은 국경획정조약을 비준함으로써 서울의 2배 면적인 타지키스탄 동부 파미르고원 지역의 땅 1100km²가 중국의 영토가 되었다. 이미 타지키스탄 정부는 수력발전소 건설 자금으로 지원받았던 3억 달러를 상환하지 못해 중국에 금광개발권을 넘겼다. 〈표 7-3〉에 의하면 2015년 기준 중국의 차관 비중이 타지키스탄 전체 대외 부채의 49%나 차지한다.

일대일로는 결과적으로 키르기스스탄과 타지키스탄에 대외 부채의 급증을 초래하고 대중 경제 의존을 가속화했다. 좀 더 심각한 것은 중국의 투자가 현지 시장에 별로 도움이 되지 않는다는 것이다. 중국의 인프라 투자사업은 가급적 현지 노동력을 배제하고 저임금 중국 노동자를 대거 유입하는 방식으로 추진되었다. 같은 중앙아시아 국가인 투르크메니스탄과 우즈베키스탄은 현지 노동자 고용을 의무화하는 법을 제정했지만, 키르기스스탄과 타지키스탄은 중국의 눈치를 보느라 외국인 노동자 유입 관련 법률을 만들지 못했다. 이로 인해 그렇지 않아도 실업문제가 심각한 두 나라의 현지 노동자가 일자리에서 배제되는 결과가 나타났다. 양국은 인프라 투자사업을 통한 고용 창출 효과를 보지 못하고 있는 것이다.

키르기스스탄 J-인베스트 컨설팅(J-Invest Consulting)의 제니 제니스(Jenny Jenish)는, 2015년 현지 여론조사에서 응답자의 약 80%가 중국계 이민자 유입을 가장 부정적으로 평가했고 44%는 중국 투자가 자국 독립에 위협이 된다고 응답했다면서, 키르기스스탄과 타지키스탄 경제는 이미 중국 경제에 크게 의존하고 있으며 사회적 반감 또한 증대하고 있다고 지적했다.[11]

---

11   http://voicesoncentralasia.org/chinas-belt-and-road-initiative-and-its-impact-in-central-asia/(검색일: 2018.12.20).

4. 중국의 '약탈적 대출'과 중국식 개발 모델

1) 중국의 '약탈적 대출'

중앙아시아에서 일대일로에 대한 부정적 여론이 갈수록 증가하는 이유는 이 사업이 결국 중국의 이익을 보장하는 방식으로 진행되었기 때문이다. 중국이 지원하는 인프라 건설 비용은 수원국(受援國)의 국가부채로 전환되고, 실제 사업은 중국의 기업과 노동자를 동원해 진행된다. 키르기스스탄에서 중국 자본으로 진행 중인 두 개의 도로 건설 프로젝트의 경우, 중국인 노동자가 70%를 차지하고 현지 노동자는 30%에 불과했다. 〈표 7-4〉에서 볼 수 있듯이 중국은 2016년 카자흐스탄에 1만 3588명, 키르기스스탄에는 1947명, 타지키스탄에는 1670명을 파견했다. 반면 이미 중국의 인

표 7-4 **중앙아시아에서 중국의 투자 규모와 파견 노동자**

	2011	2012	2013	2014	2015
					중국의 투자 규모(백만 달러)
카자흐스탄	1,242	1,568	2,917	2,358	2,347
키르기스스탄	209	351	712	587	549
타지키스탄	228	252	445	409	644
우즈베키스탄	228	252	445	409	644
중앙아 전체	1,907	2,423	4,518	3,764	4,183
					중국 파견 노동자(명)
카자흐스탄	3,455	3,394	7,109	9,720	13,588
키르기스스탄	1,575	3,049	3,258	2,153	1,947
타지키스탄	1,060	1,199	2,032	2,033	1,670
우즈베키스탄	763	943	2,505	1,970	1,352

자료: National Bureau of Statistics of China(2018).

프라 건설 과정에서 쓴맛을 본 투르크메니스탄의 경우 70%를 현지 인력으로 고용하도록 했으며, 우즈베키스탄은 관리 인력만 중국인을 고용할 수 있도록 법을 바꾸었다.

키르기스스탄과 타지키스탄은 제대로 된 제조업이 없어서 실질실업률이 40% 이상 되는 국가들이다. 일자리가 부족한 국가에서 중국 노동자들이 그 자리를 차지하고 있는 것이다. 또한 인프라 건설 과정에서 현지 자재보다는 중국산 철, 시멘트 등을 사용하고 대부분의 건설 장비들도 중국에서 직접 조달했다. 심지어 식당마저도 중국인에게 하청을 주고 있다. 중국 기업의 불투명한 경영 관행과 국제적 경험 부족으로 해당 지역의 반발을 사고 있는 것이다.

일대일로 사업에 대해 부정적 평가가 높아지는 이유는 해당 사업이 일방적으로 중국에 유리한 구조로 진행되기 때문이다. 중국은 일대일로가 '중국이 국제사회를 위해 제공한 공공재'라고 강조하고 있지만 협력 국가들은 이것을 일종의 부채로 받아들일 수밖에 없다. 중국의 원조는 대개 개발원조(ODA)와 외국인투자(FDI) 중 하나로 이루어지는데, 원조 조건으로 수원국의 천연자원이나 계약 패키지에 대한 접근권한을 요구한다. 또한 원조의 대가로 양허, 무역·투자 협정의 재협상을 강요한다. 이러한 패키지에는 종종 특정 종류의 중국 측 요구사항들이 포함된다. 타지키스탄에는 영토 일부의 양보를 요구했고, 아프가니스탄에서는 군사요충지에 중국군 주둔을 타진하기도 했다.

중국의 원조는 대부분 조건부 원조(tied aid) 형태로 제공되는데, 이는 중국 자금이 중국 기업의 이익과 관련된 패키지로 제공된다는 것을 의미한다. 예컨대 인프라 및 기술지원 프로젝트를 위한 자금 지원 계약에서, 자재·장비·기술·서비스의 절반 이상이 중국에 조달되어야 한다고 규정하기

표 7-5　**중앙아시아의 주요 일대일로 프로젝트**

	주요 프로젝트	진행 프로젝트	반응
카자흐스탄	신유라시아 대륙교량 석유·가스 수송관	호로고스 물류 플랜트	중립
우즈베키스탄	신유라시아 대륙교량 석유·가스 수송관	오시-안디잔 철로	중립
키르기스스탄	신유라시아 대륙교량 석유·가스 수송관	비슈케크-오시 철로 중국 연결 가스관	적극
타지키스탄	석유·가스 수송관	중국 연결 가스관	적극
투르크메니스탄	신유라시아 대륙교량 석유·가스 수송관	철로 환적 시스템	무관심

자료: 필자가 직접 작성했다.

도 했다. 결국 중국 기업은 원조를 통해 손쉽게 해외 진출을 도모하는 것이다.

재원이 부족한 국가 입장에서는 당장의 인프라 투자를 통해 경기를 활성화하고 성장 동력을 확충하기 위해 중국의 원조 조건을 받아들일 수밖에 없다. 가난한 수원국은 원금과 이자뿐만 아니라 정치적인 요구조건이나 중국 기업의 입장을 고려한 협상을 받아들여야 한다. 일부 전문가는 중국이 못 갚을 것을 알면서도 악의적으로 빚의 수렁에 빠뜨리는 일종의 '약탈적 대출(predatory lending)'을 유라시아 국가들에 자행하고 있다고 주장한다.[12] 중국은 원조를 통해 자국 기업과 노동자에게 경제적 기회를 제공하는 한편, 장기적으로 빚의 대가로 시장개방을 요구하고 무역흑자를 달성

12　Safovudin Jaborov(Tajik National University, Dushanbe)는 원금과 이자 상환 외에 부가 조건으로 차용자를 밀어붙이는 양국 신용 협상을 '약탈적 대출'이라고 정의했다. http://voicesoncentralasia.org/chinas-belt-and-road-initiative-and-its-impact-in-central-asia/(검색일: 2018.12.20).

할 수 있다는 것이다.

일대일로가 제조·수출 능력의 우위라는 중국 강점을 암묵적인 전제로 하여 출발하는 한, 결국 그 대상국들은 장기적으로 무역적자를 감수할 수밖에 없다. 인프라 건설 관련 제품을 중국보다 더 저렴하게 생산할 수 있는 개발도상국은 찾아보기 어렵다. 베트남이 한국의 제조업 투자는 환영하지만, 중국에 부정적인 것은 이러한 이유 때문이다. 중국의 제품과 투자에 대한 과도한 의존은 결국 장기적으로는 중앙아시아 국가들이 중국 경제에 종속되는 부정적 결과를 초래한다.

일대일로의 본격적 추진 이후, 중국의 투자 증가로 인해 중앙아시아로의 중국인 이주자가 급격히 증가했다. 일부 국가에서는 중국과 중국인 이주자에 대한 부정적 여론이 높아졌다.[13] 키르기스스탄과 타지키스탄에서는 반(反)중국 감정이 확산되고 있으며 카자흐스탄에서는 반중국 시위가 벌어졌다. 우즈베키스탄과 투르크메니스탄 정부는 중국 이주자 통제를 강화하고, 현지에서 고용할 수 있는 중국인 노동자에 대해 엄격한 제한을 도입했다. 일대일로 때문에 중앙아시아에서는 중국 공포증(Sinophobia)이 증가하고 있으며, 이제 일대일로에 대한 인식은 기회에서 위기로 바뀌고 있는 상황이다.

---

13 중국과 접경하는 많은 국가, 특히 중앙아시아와 러시아의 극동 지역과 같이 인구밀도가 낮은 지역은 중국 이주민의 대규모 유입을 경계한다. 특히 넓은 국토에 인구가 절대 부족한 카자흐스탄이 가장 예민하게 인구이동을 주목하고 있다. http://voice-soncentralasia.org/chinas-belt-and-road-initiative-and-its-impact-in-central-asia/ (검색일: 2018.12.20).

2) 중국식 인프라 개발 모델의 문제점

중국의 원조가 결국 중국의 이익으로 귀착된 것은 중국식 해외 인프라 투자 모델의 문제점 때문이다. 중국식 인프라 투자 모델은 무엇보다 '밑 빠진 독에 물 붓기'라는 비판이 제기된다. 중국은 유라시아 지역에서 일대일로 정책을 밀어붙이기 위해 2014년 12월 400억 달러 규모의 실크로드기금을 조성했다. 이후 아시아 지역의 개발도상국 인프라 구축을 목표로 다자간 금융기구인 아시아인프라투자은행(AIIB)을 설립했으며 매년 100억~150억 달러의 자금을 투입한다는 전략을 세웠다. 그러나 이미 6대 경제회랑을 위한 기본 인프라 구축에도 이 정도의 자금으로는 턱없이 부족한 상황이다.[14]

일대일로 사업은 약 68개 개발도상국에서 900개에 이르는 사회간접자본 건설비로 약 8조 달러의 양허성 자금을 투자하는 것이다. 대상 국가와 사업 추진 합의가 이뤄지면 그 사업을 진행할 중국 국영기업의 계좌로 사업비가 입금되고, 이 기업은 그 자금으로 가능하면 중국 자재를 구매해 건설공사를 진행하게 된다. 결국 일대일로는 중국의 국내 경기둔화와 과잉 생산 능력 문제를 해결하기 위한 수단이라고 볼 수도 있다.

또 다른 문제는 중국 국유기업이 현지의 정치적·재정적 위험도 평가나 시장조사를 아예 또는 거의 하지 않는다는 데 있다. 더구나 최근 중국 국내 경기둔화와 트럼프가 도발한 미·중 무역 전쟁에 대한 우려로 인해 일대

---

14 본래 인프라 투자는 수익이 나지 않는 사업이다. 이미 투자한 돈의 대부분은 회수불가능한 채권이 되어버렸다. 게다가 국가마다 다른 제도 때문에 생기는 조정비용이나 사업 추진 과정에서 부패한 현지 정치세력에 바치는 뇌물 비용, 서로 다른 문화와 종교로 생기는 매몰비용은 측정도 되지 않는다.

일로 사업 승인은 더욱 졸속으로 이뤄지고 있다. 사업 대상국 중에 카자흐스탄, 키르기스스탄, 타지키스탄 등과 같이 정치·경제 불안과 부패가 심각한 국가에 대한 투자가 증가하고 있는 것이다. 이 국가들에서는 일대일로 자금이 경제발전보다는 권력자의 부정축재에 사용될 가능성이 크다. 중국 또한 규제 제도와 언어·문화 환경이 상이한 여러 국가에서 동시에 수십 개 사업의 타당성·수익성·위험도 등을 심사할 능력과 인력이 태부족인 상황이다.

중국은 중앙아시아에서 하드웨어 중심의 일대일로 사업을 보완하고 중국식 소프트파워를 강화하기 위해 '공자학원' 설립을 추진했다. 중국은 자국의 문화와 교육 시스템이 중앙아시아인에게도 매력적일 것으로 생각했다. 그러나 중국어 습득의 어려움과 공세적 대외정책, 중국 문화의 매력적 이미지 부족 때문에 이 정책은 거의 실패로 끝났다. 공자학원은 중국에 대한 긍정적 이미지를 구축하는 데 큰 도움이 되지 못한 것이다.

중앙아시아 국가들은 과거 역사와 고정관념으로 인해 중국을 경계하고 있다. 1960~1970년대 중소국경분쟁의 유산, 불균형적인 인구통계학적 상황, 독창성 없는 모조품 생산국이라는 현대 중국의 이미지는 중국에 대한 부정적 인식을 강화시켰다. 무엇보다 일대일로를 통한 중국의 접근이 중앙아시아 발전에 큰 도움이 되지 않는다는 사실을 경험적으로 깨닫고 있다.

5. 결론

중국은 일대일로라는 인프라 사업을 통해 중앙아시아 국가와의 관계를 강화하고 이를 통해 정치적·경제적·전략적 영향력을 확대하고자 했다. 일대일로 구상이 성공적으로 진전된다면 유라시아 지역에서 중국의 역할과 위상이 강화될 것이다. 그러나 다음과 같은 이유 때문에 중앙아시아에서 일대일로가 지속 가능할지에는 여전히 의문부호가 붙고 있다.

첫째, 중국의 자금력이 충분한가이다. 인프라 사업이란 본래 수익이 나지 않는 사업이다. 중국은 실크로드기금, AIIB 등을 통해 중앙아시아 지역에 거대한 인프라 프로젝트를 추진하고 있지만 최근 미·중 무역 분쟁과 국내 경기 위축을 겪고 있다. 이런 상황 속에서 수익이 나지 않는 거대 인프라 프로젝트를 지속하기는 어렵다. 현재 신유라시아 대륙교량 사업도 진척되지 않고 있다.

둘째, 중국의 원조·차관 집행자들이 현지 정부와 결탁하여 부패로 연결될 가능성이 높다는 점이다. 중앙아시아 국가들은 국가투명성이 부족하고 부패지수가 높다. 특히 중국의 대외원조는 OECD 규제를 받지 않기 때문에 그 집행자들이 현지의 부패한 정부와 결탁할 가능성이 높다. 중국 은행 또한 일천한 해외 경험 때문에 현지 정부와 공사 과정을 투명하게 관리하기는 힘들다. 중국의 거대한 자금이 부정부패를 초래해서 중앙아시아의 독재정권을 지탱하고, 민주화를 지연시키고, 소득격차를 악화시킬 가능성이 높다. 특히 카자흐스탄과 키르기스스탄, 타지키스탄에서 이 가능성이 더욱 높다.

셋째, 중국의 중앙아시아 원조·차관이 부채의 악순환을 불러일으켜 '약탈적 대출'로 바뀔 가능성이 높다는 점이다. 이미 대중국 부채가 국가 총부채의 절반에 가까운 키르기스스탄과 타지키스탄은 중국에 부채를 상환하기 위해 금광, 발전소 등 국가 이권을 넘기고 있는 실정이다. 장기적으로 볼 때 중앙아시아 국가들은 중국의 단순 상품판매 시장으로 전락해 자생적 경제발전이 저해될 가능성이 높다.

넷째, 중국의 중앙아시아 지원이 중국산 상품, 장비, 노동력까지 포함하는 한, 중앙아시아 자체의 발전으로 연결되기 힘들다는 점이다. 이러한 점을 우려하여 우즈베키스탄과 투르크메니스탄은 강력한 규제를 시행하고 있지만, 중국의 지원이 절실한 다른 나라들은 이에 대해 미온적이다. 중국의 일대일로 추진을 위한 자금이 결국 중국 기업에 재투자되는 한, 중앙아시아 국가들은 실질적인 이득은 취하지 못하고 각종 부작용에만 시달릴 수 있다.

마지막으로, 일대일로 정책이 장기적으로 중앙아시아에서 지속되기 힘들다는 점이다. 중앙아시아 국가들은 기본적으로 유목민족적 성격과 이슬람을 바탕으로 하는 종교적 정체성을 갖고 있다. 따라서 중국의 유교적 세계관이 중앙아시아에는 적용되기 어렵다. 중국의 소프트파워가 중앙아시아에서 작동되지 않을 때 결국 질서유지를 위해 하드파워가 등장할 수도 있다.

중국의 일대일로 정책에 대해 중앙아시아 모든 국가들이 다 같은 반응을 보이는 것은 아니다. 재정이 풍부한 투르크메니스탄은 일대일로에 대해 거의 무관심한 반면 가난한 키르기스스탄과 타지키스탄은 적극적으로 환영하고 있다. 중국과 국경을 접하지 않는 우즈베키스탄은 일대일로 정책이 우즈베키스탄 경제에 도움이 되는 한 거부하지는 않는다. 좀 더 복잡한 속내를 가지고 있는 국가는 카자흐스탄이다.

역사적으로 중앙아시아 국가들은 중국을 러시아 못지않은 대외 불안요인으로 간주했다. 18세기 중엽 카자흐스탄은 몽골의 후예인 중가르의 침입을 받고 이어 청나라와 강제 교역을 해야 했다. 중국의 일대일로가 본격화되면서 카자흐스탄은 중국을 사실상 가장 위협적인 국가로 인식하고 있다.

중국과 국경을 접하고 있는 빈국 키르기스스탄과 타지키스탄은 중국의 경제원조와 일대일로를 적극 환영한다. 중국은 이 두 국가에 적극 진출하고 있는데, 이 두 나라의 대중국 부채는 총부채의 거의 절반에 달한다. 키르기스스탄과 타지키스탄은 결국 대중국 부채를 상환하기 위해 금광, 발전소 등을 넘기지 않을 수 없는 상황이다.

전통적으로 중앙아시아 국가들은 러시아 주도의 대외관계에서 중국의 진출을 러시아 이상으로 경계한다. 중국과 중앙아시아 유목민 종족 간의 대결 시대는 오래전에 사라졌지만 중국은 여전히 불신을 받고 있다. 중앙아시아 국가들은 중국의 일방주의 속성과 이슬람과 다른 문화권이라는 차이를 강하게 의식하고 있다. 중앙아시아 국가들은 러시아와 중국이라는 두 강대국 사이에 끼여 있으며, 어느 국가에 의해서도 지배되기를 원치 않는다.

참고문헌

강명구. 2006. 「중앙아시아 5개국의 국가 발전 전략」. 신범식 엮음. 『21세기 유라시아 도전과 국제관계』. 한울.

이주영. 2015. 「중국 실크로드경제벨트의 경제협력 전략에 대한 고찰」. ≪유라시아연구≫, 12권 2호, 85~103쪽.

신범식 외. 2015. 『중국의 부상과 중앙아시아』. 세계 속의 아시아연구 시리즈 10. 서울대학교 아시아연구소 중앙아시아센터.

밀러, 톰(Tom Miller). 2018. 『신실크로드와 중국의 아시안 드림』. 권영교 옮김. 시그마북스.

한석희. 2004. 「중국의 부상과 책임대국론: 서구와 중국의 인식적 차이를 중심으로」, ≪국제정치논총≫, 44집 1호, 191~210쪽.

퍼듀, 피터 C(Peter C. Perdue). 2014. 『중국의 서진: 청의 중앙유라시아 정복사』. 공원국 옮김. 길.

김영진. 2018. "중국의 일대일로와 중앙아 국가의 대응: 경제부흥의 기회인가?". http://diverseasia. snu.ac.kr/?p=479.

카자흐스탄, 우즈베키스탄, 키르기스스탄, 타지키스탄, 중국 통계청.

중앙아시아 및 중국 신문 사이트.

중국 상무성, http://busan.china-consulate.org/kor/zhgx/jmwl/t1261870.htm

코트라, www.kotra.or

Adylov, Aliaskar. 2016. *The Big Friendly Giant: China's Development Assistance in Central Asia. MasTher's thesis.* Central European University.

Alf, Henryk. 2016. "Flowing Goods, Hardening Borders? China's Commercial Expansion into Kyrgyzstan Reexamined." *Eurasian Geography and Economics*, Vol.57, No.3, pp.433~456.

Clarke, Michael. 2014. "Kazakh Responses to the Rise of China: Between Elite Bandwagoning and Societal Ambivalence?" In Asian Tought on China's Changing International Relations, edted by Niv Horesh and Emilian Kavalski, New York: Palgrave Macmillan.

Guluzian, Christine R. 2017. "Making Inroads: China's New Silk Road Initiative." *Cato Journal*, Vol.37, pp.135~147.

Pannier, Bruce. 2016. *What Does China's One Belt, One Road Project Mean For Central Asia?*, Gandhara.

Tom Miller. 2017. *China's Asian Dream: Empire Building along the New Silk Road.* United States: Zed Books.

Yuan, Zhenjie, Junwanguo Guo, and Hong Zhu. 2016. "Confucius Institutes and the Limitations of China's Global Cultural Network." *China Information*, Vol.30, No.3, pp.334~356.

8장

중국의 해상실크로드와 항만 네트워크 전략

| 민귀식 |

1. 서론

일대일로(一帶一路)가 시진핑 시대 중국의 대표적인 발전 전략으로 확고한 위상을 갖춤에 따라, 이 전략의 성공 여부가 세계경제에도 커다란 영향을 미치게 되었다. 그중에서도 경제적 효과만 본다면, 육상을 연결하는 일대(一帶)보다는 바닷길을 이용해 산업 협력과 항구 배후지 육성까지 종합적인 성과를 낼 수 있는 일로(一路)가 훨씬 중요한 전략이라고 할 수 있다. 또한 일대일로에 연계되는 국가(沿线国家)도 육상보다는 해상으로 연결된 나라가 월등히 많을 뿐만 아니라 경제규모도 훨씬 크다.[1] 따라서 일대일로

---

1   중국 자료에 따르면, 21세기 해상실크로드에 해당하는 국가와 지역은 118개에 달하고(전 세계 인구의 80.2%, GDP의 64.2%), 이 중 69개 지역 혹은 국가(전 세계 인구의 76.1%, GDP의 63%)가 21세기 해상실크로드 중요 국가에 해당되며, 이 가운데 다시 57개 지역과 국가(전 세계 인구의 68.5%, GDP의 54.8%)가 주요 협력 대상이

성공 여부를 평가하거나 예측하기 위해서는 중국의 해상실크로드 전략과 그 실행 효과를 분석하고, 이에 대한 연선 국가의 반응과 협력 정도를 파악해야 한다.

전통적인 의미의 해상실크로드는 중국, 동남아시아, 서남아시아, 아프리카 동부 일부를 연결하는 바닷길을 의미했으나, 21세기 해상실크로드는 그 범위가 크게 확대되었다. 중국이 전략 범주에 넣고 있는 해상실크로드는 세 개 지역으로 구분할 수 있다. 인도차이나를 돌아 인도양을 거쳐 아프리카와 유럽으로 향하는 중서선(中西线)과 남태평양으로 진출하는 남선(南线) 그리고 북극 항로를 개척하겠다는 의지를 표명한 북선(北线)이 바로 그것이다. 이 가운데 중선과 중서선은 전통적 해상실크로드의 기본 노선이자 지금도 가장 중요한 구간이다. 특히 동남아시아와 서남아시아 및 아프리카 동부를 포괄하는 중서선은 지정학적 측면에서 전략적 가치가 클 뿐만 아니라 경제적 연계 정도에서도 핵심적인 지역이다. 이에 비해 남선은 경제적 연계성보다는 남태평양을 영향권으로 삼으려는 중국의 글로벌 전략의 일환으로 뒤늦게 추가된 노선이다. 북선은 아직 경제적 활동은 이뤄지지 못하고 있지만[2] 북극에 대한 영향력을 확보하기 위해 전략적으로 선언한 노선이다. 따라서 이 노선은 중국의 팽창 전략 의도가 농후한 바닷

라고 한다(祝哲 等, 2017: 84).

[2] 북극 노선은 2013년 중국원양해운그룹(中国远洋海运集团)이 처음으로 상업 운항에 성공한 이래 2015년 쌍방향 통행을 처음으로 실현할 만큼 아직 경제적 의미는 적다. 그러나 중국은 2020년에는 이 노선을 연간 6개월 정도 이용할 수 있을 것으로 기대하고 있다. 그럴 경우 암스테르담까지 가는 이 노선은 총 7900km로 27일이 소요되어, 말래카해협과 수에즈운하를 통과하는 노선보다 약 2800km가 단축되고 시간도 9일이 절약될 것으로 예상된다. 이런 측면에서 보면 북극 노선은 경제성과 전략적 가치를 모두 갖추고 있는 미래지향형 노선이라고 하겠다.

길이라고 할 수 있다.[3]

이와 같이 중국의 해상실크로드의 가치는 전략목표에 따라 다르기 때문에 그 추진 방법에도 차이가 있다. 따라서 이 장에서는 해상실크로드 전략을 개관하고 구체적인 노선 분석은 서선과 중선을 중심으로 진행한다. 그 이유는 이 구간이 중국이 심혈을 기울이는 지역인 동시에 해당 연선 국가들도 일대일로를 적극 활용해 경제 건설 기초를 정비하려는 의지가 강하기 때문이다. 그러나 동시에 일대일로에 대한 반작용도 강하게 나타나고 있는데, 미국·일본·인도·호주가 이른바 '인도-태평양 전략'을 내세우며 중국에 맞서는 것이 대표적이다. 그렇기 때문에 태평양과 인도양에 걸쳐 있는 아시아 각국이 중국과의 협력을 어느 정도로 구축할 것인지가 국제적 세력 전이에 일정한 변수로 작동할 가능성이 크다. 이렇게 보면 일대일로는 중국의 의지·역량과 그에 편승하려는 주변국가의 전략, 그리고 이를 저지하려는 강대국 중심 외부 행위자의 끊임없는 협력과 갈등의 연쇄라고 할 수 있다. 그렇기 때문에 일대일로의 성공 여부를 예측하기 위해서는, 중국의 의지와 물질적 능력을 평가하는 동시에 중국의 전략을 활용하면서도 미국, 일본, 인도를 이용해 대중국 협상력을 강화하려는 해상실크로드 연선 국가들의 전략을 잘 살펴봐야 한다.

---

3 북극 노선은 '얼음 위의 실크로드(冰上絲綢之路)'라고 불리는데, 2015년 중국과 러시아 총리가 회담하면서 기본 개념이 출현했고, 2017년 5월 '제1차 일대일로 국제협력 정상포럼'에서 푸틴이 직접 일대일로와 북극 항로를 연결할 것을 주장했다. 이후 2017년 6월 중국 정부가 이 노선을 일대일로 3대 해상 노선으로 선언했다. 그리고 2018년 9월 5일 중국 화물선 천은호(天恩号)가 33일간의 항해 끝에 프랑스 루앙항에 도착함으로써 북극 노선을 통과한 첫 중국 화물선으로 기록되었다.

2. 해상실크로드 전략의 목표와 전략

1) 해상실크로드 전략의 단계적 목표

21세기 해상실크로드 전략은 '중국의 꿈(中国梦)'을 실현하는 수단의 하나다. 따라서 이 전략 역시 '두 개의 백 년(两个百年)'이라는 국가계획에 따라 진행되고 있다.[4] 이것은 시간적으로는 2050년까지 장기적인 전략이라는 의미다. 또한 2050년 이후에도 중국은 세계 정치·경제·문화의 중심이 되고자 일대일로의 새로운 버전을 제시할 것이다. 이에 따라 해상실크로드 전략도 장기적으로는 운명공동체를 이룩한다는 추상적인 구호를 내세우며 평화공존을 추구하는 중국의 이미지를 부각하는 데 초점을 맞추고 있다.[5] 그러나 단기적 목표에 대해서는 주변국들의 참여를 유도할 수 있는 구체적인 내용을 제시하고 있다. 그것은 연선 국가의 주요 거점 확보, 중국

---

4   일대일로는 종결 시점을 정하지 못할 정도로 구체성이 부족하고, 공간적으로는 전 지구의 2/3 이상을 포함할 정도로 거대한 국가전략이기 때문에 하나의 '전략'이라고 할 수 없고 단지 '선언'에 불과하다는 평가도 있다. 물론 중국 스스로도 공격적 이미지가 내포된 '전략'이라는 단어를 쓰지 않고 '이니셔티브(倡议)'라고 부르고 있지만, 이는 또 다른 관점에서 명명한 것에 불과하다. 필자가 일대일로를 전략이라고 부르기에 부족함이 많다고 하는 의미는, 중국이 마음대로 통제할 수 없는 독립국가들을 대상으로 사업을 진행하기 때문에 전체 전략을 수립할 수 없고, 설사 수립한다 하더라도 변수가 너무 많아 그 한계가 명백하다는 것이다. 다만 중국이 자국의 의지를 관철하는 수단으로 AIIB(Asian Infrastructure Investment Bank)와 같은 새로운 기구를 창설·동원할 수 있고, 장기적인 국가 비전으로 이를 실행하고 있기 때문에 이 글에서는 '전략'이라고 부르기로 한다.

5   중국이 주창한 해상실크로드 이니셔티브에는 평화적 협력, 개방과 포용, 실질 협력의 전방위 추진, 정치적 신뢰 조성, 경제적 융합, 문화 포용, 상호 이익 실현 등이 포함되어 있다.

지역과 연계 강화, 경제 및 인문 교류 통로 구축, 지방정부 간 협력 추진, 공동 플랫폼 구축 등 5대 기능을 수행하는 것이다.6

이런 원칙에 따라 해상실크로드 전략의 전체적인 방향은 '해상 통로 건설'을 기초로 경제협력제도를 구축해 연선 국가와 무역 및 협력 수준을 높인다는 것이다. 이를 위해 공간적으로는 점(항구)에서 선(통로)으로, 선에서 면(배후지)으로, 면에서 지역(국가)으로 확장하는 방식을 추구한다. 이런 과정을 거쳐 동남아시아, 남아시아, 페르시아만, 홍해만, 인도양 서해안으로 공간적 범위를 동시에 확대하는 전략을 추진하고 있다.7 즉 중국이 개혁개방 초기에 시행했던 점-선-면의 확장 방식을 해상실크로드에도 적용해, 무역 확대와 투자 증진과 산업단지 공동 조성, 철도와 고속도로 건설 등 종합적이고 복합적인 협력을 추진해 나간다는 전략이다.

시간적으로는 단기, 중기, 장기로 나눠 각 단계에 맞는 목표와 방법을 설정하고, 해당 국가와의 협력 분야를 정리해 접근한다. 그 첫 번째 단계는 '13·5 규획'이 끝나는 2020년까지로 설정된 단기 목표 실행 시기다. 이 단

6　첫째, 해상실크로드 연선에 주요 거점을 확보한다. 이 거점 지역에 도시와 항구 및 공항을 건설하여 중국 국내의 신형 도시화·공업화·정보화·농업 현대화와 결합한다. 이를 통해 자유무역지구와 국제합작 지구 및 보세 지구를 구축하여 연해 지역의 개방·개발을 촉진한다. 둘째, 연선 지역에 해운·항공·철도 노선을 구축하고 초국경 송유관·전력망·전신망 기초시설을 건설한다. 이를 중국의 교통 및 산업과 연계하여 하드웨어와 소프트웨어 능력을 제고한다. 셋째, 중국의 해안지역과 실크로드 연선 국가의 주요 거점들 사이에 지방정부 간 우호협정을 체결하여 관광·교육·문화·생태환경 등 각 분야의 협력을 강화한다. 넷째, 민간자본과 인적교류의 통로를 구축하여 중국 국내 산업의 이전과 해외자원의 수입 루트를 확충한다. 다섯째, 쌍방이 참여하고 이용하는 각종 형식의 플랫폼을 구축하여 연선 국가와의 경제·인문교류를 강화한다(祝哲 等, 2017: 87~88).

7　国家发展改革委·外交部·商务部, 「推动共建丝绸之路经济带和21世纪海上丝绸之路的愿景与行动」(2015.3.28)은 해상실크로드에 대한 종합적인 방향과 목표를 제시하고 있다.

계에서는 해상실크로드에 대한 인식을 폭넓게 공유해 중국이 추진하는 일대일로에 대해 주변국의 참여와 협력을 제도화하는 것을 우선 추진한다. 이를 통해 중국-아세안 자유무역지구를 업그레이드하고, 한국·호주·뉴질랜드 등 아시아-오세아니아 주요 국가와 FTA를 전면적으로 시행하며, 남아시아와 FTA 협상을 위한 조건을 마련한다. 초기 단계는 외교와 무역 및 투자를 주요 거점에 집중해 사회기초시설(SOC) 건설에 중국 기업의 진출을 도모하며, 동시에 연선 국가의 경제성장 기초를 다지는 협력 기반을 형성한다. 공간적으로는 아세안과 협력 강화를 중점적으로 추진해 해상실크로드 전략의 초석을 다짐으로써, 미국·일본·인도·호주가 추진하는 '인도-태평양전략'에 대응하는 외적 조건을 마련한다.[8] 물론 중국과 경제협력이 절실한 호주는 이 중국 포위 전략에 소극적이고 인도 역시 미국의 동맹국이라기보다는 미국을 활용하려는 수준의 참여이기 때문에, '인도-태평양전략'이 아직은 선언적 수준에 머물고 있지만 중국으로서는 이에 대비하지 않을 수 없다. 왜냐하면 이 전략의 무대 한가운데가 인도차이나반도의 동쪽 지역인 남사군도 주변이고, 중국이 전략적으로 진출해야 하는 아세안의 서쪽 인도양이기 때문이다. 또 한편으로는 남사군도 문제 등 해양영토 갈등을 적정선에서 관리할 수 있는 분위기를 형성하고, 나아가 남아시아와 페르시아만에 대한 전략적 존재감을 분명히 드러냄으로써 중국의 영향력을 홍해(红海)와 아프리카 동부 해안으로 확대한다.

---

8 중국은 오바마 정부가 추진한 '아시아 회귀'에 대항하는 것을 전략적 과제로 설정했는데, 트럼프 정부에서 보다 위협적인 중국 포위 전략인 '인도-태평양전략'이 등장함에 따라 대외 전략과 일대일로 추진이 더욱 어려워지게 되었다. 미군의 '태평양사령부'가 '인도-태평양사령부'로 명칭을 변경한 것은 중국을 견제하려는 미국의 의지가 분명히 드러난 증표이고, 일본 아베 정부의 극우적 행보와 인도의 대중국 견제도 강화되고 있다. 이것들은 모두 중국이 추진하는 일대일로의 길이 험준함을 보여준다.

다음으로, 2021~2030년으로 설정된 중기 목표는 거점 중심의 점(node)을 선(线)으로 확대해 해상실크로드 전략의 실질적 진전을 이끌어내는 것이다. 이 시기는 중국이 GDP 규모에서 세계 1위로 올라서는 시점과 맞물려 있으므로 주변국들과 좀 더 적극적으로 협력을 강화한다는 계획이다. 우선 아세안과 '전면적 동반자 관계'를 지속하는 한편 남아시아와 페르시아만의 전략적 위상을 높여, 일대일로가 육상과 해상에서 교차하는 교두보 임무를 수행하도록 한다. 이 계획이 실현되면 서아시아가 홍해를 통해 아프리카로 연계되는 전략적 거점이 되고,[9] 중국은 페르시아만과 인도양에서의 해상 안전을 보장하는 전략적 핵심 기지를 확보하게 된다. 이와 동시에 중국은 글로벌 무역과 투자에 대한 규칙을 제정하는 등 경제적 주도권을 행사하고, 인민폐를 달러·유로화와 더불어 세계 3대 화폐로 확고히 정착시키려고 한다. 즉 중국은 경제대국의 위상을 확인하는 가장 확실한 증표의 하나로 인민폐의 국제화를 완전히 실현하려고 하는 것이다. 그 결과, 중국 자본의 대외 진출과 중국 기업의 해외 합작이 보증될 수 있기를 기대한다. 이런 일련의 구상은 중국으로서는 당연한 논리적 흐름이자 커져가는 힘을 투사하는 것이지만, 다른 나라의 입장에서는 매우 공격적인 행태로 받아들일 수밖에 없는 전략이라고 하겠다.

마지막으로, 2031~2050년까지의 장기적 목표는 일대일로 구상을 전면적인 성과를 낼 수 있는 단계로 끌어올리는 것이다. 그러나 중국이 장기 전략을 세운다고 해도 이는 구상이나 희망 사항에 가깝다고 할 수 있다. 왜냐하면 중국이 통제할 수 없는 외국에서 진행되는 사업 영역이 많고, 중

---

9   홍해만(红海湾)은 중국이 아프리카와 경제·무역 관계를 개척하는 주요 해운 노선일 뿐만 아니라 유럽 진출 통로로서 전략적 가치가 갈수록 높아질 것으로 예상되는 지역이다.

국의 부상을 견제하려는 선진국의 대응이 구체화될 것이기 때문이다. 또한 해당 국가에서 중국의 자본 진출에 대한 부정적 인식이 높아지는 것도 중국으로서는 매우 난감한 과제라고 할 수 있다. 따라서 중국은 장기 목표의 구체적인 지표를 제시하기보다는 일대일로의 핵심 전략인 '5통(정책 소통, 시설 연통, 무역 창통, 금융 융통, 민심 상통)'을 전면적으로 실현하겠다는 정도의 추상적 선언에 그치고 있다. 결국 중국이 5통의 실현을 통해 지역경제 일체화의 기본 조건을 구축해 이익공동체와 운명공동체 및 책임공동체를 형성한다는 선언적 목표를 제시하는 데는 이와 같은 중국의 곤혹스러움이 반영되어 있다고 하겠다.

한편, 각 지역과 나라마다 경제발전 수준과 개발 조건이 다르기 때문에 '5통'을 실행하는 우선순위에도 차이가 있다. 중국은 5통을 실현하는 방법으로 일대일로 연선 국가를 평가하는 지수를 설정하고 이를 5대 구역으로 나누었다. 즉 동남아시아, 남아시아, 서아시아·북아프리카, 중동·유럽, 중앙아시아·몽골 등 5개 지역으로 분류하고, 각 분야별로 점수를 부여해 전략적 접근방식과 우선순위를 달리하고 있다. 동남아시아는 전체적으로 고르게 높은 지수를 보였는데, 특히 무역 창통, 자금 융통, 민심 상통 영역에서 가장 높은 점수를 받았다. 이는 동남아시아가 중국에 대한 높은 경제적 의존성이 있을 뿐만 아니라 정치적으로도 비교적 가까운 나라가 많기 때문으로 보인다. 그러나 외부인의 시각으로 보면 이 지역에서 민심 상통 지수가 높다는 것은 어디까지나 상대적인 것일 뿐, 전반적으로는 중국에 대한 반감이 상당한 것으로 생각된다.[10] 그에 비해 중앙아시아·몽골은 정책

---

10   동남아시아 대중이 중국에 느끼는 감정은 상당히 복잡하고, 부정적인 견해도 많다. 이는 필자가 2018년 여름과 2019년 초에 동남아시아 각국을 돌면서 직접 면담한 결과에 따른 판단이다.

소통과 시설 연통에서 1위 평가를 받았다. 이것은 중국이 정책적 지원을 통해 SOC 건설을 많이 하는 것과 관계가 있는 것으로 보인다. 그럼에도 이 지역에서 민심 상통이 높은 평가를 받지 못한 것은 중국과 몽골의 역사적 구원(舊怨)이 여전히 강하게 작용하고 있고, 중앙아시아 국민의 중국 견제 심리가 큰 것을 반영한 결과라고 할 수 있다. 한편, 남아시아와 중동·유럽 지역은 대부분의 영역에서 낮은 지수를 나타내고 있다. 이는 중국과 전략적 경쟁 관계에 있는 인도가 '중국-파키스탄 경제회랑' 건설을 적극 반대하고, 중동·유럽에서는 일대일로의 유인효과가 크지 않다는 것을 반영하기 때문으로 보인다. 결과적으로 일대일로 연선 국가를 대상으로 하는 '5통' 전략은 지역 간 불균형이 심한 상태이고, 지역별로 중국에 대한 인식의 차이가 큰 상황이다. 이러한 사실은 일대일로가 성공하기 위해서는 해당 국가에서 원하는 만큼의 지원 규모와 좋은 조건뿐만 아니라 일반 대중의 민심을 얻는 긴 시간과 노력이 필요하다는 것을 말해준다.

2) 해상실크로드 전략의 다목적 설정

일대일로는 국제사회에서 중국의 위상을 확고히 하려는 국제외교 전략인 동시에 경제 활성화와 산업구조 조정을 위한 국내 발전 전략이다. 마찬가지로 21세기 해상실크로드 전략 역시 무역과 투자를 촉진하고 자유무역지대와 공동 산업단지를 설립하기 위한 대외경제정책이면서, 동시에 에너지 운송안전 확보와 해군력의 해외 투사를 위한 군사적 진출을 겸하고 있다. 미국과 일본 등 경쟁 선진국들이 일대일로를 강력하게 저지하려는 것도 후자를 더 의식하기 때문이다.

그러면 해상실크로드 전략의 다중적 목적은 무엇인가? 첫째, 경제적인 목적은 중국 경제의 지속성장을 위한 조건을 마련하는 것이다. 이를 실현하는 방법에서는 시·공간적 차이가 있다. 우선 중국 기업의 해외 이전 측면에서 보면, 고지마(小島淸)의 '한계산업확장이론'이 중국에 적용되는 과정이라고 할 수 있다.[11] 즉 중국에서 이미 경쟁력이 비교열위로 떨어진 산업이 투자 대상국에서는 비교우위를 유지하고 있기 때문에, 중국 기업이 해외로 진출하는 것은 양국에 모두 도움이 된다는 것이다.[12] 2008년 세계금융위기 이후 중국에서 경쟁이 심화된 잉여자본의 해외 진출(ODI)이 가속화되기 시작했고, 여기에 소비 주도 성장을 내세운 중국 당국이 12차 5개년규획 기간 (2011~2015)에 최저임금을 100% 인상하자 한계기업의 해외 이전은 더욱 빨라졌다. 물론 세계적인 경기 불황과 중국의 경기하강으로 2017년 금융산업을 제외한 대외투자는 전년 대비 29.4%나 하락한 1201억 달러에 그쳤고, 그중 일대일로 연선 국가에 대한 직접투자는 144억 달러에 불과했다.[13] 하지만 중국의 한계기업이 해외로 빠져나가는 기본 흐름은 여전한데다, 기술 및 자본집약적 기업에 대한 공격적인 인수합병을 통한 해외투자도 더욱 늘어나고 있다. 중국은 이를 통해 산업구조조정을 추진하면서 '중국 제조 2025'를 내세워 선진적인 경제구조로 전환을 시도하고 있다. 결국 해상실

---

11 고지마의 해외직접투자이론은 '한계기업확장이론'이라고도 하는데, 해외투자를 개별기업의 해외 이전이라는 각도에서만 보면 투자국과 투자 대상국이 여러 마찰을 빚기 쉽지만, 거시적인 측면으로 보면 투자국의 한계 산업이라도 투자 대상국에서는 여전히 비교우위(노동력, 토지 등)를 유지할 수 있기 때문에 양국에 모두 이익이라는 것이다.

12 이는 주로 인건비와 토지 비용이 상승하면서 경쟁력이 약한 중소기업부터 동남아시아와 아프리카 등지로 이전하는 현상을 설명하는 데 적합하고, 최근 중국의 해외직접투자(ODI: Outward Direct Investment)가 급속히 증가한 것을 이론적으로 증명한다.

13 中华人民共和国2017年国民经济和社会发展统计公报, https://baike.baidu.com(검색일: 2019.3.25).

크로드는 중국의 한계 산업이 외국으로 나가는 출구를 다양화하는 동시에 잉여자본의 진출 발판을 마련하는 과정이라고 할 수 있다.

한편, 중국 자본의 해외 진출 확대는 산업경쟁력이 강화된 측면을 반영하기도 한다. 과거에는 일본이 '아시아 네 마리 호랑이'와 '중심-주변 메커니즘'을 형성한 결과 신흥 발전국가가 등장하게 되었다. 그런데 지금은 중국과 일부 기술력을 갖춘 개도국이 다른 개도국과 제2의 '중심-주변 관계'를 형성하면서 새로운 발전 기회를 만들어내고 있다. 일대일로가 강조하는 것이 바로 이와 같은 중국과 연선 국가의 공동 번영 논리이다. 이 새로운 관계가 일대일로의 확산에 부합할 뿐만 아니라 연선 국가의 발전을 촉진한다는 것이다. 그런데 공동 번영이라는 논리적 귀결과는 다르게, 현실에서는 중국이 일방적으로 유리한 입장에서 경제적 실리를 챙겨간다는 비판이 더 공감을 얻고 있다. 일부 연선 국가에서 중국의 자본 진출을 약탈 행위라고 주장하고 있기 때문이다.[14]

둘째, 21세기 해상실크로드 전략은 군사·안보 측면에서도 중요한 의미를 담고 있다. 중국과 개발도상국은 이 전략을 통한 경제 번영을 기대하지만, 미국 등 강대국은 중국의 군사적 확장을 경계한다. 그래서 '인도-태평양전략' 같이 중국을 직접 겨냥한 다국적 군사협력을 강화하고 있다. 그런

---

[14] 2017년 통계를 보면 이 주장이 어느 정도 설득력이 있음을 알 수 있다. 즉 중국은 2017년 해외직접투자가 29.4%나 감소했음에도 불구하고, 외국에서 공사를 완료한 도급액은 1686억 달러로 전년 대비 5.8% 증가했다. 특히 일대일로 연선 국가에서의 도급액이 855억 달러로 12.6%나 증가했으며, 전체 도급액 가운데 50.7%를 이 지역에서 벌어들였다. 더구나 이 사업을 위해 중국에서 직접 파견한 근로자가 52만 명에 달하고 그 증가율도 5.7%에 이르고 있다. 그렇기 때문에 일대일로를 통해 상호 이익을 구현한다고 강조하는 중국의 기대와는 달리 주변국가에서는 일방통행식 자본 진출에 비판의 목소리를 높이고 있는 것이다.

데 중국은 우리가 생각하는 것 이상으로 미국의 '중국 봉쇄론'을 심각하게 받아들인다. 그들은 130여 년 전 앨프레드 머핸(Alfred T. Mahan)의 '해양권력론'을 신봉하고 있으며,[15] 중국이 해양권력을 행사하는데 상당히 불리한 지리적 조건을 지니고 있다는 점도 잘 알고 있다. 중국은 1만 8000km의 긴 해안선을 가지고 있고 항구도 많지만, 미국의 동맹국들로 둘러싸여 있고 남사군도 등 여러 섬의 영토 갈등이 해결되지 않고 있기 때문이다. 특히 G2로 성장한 중국은 미국의 봉쇄 가능성을 항상 염두에 두고 국가전략을 수립하기 때문에 제3자에게는 이상하게 보일 정도로 해양 진출에 국력을 쏟는다. 그러나 세계 패권이 전환될 때 대부분 기존 패권국이 도전국을 향해 먼저 군사적 행동을 시작했다는 역사적 경험을 떠올리면,[16] 중국이 미국의 봉쇄를 경계하는 것도 무리는 아니다. 특히 중국은 미군에 의한 말래카해협의 봉쇄 가능성에 민감하게 반응한다. 중국의 석유 수입 선박 80%가 통과하는 말래카해협이 봉쇄당하면 미국과의 어떤 경쟁도 불가능하다는 것이다. 따라서 말래카해협을 우회하기 위해 많은 비용을 지불하고 있다. 예를 들면, 쿤밍-짜욱퓨(Kyaukpyu)항을 연결하는 송유관과 가스관을 약 2400km나 연결했고,[17] 620억 달러를 들여 중국 카스와 파키스탄의

---

[15] 마한에 의하면, 한 나라의 해양권력을 결정하는 요소는 6가지가 있다. 지리적 위치, 긴 해안선과 우수한 항구 등 자연적 구조, 국토 면적과 해안 길이 및 항구의 존재 정도, 해양 운수에 종사하는 인원, 해양 운수와 무역에 종사하는 국민 비율, 정부의 정책 등이 그것이다. 여기에서 전자의 세 개는 객관적인 자연·지리적 조건이라면, 후자의 3개는 주체적인 의지와 관련된 문제다.

[16] 하버드대학교 케네디정부학원 그레이엄 앨리슨(Graham Allison)이 월간 *Atlantic Monthly*에 발표한 "Thucydides Trap: Are America and China heading for war?"에 의하면, 지난 500여 년의 역사에서 16차례 세력전이 과정에서 12번이 전쟁으로 마무리되었다고 한다. http://www.sohu.com/a/301913608_705218(검색일: 2019.8.8).

[17] 이것은 2013년 5월 정식 개통되었다. 이로써 중국은 미얀마를 통해 연간 2200만 톤

과다르항을 연결하는 '중-파 경제회랑'을 일대일로 최우선 사업으로 추진하고 있다. 이렇게 하는 가장 큰 이유는 송유·가스관을 건설해 미국의 간섭 걱정 없이 원유와 가스를 안정적으로 공급받고자 함이다.

이 밖에도 군사적 영향력을 확보하려는 전략적 의도를 표출한 경우가 있다. 경제성이 현저히 떨어지는 과다르항 자유무역지대 $1.6km^2$를 2015년부터 43년간 임차한 것은 인도양에 거점을 마련해 페르시아만과 홍해 및 아프리카 동북부에 군사력을 전개하려는 의도가 크게 작용하고 있다. 이처럼 군사안보적 관점에서 본다면, 〈표 8-1〉에서처럼 중국이 해상실크로드 연선 국가에 전략적 연계점(node)을 설정한 것은 타당한 전략이라고 할 수 있다. 여기서 말하는 전략적 연계점이란 지정학적인 가치가 크기 때문에 반드시 확보해야 할 거점을 의미한다.[18] 마찬가지로 스리랑카 함반토타항을 99년간 임차한 것도 인도양에 전개할 군사기지를 마련한 것으로 볼 수 있다.[19] 또한 중동과 동아프리카 입구의 아덴항, 머스카드항, 지부티항도 경제성과 거리가 먼 군사안보를 강조한 전략적 연계점이고, 에콰도르 아사부항과 피지의 수바항도 태평양 원양어업 전진기지뿐만 아니라 군사항구로 사용할 잠재적 가능성을 보고 전략적 연계점으로 확정한 것이다. 이에 비해, 지정학적 가치는 떨어지지만 정치적 위험성이 비교적 높거나,

---

의 원유와 120억 ㎥의 가스를 도입해 남서부에 공급함으로써 말래카해협을 통과하는 부담을 일정 정도 줄일 수 있게 되었다.

18 중국이 설정하고 있는 전략적 연계점은 인도네시아, 말레이시아, 미얀마, 태국, 캄보디아, 스리랑카, 파키스탄, 예멘, 오만, 그리스, 지부티, 이집트, 에콰도르, 피지 등이다.

19 스리랑카 법률에 외국에 토지를 매각하는 것이 금지되어 있고 임대 기간은 최대 99년으로 되어 있으므로 중국은 최장기간 임차에 성공한 것이다. 물론 양국 정부는 함반토타항을 군사적으로 전용하지 않겠다고 공표하고 있지만, 이를 믿는 외국인은 거의 없는 실정이다.

표 8-1 해상실크로드 연선 지역 연계점(node) 선정과 협력 방식

국가	지정학 가치	투자 위험도	양자 관계	전략적 연계점	중요 연계점	협력 방식
인도네시아	고	저	고	순다항 순다해협	롬복해협	항구 건설, 산업단지, 원양어업 기지
말레이시아	고	저	저	말래카해협	콴탄항 클랑항	산업단지, 원양어업 기지, 인문 협력
싱가포르	고	저	중		싱가포르항	항구 협력
미얀마	고	고	고	짜욱퓨항		항구 건설, 산업단지, 원양어업 기지
태국	고	저	고	끄라 지협	방콕항	산업단지, 인문 협력
캄보디아	중	중	고		시아누크빌항	산업단지, 인문 협력
파키스탄	고	중	고	과다르항		중-파경제회랑, 해외기지, 항구 건설, 산업단지
스리랑카	고	중	중	함반토타항		항구 건설, 산업단지, 원양어업 기지, 인문 협력
방글라데시	중	중	중		치타 공항	방재, 항구건설, 산업단지, 원양어업 기지
인도	고	중	중		캘거타항	항구 건설, 산업단지
예멘	고	고	저	아덴항		교량 건설, 항구 건설, 산업단지
사우디아라비아	중	저	고		제다항	원유·가스 항구 건설, 산업단지
오만	고	저	저	머스카트항		해외기지, 항구 건설
이란	중	저	저		아바스항	항구 건설, 산업단지
그리스	고	저	고	피레우스항		항구 건설, 산업단지
지부티	고	고	저	지부티항		해외기지, 항구 건설, 산업단지
이집트	고	저	중	사이드항		항구 건설, 산업단지, 인문 협력
에리트리아	고	고	저	아사부항		해외기지, 항구 건설
케냐	중	저	저		라무항	항구 건설, 산업단지, 원양어업 기지
피지	고	저	중	수바항		해외기지, 항구건설, 원양어업 기지
파푸아뉴기니	중	저	저		모레스비항	항구 건설, 산업단지

자료: 祝哲 外(2017: 121~122).

또는 중국과 정치 관계가 안정되어 있어 장기간 우호협력을 유지할 수 있는 나라의 항구도 중요 연계점으로 설정하고 있다.[20] 여기에는 말레이시아의 클랑항처럼 해상물류 네트워크를 구축하는 항구에서부터 사우디아라비아의 제다항같이 원유 확보를 위한 항구 그리고 파푸아뉴기니의 모르즈비항까지 다양한 차원의 이익을 위한 항구들이 망라되어 있다. 결론적으로, 중국의 21세기 해상실크로드 전략은 다양한 전략적 목표를 실현하기 위해 장·단기적으로 설정한 여러 방법을 동원하여 각 지역과 항구를 공략하는 다층적 접근법이라고 할 수 있다.

3) 해상실크로드 전략에서 해외 항구 건설의 역할

항구는 국제물류 연계점이면서 글로벌 운수 네트워크의 중요한 축이고 국제 공급체인에서 특수한 지위와 역할을 차지한다. 그렇기 때문에 많은 나라에서 항구 운영권을 접수한다는 것은 국제물류의 동맥을 관리하는 것이며, 항구를 기반으로 연해 공업단지를 조성하거나 항구도시를 관장할 수 있다는 의미다. 더 나아가서는 항구를 거점으로 해당 국가에 정치·군사적 영향력을 행사하기도 하고, 항구 주변의 해양을 통제하는 지정학적 핵심 전력을 구축하기도 한다. 따라서 해외 항구를 많이 확보하는 것은 국제물류 경쟁력을 높이는 동시에 군사적 영향력을 확대하는 중요한 전략이 된다.

중국은 대외적으로 군사적 영향력을 증강한다는 의지를 명시적으로 표

---

20   일반적 연계점을 구축할 대상 국가는 싱가포르, 방글라데시, 인도, 사우디아라비아, 이란, 터키, 러시아, 케냐, 뉴질랜드, 파푸아뉴기니 등이 있다.

명하지는 않지만, 명실상부한 경제대국으로 거듭나기 위한 방안으로 해외 항구 건설을 국가적 전략과제로 설정하고 일대일로의 핵심 실행 사업임을 분명히 했다. 2014년 발표한 「건강한 해운업 발전에 관한 국무원 의견」[21] 에서, 2020년까지 국제경쟁력을 갖춘 항운 시스템을 구축하고 항만 기초 시설 투자에 적극적으로 참여한다는 원칙을 확정했다. 따라서 해외 항구 건설은 일대일로 사업을 실행하는 '5통' 방식에서 '시설 연통'에 해당하는 것으로, 육상에서 국제선 철도나 고속도로를 놓는 것에 비견되는 해상실 크로드의 핵심 사업의 하나다. 「비전과 행동」[22]에 따르면, 21세기 해상실 크로드 건설의 총체적 방향은 해상 통로 건설을 기초로, 중국과 연선 국가의 경제·무역 협력을 강화하고 자유무역을 확대하며, 상호협력 기제를 제도화하여 연계성을 튼튼히 구축하는 것이다. 이때 항구는 바로 해상통로 건설의 디딤돌이자 모든 협력의 출발점 역할을 한다. 즉 항구를 개척하는 것은 무역 통로 확충과 공동 산업단지 구축의 전제가 되는 핵심 전략이자 해상실크로드의 기초 실행 작업인 것이다.

중국의 해상 발전 전략은 태평양과 인도양을 하나로 연결하여 영향력을 확대하는 것이다. 이를 위해 동남아시아를 핵심으로 하는 하나의 축을 구축하고, 동북아시아, 중앙아시아, 남아시아를 하나로 묶는 또 하나의 축을 형성하는 기본 전략을 추진하고 있다. 이 구상은 해상 영향력이 '6대 경제회랑' 및 중앙아시아 실크로드 경제지대와 연결되어 아시아 전역

---

21 국무원이 2014년 8월 15일 32호 문건으로 발표한 「国务院关于促进海运业健康发展的 若干意见」.

22 2015년 3월 28일. 국가발전개혁위원회, 외교부, 상무부가 공동으로 해상실크로드 전략을 종합적으로 제시하고 있는 문건으로, 원래 명칭은 「推动共建丝绸之路经济带和 21世纪海上丝绸之路的愿景与行动」인데 보통 줄여서 「비전과 행동」이라고 한다.

그림 8-1   21세기 해상실크로드 연선 국가의 협력 대상 주요 항구 위치

사이트항(이집트)

과다르항(파키스탄) 치타공항(방글라데시)

제다항(사우디아라비아)

소나디아항(방글라데시)

아덴항(예멘)

짜욱퓨항(미얀마)

콜롬보항(스리랑카)

시아누크빌항(캄보디아)

함반토타(스리랑카)

콴탄항(말레이시아)

비퉁항(인도네시아)

싱가포르항(싱가포르)

자카르타항(인도네시아)

자료: 〈표 8-2〉를 바탕으로 필자가 직접 표시했다.

을 연결하는 네트워크를 완성함으로써, 유럽과 아프리카로 힘을 투사하려는 원대한 꿈이기도 하다. 이 꿈을 실현하는 첫발이 바로 해외 항구를 개척하는 것이고, 항구 협력을 강화하는 것이다. 해외 항구를 개척하는 방식은 항구 건설·보수에 투자하는 것과 항구 운영권을 확보하는 다소 공격적인 것부터 일정한 투자 지분을 확보해 항만 관리권을 획득하는 온건한 방법이 있다. 그런데 최근에는 중국의 적극적인 지분투자에 대한 각국의 경각심이 높아져 직접적인 지배권을 확보하기 어렵게 되자, 중국의 주요 항구와 해외 항구 사이에 항구 연맹을 맺어 소프트파워 확대를 꾀하는 추세로 전환되고 있다.

3. 중국의 다층적·종합적 항구 네트워크 전략

1) 아세안 중심의 핵심지구 해외 항구 네트워크 구축

항구는 해외 진출 거점이다. 해양물류와 원양어업의 거점이고 산업단지 공동 조성과 경제협력의 거점이다. 또한 군사적 진출의 거점이기도 하다. 따라서 중국은 해외 거점인 항구를 개척하는데 우선순위를 정해 각기 그 접근 양태를 달리하고 있다. 해상실크로드 연선 국가 가운데 아세안 지역은 핵심지구로 선정하여 모든 정책과 자원을 집중해서 공략한다. 인도양에 속한 나라와 아프리카 항구는 경제협력을 구축하는 중점지역으로 설정해 육상실크로드와 연결하는데 방점을 둔다. 그리고 남태평양과 북극지방에 존재하는 항구는 관심구역으로 분류하여 장기과제로 둔다.

〈그림 8-1〉에서 보는 것처럼, 아세안의 6개 항구는 중국의 경제적 이익을 관철시킬 핵심지구로 분류된다. 이 항구들은 군사 영역을 포함해서 전략적 이익을 확보하기 위한 항구도 있고, 경제적 가치가 중요한 곳도 있다. 〈표 8-1〉과 대조해서 보면 각 항구의 중요성과 전략적 가치를 더욱 분명하게 알 수 있다. 중국으로 들어가는 송유관과 가스관의 기점인 미얀마의 짜욱퓨항은 경제적 핵심 항구이면서 동시에 전략적 거점이기도 하다.[23] 방글라데시-중국-인도-미얀마 경제회랑을 구상하고 있는 중국으로서는 이 항

---

[23] 짜욱퓨항은 미얀마 서북 측에 위치한 중계항으로 북으로 100km에 위치한 시트웨(Sittewe)항과 정기여객 항로를 운영하고 있다. 중국은 짜욱퓨 신항 개발 프로젝트에 25억 달러를 투자하여 대규모 항만을 개발하고, 쿤밍까지 2000km(미얀마 내륙은 900km)를 연결하는 도로와 송유관 및 가스관을 완성했다. 또한 최소 심수항구(deep water port) 개발을 통해 국제 해운물류 기지로 거듭나고 있다.

구가 경제적으로 매우 중요하고, 또한 정치적으로 매우 긴밀한 관계에 있는 미얀마의 항구이기 때문에 군사적 활용 가능성까지 포함한 전략기지이기도 하다.

한편, 중국이 가장 취약한 지역으로 꼽고 있는 말래카해협 구간에 콴탄 항과 클랑항은 중국-싱가포르 경제회랑을 연결하는 곳으로 경제협력 대상으로는 핵심 항구이지만, 군사안보적으로는 전략적 연계점보다는 가치가 떨어지는 중요 연계점에 해당한다. 그 이유는 중국이 말래카해협에 미군과 어깨를 나란히 할 군사력이 없어, 전략적 중요도에도 불구하고 자신의 영향력을 행사할 수 없는 지역이기 때문이다. 마찬가지로 인도네시아 자카르타 항도 경제적 가치가 중시되는 핵심 항구일 뿐 전략적 연계점의 기능은 수행하지 못한다. 이것은 경제적 기능은 좀 더 약하지만 군사적 가치가 있는 순다항이 전략적 연계점으로 인정되는 것과 대비되는 지점이다. 다만 순다항을 중심으로 직접적인 군사활동을 전개할 수 없는 중국이 현재까지는 자카르타항과 항구 협력을 더 강하게 추진하고 있다. 이 밖에도 시아누크빌항과 싱가포르항은 경제회랑을 연결하는 거점으로서의 가치가 중시되고 있다.

이상의 논의를 종합하면, 해외 항구의 지정학적 가치나 경제적 가치는 국가 역량의 변화에 따라 달라지는 상대적 개념이라는 것을 알 수 있다. 따라서 현재 시점에서 중국이 핵심지역으로 설정하고 있는 아세안 지역에서 '전략적 연계점'은 경제적 가치가 조금 떨어지는 항구도 포함하고 있다. 하지만 '해상실크로드 전략'의 전개와 '역내 포괄적 경제동반자협정(RCEP)'을 추진하는데 중요한 역할을 하는 항구는 우선적인 '항구 협력' 대상이 되고 있다.

이 밖에도 〈그림 8-1〉에 나타나지는 않았지만 중국이 추진하는 항구 연맹에서 중요한 역할을 하는 항구로는 말레이시아의 클랑항이 대표적이다. 특히 말레이시아는 아세안에서 가장 중요한 일대일로 협력 대상국으로서 중국이 중시하는 지역이다. 이뿐만 아니라 싱가포르와 경쟁에서 항상 뒤처진 말레이시아가 중국과 항구 협력을 통해 국제물류 중심으로의 도약을 꿈꾸고 있기 때문에 양국의 항구 연맹은 매년 확대되고 있다. 항구 연맹의 확대는 새로 권력을 장악한 마하티르 총리가 2018년 중국이 야심차게 추진하고 있는 일대일로 사업인 동부해안철도(ECRL) 건설 사업을 중단시킨 것과 대비되는 현상이다.[24] 이것은 일대일로 사업 건은 협상력을 높이기 위해 건설 중단이라는 강수를 쓸 수 있지만, 중국과의 항구 협력은 조금도 시기를 늦출 수 없는 말레이시아의 절박함을 보여주는 것이라고 해석할 수 있다. 그만큼 해상 물류에서 항구와 항구, 국가와 국가의 경쟁이 치열함을 보여주는 사례이자, 항구 간 협력을 통해서 좀 더 큰 경쟁력을 가질 수 있는 해운산업의 변화를 반영한다고 하겠다.

2) 서남아시아 지역의 중심지구 해외 항구 네트워크 구축

해상실크로드 연선 국가 가운데 항구 건설 협력 중점지역으로 분류된 인도양 연안국가와 아프리카국가 항구는 경제적인 측면보다는 군사·안보

---

[24] 말레이시아에서 친중국파인 나집 총리가 물러나고 2018년 5월 마하티르 총리가 취임하자 중국이 추진하던 말레이시아 동해안 철도 건설 프로젝트(688km, 200억 달러)와 사바 천연가스 송유관 프로젝트(23억 달러)를 전격 중단시켰다. 마히티르는 공사비로 인한 재정 부담을 감당할 수 없다며 시진핑 주석에게 양해를 구했다. 또한 중국과 일본이 치열한 수주 경쟁을 벌이고 있는 쿠알라룸푸르-싱가포르(350km, 110억 달러) 고속철도 공사도 자금난을 이유로 2020년으로 입찰을 연기하고, 중국에 유리했던 조건을 조정하여 일본 자본의 유치 통로를 확보하려는 행동을 취하고 있다.

적 관점에서 장기적인 접근을 추진하는 곳이 더 많다. 아세안 지역을 제외하면 〈표 8-1〉에 나타난 것처럼 전략적 연계점으로 설정된 항구가 9개 있는데, 이곳은 주로 군사적 목적이나 원양어선 전진기지로 활용하기 위한 곳이다. 이 가운데 과다르항은 '중-파 경제회랑'의 기착지로서 일대일로의 대표적인 사업일 뿐만 아니라, 파키스탄과의 정치적 긴밀함을 최대한 활용하여 군사적 용도로 전용이 가능한 수준으로 개발하고 있다. 이 사업에 제공된 450억 달러의 차관 때문에 파키스탄의 재정위기가 오자 중국은 긴급자금 170억 달러를 추가로 지원할 정도로 중요하게 여기는 사업이다.[25] 2019년 1월에는 이 사업 때문에 재정위기가 더욱 심화되자 파키스탄은 중국에 20억 달러의 긴급 차관을 요청했고, 중국은 즉시 제공했다.[26] 이것은 한편으로 중국과 파키스탄 어느 쪽도 포기할 수 없는 커다란 전략적인 가치를 가진 사업이면서, 동시에 '호랑이 등에 탄 형국'으로 중도에 내려올 수도 없는 상황이다. 그렇기 때문에 중국은 재정위기를 겪는 파키스탄에 지속적인 추가 지원을 할 수 밖에 없을 것이다. 이것은 '중-파 경제회랑'을 일대일로의 가장 성공적인 공동 번영의 상징으로 내세워, 다른 일대일로 사업에 참여를 주저하는 나라를 설득하는 모범사례로 만들어야 하는 현실

---

[25] 2002년 과다르 심수항구(Gwadar Deep water port) 건설 프로젝트에 주계약자로 참여한 중국이 파키스탄과 본격적인 협력을 해나간 것은 2013년 5월 리커창(李克强) 총리가 중파경제회랑(中巴經濟走廊, CPEC) 설치를 제안하면서부터다. 이 사업은 중국 카스(喀什)에서 파키스탄 과다르항까지 3000km 길이의 도로·철도·송유관·광케이블을 건설하는 것이다. 당초 2030년 완공 목표로 총 450억 달러를 투입될 계획이었는데 2018년 170억 달러를 증액했다. 중국 측은 인프라 건설 외에도 도로·철도 연변에 공업단지와 자유무역구 건설을 중요 목표로 하고 있다. 2015년 4월에는 "중파경제회랑위원회"가 정식으로 설립되었다.

[26] "일대일로에 '벼랑 끝' 파키스탄, 중국에 또 손 벌린다"(2019.1.3), https://www.msn.com/ko-kr/news/world(검색일: 2019.3.25).

적 이유가 존재하기 때문이다. 그리고 더욱 중요한 점은 이 송유관을 통해 과다르항에서 원유를 직접 중국 서부로 운송함으로써 에너지 안전을 크게 강화한다는 군사·외교 전략적 이점과, 인도양에 중국의 군사력을 전개할 수 있는 거점을 확보한다는 보다 큰 장점이 있기 때문이다. 이 때문에 중국은 경제적 손실을 감수하면서도 43년간 이 항구를 임차해 전략적 연계점 가운데서도 가장 중요한 곳으로 삼고 있다.

그런데 스리랑카 함반토타항을 99년이나 임차한 일은 군사 목적 외에는 설명할 길이 없다. 물론 중국은 이 항구 배후지에 산업단지를 조성하겠다는 약속을 하고 있지만 그곳에서 경제적 이익을 낼 것으로 보이지는 않는다. 대신 인도양에서 가장 중요한 곳에 위치하고 있어 지정학적 가치가 매우 큰 이 항구를 접수하면 인도의 해군 활동을 견제할 수 있는 '불침항모'를 갖는 의미가 있으며, 중국이 중동과 아프리카로 군사적 영향력을 전개하는 최적의 기지를 확보하는 것이 된다. 이것은 중국이 꿈에 그리는 '태평양-인도양 연계'를 실현하기 위해서 필요한 과다르항-함반토타항-지부티항을 잇는 삼각구도 구축을 완성하는 의미가 있다. 그래서 중국은 이 세 항구를 모두 전략적 연계점으로 설정하고 있는 것이다. 그런데 중국은 스리랑카 콜롬보항도 확장·개발하면서 일부 지역을 역시 99년간 사용하기로 했다. 중국과 스리랑카는 콜롬보항을 개발해 국제적인 중계항으로 육성하고 대규모 상업시설을 유치한다는 계획이다.[27] 이 항구 개발은 함반토타

---

[27] 2015년 시리세나 대통령이 취임하고 나서 콜롬보항 사업을 중단했으나, 1년 만에 재개를 허용했다. 이는 인도를 견제하고 기초시설 건설 등에서 중국과의 협력이 절실한 스리랑카의 현실을 반영한 것으로, 양국이 자유무역협정 협상 가속화, 산업협력, 인프라 건설 확대, 금융·과학기술·인문교류 강화를 추구해 나가기로 함에 따라 스리랑카에서 중국의 영향력이 급속히 확대되고 있다.

표 8-2 21세기 해상실크로드 연선 국가와 항구 건설 협력

구역	항구	국가	항구 유형	전략적 가치	대응 사업	합작 방식
핵심 지구 ― 아세안 지역	시아누크빌항	캄보디아	상업항	캄보디아 최대 항구 중국과 경제무역합작구 중국 경공업 이전 중점지구	중싱경제회랑 RCEP	경제특구 건설
	싱가포르항	싱가포르	보급항	태평양-인도양 항운 요처 해상실크로드 핵심 거점	중싱경제회랑 RCEP	합작 건설, 프로젝트협력
	콴탄항	말레이시아	상업항	석유화학 중심 항구 중국-아세안 항구도시 협력 네트워크 구축	중싱경제회랑 RCEP	친저우항(钦州港) 자매항, 지분 참여
	자카르타항	인도네시아	상업항	아시아 남부-태평양 항운 중심 해상실크로드 핵심 거점	방중인미경제 회랑 RCEP	투자
	비퉁항		어업항	해상실크로드 연선 항구 협력	방중인미경제 회랑 RCEP	泉州港 우호항구
	짜욱퓨항	미얀마	상업항	중-미얀마 송유관·가스관 기점 중국 에너지 확보 다양화 거점	방중인미경제 회랑 RCEP	원조
중점 지구 ― 인도양 · 아프 리카 주변	과다르항	파키스탄	상업항	남아시아, 중동, 아프리카로 중국 영향력 전개 말래카해협 에너지 위험성 감소	중-파 경제회랑	투자 원조
	콜롬보항	스리랑카	보급항	국제해운 선상의 중요 항구 인도양 항해 시 보급 기지 중국의 인도양 영향력 제고		투자 합작 개발
	함반토타항		보급항	남아시아, 동남아시아, 중동, 동아프리카 전개 주요 축심 인도양-태평양 핵심 보급기지		합작 건설
	소나디아항	방글라데시	상업항	해군 전략 거점 인도, 미얀마, 중국 내지에 서비스 제공	중-파 경제회랑	합작 건설
	치타 공항		상업항	방-중-인-미 도로망 쿤밍과 연계 운남성의 해상 진출 기지	중-파 경제회랑	원조 공업지구
	제다항	사우디아라비아	상업항	사우디 최대 컨테이너항 중국 석유 수입 주요 항구	중국-걸프만협력위원회 자유무역구	합작 건설
	사이드항	이집트	보급항	주요화물 중계항 해상실크로드 주요 거점		저장성과 우호협정
	아덴항	예멘	보급항	해상실크로드 핵심 노드 해군 보급항 중국 원양 운수 중계항	유럽-신장 수출회랑	건설 확장 경제·무역협력

자료: 祝哲 等(2017: 149~150).

항에 비해 경제성이 높은 것으로 평가되고 있고, 매립한 용지를 국제 컨소시엄 형식으로 개발하기 때문에 상업적 목적이 분명해 보인다.[28] 하지만 스리랑카는 〈표 8-2〉에서 보는 바와 같이 중국이 추진하는 일대일로에 대응할 만한 사업이 없다는 점에서 큰 한계를 보인다. 그렇기 때문에 함반토타항 99년 임차가 원양어선 기지와 산업단지 조성용이라는 중국의 설명을 액면 그대로 믿는 나라가 없는 것이다. 오히려 이것은 중국이 고도로 계산된 '회색지대전략(gray zone strategy)'[29]을 구사하고 있는 가장 유력한 사례라는 설명이 더 설득력이 있다. 즉 중국은 인도양을 통해 아프리카로 진출하기 위해, 항구 개발과 경제협력이라는 명분을 앞세워 스리랑카의 주요 항구를 장기간 임차함으로써 미국과 인도의 개입을 차단하고, 스리랑카 항

---

28 콜롬보항은 스리랑카의 최대 항구로 인도양 북측에 위치한 아시아-유럽, 아프리카 및 대양주 해양 항로의 필수 경유지로서, 역사적으로도 '동방의 십자로' 입구로 불린다. 2009년 중국총상국홀딩스와 스리랑카 국가항무국이 '콜롬보남컨테이너미널'을 합작건설하고 있는데, 중국총상국이 건설과 관리·운영을 맡고 있다. 남아시아지구의 유일한 심수 컨테이너미널로 총 4개의 선석을 보유해, 연간 설계 취급 능력은 240만 TEU이며, 12대의 갠트리크레인(gantry crane)과 40대의 트랜스퍼크레인(transfer crane)을 갖고 있는 콜롬보항은 21세기 해상실크로드 건설 과정의 주요한 허브다. 또한 바다를 매립한 항구 확장 공사를 통해 금융과 물류 거점으로 발돋움을 준비하고 있다.

29 '회색지대전략'은 전쟁 유발 수준에 이르지 않으면서 국가안보 목표를 달성하기 위한 일종의 저강도 전략이다. 이는 전쟁을 유발하는 레드 라인(red line)을 넘지 않는 선에서 자국의 이익 실현 행위를 지속적으로 반복함으로써 상대방이 이 사실을 간파해도 대응하기 어렵게 만들어 결국은 '기정사실화(fait accompli)'하는 방식이다. 이 전략을 실행하는 측은 의제와 어젠다를 가능한 잘게 많이 '썰어(slicing)', 상대로 하여금 이 전략 의도를 모르게 하거나 알더라도 적절한 대응을 못하게 만든다. 따라서 이 전략은 점진주의와 애매모호함을 특성으로 한다. 중국이 경제협력을 앞세워 인도양에 접근하면 미국은 이를 적극적으로 막을 명분이 없어 중국이 이 지역에서 군사력을 강화하는 것을 제어하지 못하는 상황을 만들 수 있다는 것이다.

구 사용을 기정사실화하여 장기적으로는 군사기지로 활용하려는 것이다. 이렇게 보면, 중국은 함반토타항을 군사적으로 활용하는 구상을 은폐하기 위해서라도 콜롬보항을 더욱더 성공적으로 개발할 필요가 있다. 콜롬보항을 21세기 해상실크로드의 핵심 중계항으로 육성하여 경제적인 성과를 보여주는 것이 곧 함반토타항 활용의 장기목표를 이루는데 도움이 될 것이기 때문이다.

한편 〈그림 8-1〉에서 보는 바와 같이, 방글라데시의 소나디아항은 비록 해군의 전략 거점이기는 하지만 그 군사적 가치가 스리랑카보다 못하기 때문에 전략적 연계점으로 승격되지는 못했다. 하지만 중국과 미얀마를 거쳐 인도까지 연결하려는 '경제회랑'의 중심에 위치하고 있어 상업항으로서의 가치는 충분하다고 볼 수 있다. 특히 인도와 경쟁이 불가피하다는 전제하에서 보면, 방글라데시는 파키스탄과 함께 인도를 양쪽에서 견제하는 주요 축이 되기 때문에 중국이 공을 들이지 않을 수 없는 지역이다. 이런 맥락에서 보면, 소나디항보다 북쪽에 위치한 치타 공항이 산업단지 공동 구축과 일대일로 경제회랑 건설 과정에서 더욱 중요한 역할을 하게 될 것이다. 따라서 이 항구는 방글라데시뿐만 아니라 미얀마와 인도 동부 내륙까지 나아가는, 중국 경제협력 추진의 거점 역할을 하게 될 것이다. 이에 따라 중국은 경제적으로 매우 빈곤한 방글라데시에 대한 과감한 원조를 통해, 이 두 항구를 영향권 안에 묶어두려고 노력하고 있다.

3) 중동-아프리카 지역 해외 항구 네트워크 구축

중동은 중국의 영향력이 다른 곳에 비해 상당히 작고, 미국의 영향력은 절대적인 지역이다. 그러나 21세기에도 여전히 지정학적 가치가 높아 중국의 전략적 공략 대상이 되는 곳이기도 하다. 중국은 중동과 아프리카 동부지역에 5개의 전략적 연계점을 설정하고 이 지역으로의 진출에 각별히 노력하고 있다. 그런데 〈표 8-1〉에 나타난 것처럼, 전략적 연계점에 해당하는 나라는 지정학적 가치는 높지만 중국과의 양자관계는 비교적 낮은 특성을 보인다. 또한 경제적 투자위험도도 높거나 중간 정도에 불과해 중국이 진출하기에는 난관이 많은 지역이다. 특히 미국이 강력한 영향력을 행사하고 있는 중동이라는 특수성 때문에 진입 문턱이 높은 곳이다.

그런데 중국이 공략하려는 나라들은 매우 궁핍하고 사회기반시설이 열악해 해외투자 유치를 적극 추진하고 있어, 중국은 이를 돌파구로 활용하고 있다. 중국은 국유기업을 앞세워 경제적 위험성을 무릅쓰고 정치·군사적 영향력 확보와 지역거점 마련을 우선하는 정책을 추진하고 있다. 에리트레아는 비록 가난하고 작은 나라이지만 유럽·아시아·아프리카 3대륙 해상통로의 '인후(咽喉)'에 해당하는 전략 거점이다. 그래서 중국은 양자관계가 낮은 단계임에도 아사부항을 전략적 연계점으로 지정하고, 해외기지 구축과 항구 건설에 적극 참여하고 있다. 또한 예멘의 아덴항도 이와 비슷한 지정학적 가치가 있어 교량과 항구 건설을 적극 지원하고 있으며 산업단지 공동 구축이라는 당근을 제시하면서 접근하고 있다. 오만의 무스카트항도 조건이 비슷해서 중국의 대응 정책 또한 유사하다. 이곳에도 항구 건설을 지원하면서 해외기지를 확보하는 전형적인 정책을 추진하고 있다. 지정학적으로는 더할 수 없이 중요한 지부티 역시 산업시설이 거의 없고 부존자원도 거의 없는 열악한 조건에 처해 있다. 그래서 지부티는 미국, 일본, 중국 등 여러 나라에 항구를 개방하고 외국 군함이 기항하게 하면서, 그 사용료로 국가 수입의 상당 부분을 충당하고 있다. 이런 조건이 후발주자인 중국이 유럽으로 가는 길목인 동아프리카에 진출할 수 있는 기회를 제공하고 있다. 이미 지부티항에 군항을 확보한 중국은 향후 산업단지 조성을 조건으로 더 많은 협력과 공동 개발을 추진하고 있다. 이에 비해 이집트 사이드항은 군사적 접근이 어려워 아직까지는 경제협력을 위주로 접근하고 있다. 그러면서 이집트의 풍부한 역사 자원을 활용해 황하문명과의 인문 교류를 확대하고 있는 것이 다른 나라와의 다른 점이라고 할 수 있다.

4) 기타 지역의 해외 항구 네트워크 구축

유럽에서 유일하게 중국의 전략적 연계점으로 위상을 확보하고 있는 그리스 피레우스항은 지중해 지역에 있기 때문에 특별한 가치가 있다. 그리스 최대 항구이자 컨테이너화물 처리기준으로 유럽의 10대 항구인 피레우스항에 국유기업인 중국해양해운그룹(中国远洋海运集团)이 2006년부터 투자를 시작해서, 2016년에는 항구 지분의 67%를 보유하고 독점적 운영권을 확보함으로써 유럽을 놀라게 했다.[30] 중국이 그리스를 거점으로 유럽에서 물류산업을 적극적으로 육성할 발판을 마련했다는 사실 때문이다. 이에 더해, 중국의 피레우스항 운영권 장악은 중국의 부상을 염려하는 유럽인들에게 중국의 그림자가 구체적 실체로 다가온 사건이어서, 그 심리적 충격이 더 컸을 것으로 보인다. 어쨌든 중국이 유럽의 창문인 그리스에 해상 거점을 확보한 것은 특별한 의미가 있다고 하겠다. 이로써 중국은 육상 실크로드를 통해 네덜란드 노트르담으로 물류를 수송하는 노선과 연계하여 육상과 해상에서 강력한 물류 협력 네트워크를 구축할 수 있는 발판을 마련했다. 요컨대 지중해의 핵심 지역인 그리스의 최대 항구 지분의 2/3 이

---

30   "比雷埃夫斯港", https://baike.baidu.com(검색일: 2019.3.25).

상을 확보한 것은 중국 해상실크로드의 의미 있는 성과라고 할 수 있다.

이밖에도, 남태평양의 작은 섬나라 피지도 중국의 전략적 연계점으로 승격되었다. 피지는 인구 90만 명 정도의 작은 나라지만, 중국이 태평양으로 진출하기 위해서는 반드시 필요한 기지라고 할 수 있다. 그래서 시진핑 주석은 2014년 11월 중국 국가 지도자로서는 처음으로 이 나라를 국빈 방문했다. 이는 해상실크로드에 남선(南線)을 추가함으로써 남태평양의 지정학적 가치를 인정한 중국의 국가전략을 반영한 행보였다. 중국은 피지의 수바항에 해외기지를 건설해 군함 정박이 가능하도록 하고 원양어업 기지로도 활용하고자 한다. 또한 항구를 확장해 피지의 국익을 충족시켜 주는 동시에 중국의 사용 범위와 권한을 확대하려는 의지를 관철시켜 나가고 있다. 한편 피지보다 지정학적 중요도는 덜하지만 파퓨아뉴기니도 중국이 확보하려는 중요 연계점의 하나이며, 항구 건설과 산업단지 운영을 목표로 협력을 모색하고 있다.

4. 평가와 전망

중국은 2017년 6월 '일대일로 건설 해상협력구상'을 통해 '3대 블루경제(蓝色经济) 노선'을 발표하면서 해상실크로드 노선을 북극으로 확대했다(国家发展改革委, 国家海洋局, 「一带一路'建设海上合作设想」). 물론 이 가운데 가장 중요한 통로는 연해 경제지대를 중심으로 중국-아세안-남아시아-서아시아·아프리카-지중해 블루경제로 이어지는 전통적인 해상실크로드이다. 즉 태평양에서 출발해 인도양으로 진출하는 이 노선에 대한 강조는, 실제로 중국이 경제적 협력과 정치적 신뢰를 높여가는 핵심지역이자 일대일로의 성공 여부를 가늠하는 절대적인 공간이라는 점을 다시 밝힌 것이다. 그 다음은 중국 남해-대양주-남태평양 블루경제 노선인데, 경제협력을 강화해 호주가 '인도-태평양전략'에 적극적으로 참여하지 못하도록 하고, 피지 등 작은 섬나라들에 지원을 확대해 중국의 해외기지를 확보하는 것을 목표로 하고 있다. 세 번째는 일대일로에 하나의 노선(一道)을 추가해서 '일대일로 일도'로 개념을 확장한다는 것인데, 북극해를 통해 유럽과 연결하는 블루 경제 노선을 개척하겠다는 의지를 밝힌 것이다. 이에 더해 시진핑 주석은 2018년 1월 남미와 카리브해 국가들을 연결하는 '태평양 해상실크로드'를 추가로 제기하여, 해상실크로드 개념이 지속적으로 확대되고 있다는 것을 보여주고 있다.

이 가운데 지금까지 성과를 내고 있는 것은 첫 번째 노선의 일부 국가와 협력을 확대한 정도이다. 그 이유는 주로 중국의 국내 경제 상황이 악화되었기 때문이다. 즉 현재 중국은 일대일로 연선 국가가 원하는 만큼 자금을 지원할 여력이 없는 상황이다. 중국은 일대일로를 국가전략으로 추진하려던 그 시점에서 경제성장이 둔화되고 외환보유고가 줄면서 주변국가에 차관을 제공할 능력이 많이 저하되었다. 또 다른 이유는 대외적인 요인인데, 중국이 공여하는 차관 이자가 세계은행이나 아시아개발은행의 그것보다 높다는 수여국의 반발이 크기 때문이다. 그 결과 기존에 추진 중이던 사업 조차 중단되는 일이 도처에서 벌어지고 있다. 그리고 일대일로에 참여하는 나라가 중국에 경도되는 것을 막기 위해 미국, 일본, 인도 등이 이 나라들에 지원을 확대하는 것도 중국에 불리하게 작용하고 있다. 즉, 참여국이 이 강대국들을 지렛대 삼아 더 좋은 지원 조건을 제시하라고 요구하는 것도 사업이 지지부진한 요인이 되고 있다. 결국 주요 노선에서는 일대일로 사업이 전반적으로 지체되고 있다. 남태평양 노선은 본래 이렇다 할 성과를 낼 수 있는 지역이 아니고 북극 노선은 아직은 선언적 의미만을 담고 있기 때문에, 일대일로 사업은 중국이 주장하는 것과는 달리 매우 더디게 진행되고 있는 것이다.

이 가운데 중국이 풀기 어려운 과제는 일대일로를 수행할수록 해당국 국민의 대중국 인식이 부정적으로 흐르고 있다는 점이다. 물론 수여국 정책 당국자들은 일반 대중의 인식과 다를 수 있지만, 중국이 강조하는 '민심상통'은 거의 성과를 내지 못하고 있다. 따라서 이 문제를 극복하기 위해서는 새롭게 방향전환을 모색해야 한다. 다시 말해, 중국이 주변국가에서 진행하는 사회기반시설 건설 과정에서 해당 국가와의 공동 추진 범위를 확대함으로써 '경제 식민지'를 건설한다는 비판을 잠재워야 한다. 동시에 자국 정부의 차관 지원을 등에 업고 중국기업이 부당하게 사업을 따내는 불공정 경쟁도 시정하고, 차관 금리를 인하하여 개발도상국을 상대로 돈놀이한다는 비판에서 벗어나야 한다. 그래야 여러 나라의 사례를 들어, 일대일로에 참여할수록 재정위기에 빠진다는 '중국 책임론'이 나오지 않게 된다. 또한 협력 대상국과 보다 투명한 계약을 체결하여 중국이 부정부패를 조장한다는 부정적 평가를 받지 않도록 해야 한다.

2017년 5월 진행된 '제1회 일대일로 협력 국제정상포럼'에서 시진핑 주석은 해상실크로드의 중요성을 역설하면서 '해상 항구 네트워크 구축, 정책·규칙·표준 삼위일체 통일, 상호연계 보장 기제 확보'를 실천목표로 제시했다.[31] 이 연설은 현 단계에서 국가 간 항구 협력이 제대로 시행되지 못하고 있다는 점을 지적하고 있다. 그 이유는 각국의 항구 시설 수준이 크

---

31 "携手推进'一带一路'建设: 在'一带一路'国际合作高峰论坛开幕式上的演讲", http://www.beltandroadforum.org/n100/2017/0514/c24-407.html(검색일: 2019.3.25).

게 차이가 나는 것도 있지만, 항구의 물류시스템, 관리·운영 프로그램, 국제적 표준 등을 적용하는 방식과 수준이 많이 달라 협력 효과를 반감시키고 있기 때문이다. 그래서 시설 확충 이전이라도 소프트웨어를 개선하기 위한 노력을 촉구하고 있다. 이를 반영해 중국의 주요 항구는 동남아시아를 주 대상으로 항구 연맹을 추진하고 있다. 중국의 각 항구는 국내의 치열한 경쟁에서 유리한 고지를 확보하기 위해 해외 항구와 협약을 맺고, 이 협력관계를 통해 자신의 물류기지를 확보하는 동시에 선진기술을 전수함으로써 물류효율을 높이려고 한다. 따라서 해상실크로드라는 국가 목표와 별개로 각 항구 간 경쟁을 통해 해외 항구와의 협력을 한 차원 끌어올리고, 국내 항구 간의 분업과 물류관리시스템 통합도 더욱 빨라질 것이다.

"일대일로에 '벼랑 끝' 파키스탄, 중국에 또 손 벌린다". https://www.msn.com/ko-kr/news/world
　　(검색일: 2019.1.3).

国家发展改革委, 国家海洋局, 「"一带一路"建设海上合作设想」.
国家发展改革委, 外交部, 商务部, 「推动共建丝绸之路经济带和21世纪海上丝绸之路的愿景与行动」.
国务院, 「国务院关于促进海运业健康发展的若干意见」.
比雷埃夫斯港. https://baike.baidu.com
中华人民共和国. 2017年国民经济和社会发展统计公报. https://baike.baidu.com
祝哲 等. 2017.『新战略, 新愿景, 新主张——建设21世纪海上丝绸之路战略研究』. 海军出版社.
"携手推进'一带一路'建设: 在'一带一路'国际合作高峰论坛开幕式上的演讲". http://www.beltandroadforum.
　　org

9장

중국-파키스탄 경제회랑의 국제정치

| 강봉구 |

1. 서론

'일대일로(the Belt and Road Initiative: BRI, 풀어 쓰면 the Silk Road Economic
Belt and the 21st-century Maritime Silk Road)'의 6개 경제회랑 가운데 중국-파키
스탄 경제회랑(CPEC: China-Pakistan Economic Corridor)은 기획의 핵심에 위치
하며 우선적으로 진행되어 사업의 진척도가 가장 높다. 실크로드경제벨트
와 해상실크로드의 남아시아 접점에 위치하여 동아시아를 중동, 아프리카
및 유럽으로 연결하는 지리적 중심에 건설되고 있는 중국-파키스탄 경제
회랑(이하 중-파경제회랑)의 미래는 일대일로 대기획의 전체적 성공 여부를
가늠할 시금석이라 해도 과언이 아닐 것이다(Hussain, Ejaz, 2017: 148). 중-파

---

* 이 장은 「중국 - 파키스탄 경제회랑의 국제정치」, ≪중소연구≫, 42권 2호(2019), 263~
  291쪽을 수정·보완한 것이다.

경제회랑은 항만 건설과 신육상 루트를 연계하여 인도양에서 중국 내륙으로의 운송 거리와 시간을 대폭 단축하게 된다. 이것은 일단의 '고대 육상 루트가 다시 깨어난 것(reawakening of ancient overland routes)'이며(Goodman and Hillman, 2017: 63), '지리상의 대발견' 이후 지난 수세기 동안 림랜드(rimland) 연안을 따라 이루어져 왔던 해상 루트 중심의 운송·물류 체계에 대한 지경학적 대반격을 의미한다.

베이징은 중-파경제회랑을 두고 지역 간 연결성 강화 및 복합물류체계 건설을 통한 비용 및 시간 절감, 전력난 해결, 연선 지방 거점 산업단지 조성으로 경제개발 촉진, 교역 증대 및 지역 간 경제통합 등에 기여할 것이라고 내세우고 있다. 반면, 세계 2위의 경제대국으로 부상한 중국과 경쟁 관계에 있는 인도, 일본, 미국 등은 남아시아 지역과 인도양, 중동 및 중앙아시아 지역에 대한 중국의 영향력 증대 및 그에 기초한 패권적 국익 추구를 우려한다. 이처럼 기대와 우려, 낙관과 경계심 사이를 오가며 추진 중인 중-파경제회랑 사업은 남아시아 지역과 인도양뿐만 아니라 아시아 대륙 전체의 지경학, 지정학 및 국가 간 지전략(geo-strategy)에 큰 영향을 미칠 것이다. 이 글의 목적은 높은 관심과 논란 속에 1단계 5개년 사업이 진행 중인 중-파경제회랑 사업이 어떤 정치경제적·국제적 맥락에서 진행되며, 중국-인도-파키스탄 관계에 어떤 영향을 미칠 것인지를 논구하는 데 있다.

이 글의 구성은 다음과 같다. 먼저 2절에서 중-파경제회랑의 주된 참여국인 중국과 파키스탄 관계의 지정학적 배경을 간략히 검토한 후, 중-파경제회랑이 중국과 파키스탄에 갖는 의미와 문제점을 살펴보고, 3절에서는 이 사업을 통해 중국-파키스탄 축의 강화와 지역 영향력 증대를 경계하는 인도의 우려 요인을, 4절에서는 중-파경제회랑 사업이 중국-인도-파키스탄 삼자관계에 미치는 전략적 함의 등을 차례로 분석한 후, 5절은 결론으로 마무리한다.

2. 중국-파키스탄 경제회랑의 정치경제

중-파경제회랑 구상은 시간의 축적과 역사적 사건들 속에서 검증된 양국의 전략적 동반자관계 위에서 나온 것이다. 파키스탄과 중국은 약 반세기 동안 상대방을 '형제의 나라'로 부를 만큼 서로 의지하는 신뢰 관계를 지속해 왔다. 양국 간 전략적 협력의 시동을 알린 첫 계기는 1962년 10월의 중국-인도 전쟁이었다.[1] 뒤이은 1965년의 인도-파키스탄 전쟁은 양국 관계를 더욱 밀착시켰다. 적(인도)의 배후에 있는 적(중국)이 파키스탄의 친구가 된 것이다. 인도를 공동의 적으로 둔 양국은 '자연동맹' 차원의 결속 이유를 공유했다(Small, 2015: 29~30). 물론 냉전의 전성기부터 시작하여 거의 반세기 이상 파키스탄을 지원해 왔던 제1의 후견국은 미국이었지만,[2]

---

[1] 당시 파키스탄은 미국 주도의 반공산주의 방위조약인 동남아조약기구(SEATO)와 중앙조약기구(CENTO)의 성원국이었다. 그러나 분리독립 시 종교적 유혈충돌, 카슈미르 영토분쟁 등으로 인해 인도와 적대관계가 지속되던 상황이라, 아루나찰 프라데시(Arunachal Pradesh) 지역의 영유권을 두고 인도와 전쟁을 벌인 사회주의 중국과 전략적 협력관계를 맺었다.

[2] 파키스탄은 1954년 미국과 상호방위지원협정(Mutual Defense Assistance Agreement)을 맺은 후, 특히 군부 쿠데타(1958년 10월)로 집권한 무함마드 아유브 칸 이래 2010년대 이전까지 미국과 '후견-고객(patron-client)' 관계를 유지해 왔다. 과거 인도-소련 축의 대응 위치에 있었던 것이 바로 파키스탄-미국 축이었다. 1979년 소련의 아프가니스탄 침공 이후 아프가니스탄 정부군과 지하드 반군 세력과의 내전기에, 미국이 아프간 지하드 세력 지원을 위한 전초기지로 파키스탄을 활용하던 때 미국의

냉전의 종식과 소련 붕괴 이후 미국에게 파키스탄의 중요성은 저하되기 시작했다. 1990년대에 중-러 관계의 정상화와 협력이 증대되는 추세 속에서[3] 러시아가 냉전기 중소분쟁 구도하에서 자임했던 (중국의 경쟁국인) 인도의 후원국 역할을 더 이상 수행할 수 없게 되자, 인도는 과거와는 다른 시각으로 미국을 쳐다보게 되었고 이것은 미국도 마찬가지였다. 중-러 관계 긴밀화가 추동한 인도의 대미 접근은 2008년 세계금융위기 이후 (인도가 경쟁국으로 간주하는) 더욱 커진 중국의 존재감과 뉴델리의 베이징에 대한 경계심으로 인해 본격화되었다(강봉구, 2017: 90~91).

2010년대에 들어 뚜렷이 드러나게 된 국제 정세의 변화(아시아 대륙 및 남아시아 지역에서 일어난 힘의 배열 및 지정학적 변화)를 추동한 두 요인은 중국의 세계 2위 경제대국 부상 및 고도성장을 시작한 인도의 비중 증대이다. 미국과 인도의 중국 견제 필요성 증대는 미-인 관계의 강화를 가져왔으며, 워싱턴의 인도 중시에 배신감을 느끼게 된 파키스탄의 중국 의존이 과거보다 심화되었다(강봉구, 2017: 95~101). 반면, 미국과 파키스탄의 관계는 2010년대 들어 단절까지는 아니더라도 과거에 비해 현저히 소원해지기 시작했다. 이러한 추세는 특히 2013년 중-파경제회랑을 천명한 이후부터 더욱 두드러진다. 이슬라마바드는 미국과 절연되는 상황은 회피하고 실용적 차원의 관계를 유지하면서, 동시에 최대 투자국이자 접경국인 중국으로부터 최대한의 지원을 끌어내고 중국이 포함된 양자·다자 간 경협을 통해 지속

대파키스탄 지원은 거의 절정에 달했다(Hameed, 2018: 3)

3   1990년대 후반부터 특히 1996년 4월 중-러 '전략적협력동반자관계'의 체결은 냉전기의 긴장 관계를 청산하고 새로운 협력관계를 수립한 이정표가 되었다. 2001년 7월에는 중-러선린우호조약을 체결하여 양국 관계에 어떤 심각한 갈등과 분쟁도 없음을 확인함으로써 협력 강화의 기반을 마련했다.

적 수익을 얻고자 하는 모순된 처지에 놓였다. 재정적으로 난국에 직면한 이슬라마바드는 기력을 근근이나마 유지해 주는 중국의 지원을 거부할 수 없는 상황에 빠진 것이다.

특히 모디 총리의 집권(2014.5) 이후 미국과 인도의 관계가 더욱 긴밀해지는 가운데, 시진핑 주석의 이슬라마바드 방문으로 중-파경제회랑 사업이 공식 출범하자(2015.4) 남아시아의 지전략적 정황 변화는 거의 고착되어 버렸다. 이제 파키스탄은 미국과 중국에 동등하게 손을 내밀 수 없게 되었으며, 이슬라마바드가 이전과 같은 대미관계를 복원하기는 기대하기 어렵다. 미군의 아프가니스탄 철군 이후, 이슬라마바드의 대탈레반 정책에 대한 워싱턴의 불신이 심해지고 양국 관계는 냉각 기류를 더해갔다. 양국 간 갈등은 2017년 8월 트럼프 대통령이, 파키스탄은 대아프가니스탄 테러전에서 취하고 있는 이중적 태도에 대해 설명해야 한다고 비난하기에 이르렀다. 이처럼 파키스탄의 제1후원자 자리를 중국이 확실히 차지한 것은 중-파경제회랑 사업 구상을 시작하면서부터다. 중-파경제회랑 사업의 출범 이후 양국 관계는, 시진핑 주석이 칭한 '전천후 전략적협력동반자관계'라는 말이 수사로 들리지 않을 만큼 우의를 과시하고 있다. 전통적인 정치·외교·안보 동반자로서의 중-파 관계에 취약한 고리로 남아 있던 경제 부문의 협력을 전면화하여 양국의 결속을 더욱 공고히 한 것이 중-파경제회랑 사업이다.

중-파경제회랑은 일대일로의 남아시아 지역 프로젝트 중에서 핵심 사업이다. 중-파경제회랑은 중국 서부의 최변방에 위치한 신장자치구 카슈가르에서 파키스탄 남부의 인도양 연안에 위치한 과다르항까지 파이프라인, 철도, 도로 및 광케이블을 동시에 건설하려는 거대 복합경제회랑으로서 그 거리가 2000km에 달한다(〈그림 9-1〉 참조). 중-파경제회랑은 중국을 유럽과

그림 9-1 CPEC 간선도로 네트워크

투르크메니스탄

우즈베키스탄

타지키스탄

부룬커우항

중국

타스쿠르간

쿤자람

길기트발티스탄
(파키스탄 관할)

중국 관할

사진

길기트

시아첸
빙하

카이베르파크툰크와주

라이
코트

타이코트

만세
라

하리푸르

잠무카슈미르
(인도 관할)

페샤와르부르한

하베리안
이슬라마드

아프가니스탄

연방 직할
부족 지역

라왈핀디

이슬라마드
수도권
펀자브

아자드카슈미르
(파키스탄 관할)

데라
이스마일칸

구자라트

조브

파이사라바드

라호르

인도

킬라
사이풀라

퀘타

물탄

파키스탄

데라가
지칸

바루치스탄

바하
왈푸르

수라브

데라알라야르

바시마

샤흐다드코트

시카르푸르

나그

랭고

쿠즈다르

수쿠르

판유구르

신드

이란

기존 간선도로

건설 중인 간선도로프로젝트

우선 간선도로프로젝트

단기 프로젝트

중장기프로젝트

국경

다른 간선도로

주 경계

과다르

손미아니해

카라
치

하이데라바드

인도와 파키스탄은 잠무카슈
미르 지방의 최종적인 영토 경
계에 대해 합의하지 못하고
있다. 이 지도에 표시된 경계와
지명은 미국평화연구소(United
States Institute of Peace) 측의
공식적 지지 혹은 수용을 시사
하지 않는다.

아라비아해

0 ——————— 150마일
0 ——————— 200킬로미터

자료: Based on Planning Commission of Pakistan. Redrawn by Robert Cronan/Lucidity Information
Design, LLC for USIP.

아프리카로 이어주는 연결선의 중앙에 위치하며, 과다르항은 실크로드경제벨트(일대)와 해상실크로드(일로)의 접점에 위치한다. 인도양에 면한 남아시아 지역에 위치하여, 동남아를 거치지 않고 인도양을 중국 본토의 서남부 내륙과 연결해 주는 지경학적 핵심 노드(node)에 해당한다. 이 회랑 구축 사업은 중국의 경제 안보에 사활적 중요성을 가지며, 인도양, 중앙아시아, 중동 지역에 대한 영향력 투사의 지전략적 거점으로서, 일대일로 구상 중에서 제1순위로 실천되고 있다. 중-파경제회랑은 파키스탄을 통해 중국몽을 실현하려는 첫걸음이다. 남아시아 지역 국가는 인도, 파키스탄, 스리랑카, 몰디브 등 4국에 불과하지만, 급속히 성장하는 경쟁국 인도, '전천후 전략적협력동반자관계'인 파키스탄, 지정학적 비중이 높은 항구 두 개를 보유한 스리랑카 등은 베이징의 일대일로 및 대외 전략에서 모두 중요도가 높은 나라들이다(민귀식, 2018: 133). 이런 면에서 중-파경제회랑은 경제회랑인 동시에 '전략적 회랑(strategic corridor)'임이 분명하다(Ramay, 2016: 3).

베이징은 자국이 동아시아의 지역 강국을 넘어 세계적 강대국이 되기 위해서는 남아시아, 중앙아시아 등 인접 지역뿐 아니라 중동, 아프리카 등까지 영향력을 투사할 수 있는 통로와 연계 노드가 될 거점들이 필요하다고 생각한다. 시진핑 주석은 일대일로 구상을 밝힌 다음 해인 2014년 공산당 대외관계위원회 연설에서, 중국이 모든 방면의 외교에서 이웃나라들과의 관계에 우선순위를 두어야 함을 강조한 바 있다. 자국의 제한된 힘과 역량을 가까운 지역에서부터 점차 멀리로 투사해 나가자는 뜻이다. 중-파경제회랑의 시야는 중장기적이며 목표는 다면적이다. 도로, 철도, 파이프라인, 광케이블, 항만 등 기초 인프라뿐만 아니라 산업공단 및 연구개발 클러스터를 공유함으로써 양국 간 경제협력을 필수 요소로 만들어 생산과 교역의 시너지효과를 증대하고자 한다. 그 접근방법은 건설적·경제적 관여, 영향권 구축 배제, 상호 이득과 불간섭주의 원칙에 기초하고 있다 (Hameed, 2018: 2). 물리력 동원과 후견적 간섭 대신 경제적 지원과 대등한 관계를 강조하여 서방국가들이 저개발국과 약소국을 대하는 방식과 다른 차별성을 부각시킨다. 베이징은 중국의 외교 브랜드를 공동 번영을 추구하는 '개발의 동반자이며 내정에 간섭하지 않는 동맹국'으로서 자리매김하고자 하는 것이다(Godement, 2014). 그러므로 베이징이 추구하는 영향력 강화는 적어도 형식상 공식적으로는 (설사 패권을 추구한다고 하더라도) 경성보다는 연성에 가깝다.

중·파경제회랑의 목표는 다면적이지만, 중국과 파키스탄이 모두 적극적으로 이 사업에 매진하게 된 것은 무엇보다도 양국의 경제적 필요성 때문이다.[4] 개혁·개방 이후 고도성장을 구가해 왔던 중국도 2008년의 세계 금융위기, 유럽 국가들의 재정위기와 함께 세계경제가 침체기에 진입하자, 2010년대 들어 성장률이 둔화되기 시작했다. 중국 경제의 과잉투자와 과

---

[4] 중·파경제회랑 사업을 추진하는 베이징의 경제적 목표는 다음과 같다. ① 운송·교통로 단축으로 경제효과 증대, ② 아라비아해와 인도양으로의 육상 출로 확보, ③ 중국 에너지 자원의 3/4이 통과하는 말래카해협 이용 빈도를 줄여 전략적 취약성을 극복하고 에너지 안보 증진, ④ 풍부한 외환보유액과 잉여 재정의 생산적·효율적 사용, ⑤ 성장률 둔화와 정체가 뉴노멀(New Normal)이 된 조건하에서 다수 산업분야의 과잉설비 및 생산 인력의 해외 출로 발견, ⑥ 카슈가르-중·파경제회랑을 통한 인도양 해상 출로에 더욱 의존할 수밖에 없는 중앙아시아 국가들에 대한 영향력 강화. 한편, 중·파경제회랑의 최대 수혜국 파키스탄이 기대하는 혜택은 다음과 같다. ① 막대한 해외투자 유입과 재정 지원을 통해 경제성장 재원 마련, ② 산업생산의 기반이 될 운송·교통 인프라 구축, ③ 발전소 건설로 1만 MW의 전력 생산 및 국제적 송전망 가설을 통해 전력 에너지 확보, ④ 남아시아, 중앙아시아, 중동 지역을 포괄하는 물류·산업 허브로 부상, ⑤ 지속가능한 성장 궤도로 진입하여 사회·정치 안정화, ⑥ 중앙아시아 국가들이 인도양 출로로 중·파경제회랑 이용 시, 파키스탄의 대중앙아시아 영향력 증대(Rafiq, 2017: 8, Table 1 참조).

잉생산능력의 해외 진출이 필수적 과제로 부상했다. 특히 경제성장을 견인해 왔던 주력 부문인 사회간접자본 건설과 부동산 개발 붐이 한계에 달해 유휴 건설 중장비와 노동 인력의 해외 송출 필요성이 증가했다. 파키스탄 역시 장기 저성장 상태를 벗어나지 못하다가, 2008년 세계금융위기 이후에는 글로벌 경제침체라는 심각한 이중고를 겪어야 했다.

중-파경제회랑은 외국인 직접투자의 부족, 과도한 국가부채와 투자 재원의 부족, 만성적인 전력난 등으로 어려움을 겪고 있는 파키스탄의 경제성장에도 자극제가 되고 있다. 이 회랑 건설사업으로 파키스탄의 GDP는 연간 약 2.5% 증가할 것으로 예상되며, 이를 바탕으로 파키스탄은 지속가능한 성장의 토대 위에서 경제적 안정과 함께 다면적 파급효과를 기대하고 있다. 파키스탄에 대해 중국이 기대하는 안정화 모델은 '경제발전을 통한 안보(security through economic development)'이다. 점진적 접근방법을 선택한 이 모델은 베이징이 수년 전부터 신장-위구르 지역의 사회경제적 안정을 목표로 분리주의와 테러 문제 해결에 적용하고 있는 모델을 차용한 것이다(Markey and West, 2016). 그 단계적 수순은 다음과 같이 진행된다. ① 복합 인프라 및 산업생산 설비에 투자하여 경제성장을 자극하고 일자리를 창출하여 고용률을 높인다. ② 생활수준의 향상과 경제·사회적 안정을 지속하여 온건 중도 세력을 강화하고 테러, 종교적 극단주의, 분리주의 등의 원천을 약화시킨다. ③ 정치적 안정의 제도화와 사회통합의 수준을 높여 나가면서 정상 국가화 한다.

매 5개년 계획을 3단계로 추진하여 2030년 완성을 목표로 하는[5] 중-파

---

5   2020년까지 수행될 1단계에는 조기 수확 프로젝트(2015~2019)와 단기 프로젝트(2022년까지)가 포함된다. 1단계는 파키스탄의 산업을 괴롭히는 만성적인 전력 부족을 개선하고 전력 인프라의 비효율성을 제거하고 파키스탄 국내 지역 간 연결성을

경제회랑 사업은 회랑이란 이름 때문에 오해의 여지가 있다. 회랑이 직접적으로 의미하는 교통·운송 인프라 건설, 과다르항 개발 및 산업단지 건설 등의 비용은 총투자액의 약 30%에 불과하다. 투자액의 가장 큰 몫인 70%는 파키스탄 제조업 정체의 주원인인 만성적인 전력부족 문제 해결을 포함한 에너지 프로젝트에 배당되어 있으며, 가장 우선적으로 추진되어 2023년까지 모든 프로젝트가 가동될 전망이다. 20%가 투자될 도로·항만·공항 개발 등 인프라 프로젝트는 2025년까지 완료될 예정이다.[6] 이를 통해 파키스탄의 산업화와 경제발전을 도모하고 그 파급효과로서 정치·사회적 안정을 기대한다.

그러나 중-파경제회랑 사업의 도정에는 많은 장애요인과 문제점이 현시적·묵시적으로 양국을 기다리고 있다. 이 중 가장 근본적인 문제점 두 가지는 중국의 해외개발사업 진행 방식 문제 그리고 재정파탄 지경에 있는 파키스탄의 과도한 국가부채 문제이다.

첫째, 베이징의 투자방식은 파키스탄 정부 혹은 기업을 통해 사업을 진행하는 것이 아니라 자국 기업(국영기업)에게 모두 일임하는 방식으로서, 시

제고하는 데 목적을 둔다. 중국은 국영기업들의 과잉투자·생산 문제를 해소하기 위한 대파키스탄 진출을 통해 경제 전환기의 어려움을 순조롭게 극복하는 데 목적을 둔다. 2025년까지 완료될 2단계는 증대될 파키스탄의 생산력을 잘 활용하는 데 초점을 맞춘다. 중국이 투자하는 특별경제구역을 활용하여 주로 수출 지향 산업을 지원하는 방식이다. 2030년에 완료될 3단계는 카슈가르와 파키스탄 북부까지를 연결하는 철로와 에너지 파이프라인의 건설, 그리고 카라코람 하이웨이를 확장·보수하여 1년 내내 이용가능한 도로망으로 업그레이드하는 것을 포함한다(Husain, 2017: 4; Rafiq, 2017: 9).

6 애초의 460억 달러에서 한 차례 상향된 500억 달러를 기준으로 할 때, 에너지 프로젝트에 350억 달러, 100억 달러가 투자되는 인프라 부문을 포함한 기타 부문에 총 150억 달러가 투자되며, 이 백분율은 이 기준에 따른 것이다(Husain, 2017: 19).

설재·장비 일체를 가능한 한 모두 중국산으로, 기술·노동 인력 역시 가능한 한 모두 중국인으로 조달·투입하고 있다. 그러면서 중국 정부가 특정 사업을 맡은 중국 기업들에게 지불하는 비용은 모두 파키스탄 정부의 채무로 이전되는 회계처리 방식을 적용한다. 여기서 투입비용의 과다계상 문제, 차관의 이자율 및 상환 조건, 완공된 산업시설 및 운송·통신 인프라 가동 시 그 경영수익금의 배분 등에서 모두 투명성이 부족하다는 지적이 다수의 국내외 기관과 관전국에서 제기되고 있다. 또한, 중국 측과의 계약에서 사업 수행·대출 조건의 전반적인 불투명성 문제, 중국의 사업 수행 또는 생산 진출 기업에 대한 과도한 세금 특혜와 양보 문제 등을 우선 해결해야 하며, 향후 경제회랑 완공 시 예상되는 파키스탄 국내기업들의 수익 악화 문제를 사전에 논의하고 대안을 마련해야 한다는 지적도 있다(Jacob, 2017: 90~91). 현지 진출 중국 기업에 대한 과도한 특혜와 양보 문제를 우려하는 쪽에서는 추후 경제회랑이 완공, 가동되더라도 고수익 부문에 대한 중국 기업들의 선점으로 인해 성장 과실은 중국본토로 유출되고 토착 기업들은 부가가치가 낮은 저수익 부문에서 고전할 것이라는 암울한 전망을 내놓고 있다. 중국 기업들이 마치 수세기 전 동인도회사처럼 행세할 수 있다는 경고이다(Hussain, Zahid, 2017: 24).

둘째, 점점 가중되는 파키스탄 정부의 재정적자와 국가부채는 심각한 당면문제이다. 파키스탄의 대외부채는 GDP의 30% 이상에 달하고 구제금융을 신청할 가능성도 있는 등 재정난이 심각하다. 2016년 말 현재, 조기 성과 과제에 투입된 280억 달러 가운데 190억 달러가 상업차관이고 머잖아 매년 35억 달러 이상의 부채상환을 해나가야 하는 실정이며, IMF와 세계은행에 지고 있는 부채는 800억 달러를 상회한다(Akhtar, 2018). 파키스탄의 재정 상황으로는 더 이상 사업 수행이 어려워지자, 원래 460억 달러에서 한 차례 상향되었던 중-파경제회랑 투자액을 620억 달러로 재상향하는 새 계획안이 양국 간에 합의되었다. 파키스탄의 임란 칸 총리는 취임 직후 중-파경제회랑 사업 진행과 관련된 부패 문제를 지적하며 사업을 전면 재검토 하겠다고 밝힌 바 있다. 심각한 재정적자와 국가부채 문제를 수습하기 위한 차관 요청 차 베이징을 방문한 칸 총리는 중-파경제회랑 사업의 지속과 중-파 관계의 심화를 확인했다.[7] 그러나 베이징으로서는 해외개발 사업에서 중국식 차관 공여 방식이 수원국을 '부채의 바다'에 빠뜨린다는 서방 측의 비난이 뼈아프다.[8] 다른 한편으로, 사우디아라비아가 과다르항에 석유정제공장을 세우기 위해 100억 달러를 투자하기로 하는 등 중-파경제회랑 사업의 진척에 따른 외국인투자도 늘어나고 있다는 점은 긍정적이다.[9] 파키스탄으로서는 정부 재정수지 균형유지를 통해 과도한 재정적자

---

[7] 시진핑 주석은 칸 총리를 만나 양국의 "전천후 전략적협력동반자관계는 상호 지지와 밀접한 협력을 통해 형성된 특수한 우호관계"이며, "국제 정세와 양국 국내에 어떤 변화가 발생해도 양자관계는 왕성한 생명력과 끊임없는 발전 상태를 유지할 것"이라고 밝혀 양국이 공동운명체임을 강조했다. 시 주석이 "파키스탄 정부가 순조롭게 국가건설 사업을 추진하는 것을 돕겠다"라고 약속하자, 칸 총리는 "파키스탄은 지속해서 대중관계를 심화하고 CPEC 사업 건설에 노력하겠다"라고 화답했다(연합뉴스, 2018년 11월 3일).

[8] 파푸아뉴기니에서 열린 아시아-태평양경제협력체(APEC) CEO포럼 연설에서 미국의 펜스 부통령은 중국의 일대일로 대기획이 파트너 국가들을 '부채의 바다'에 빠뜨리는 반면에 미국은 협력의 파트너들을 "빚의 바다에 빠뜨리지 않는다"라고 주장했다. BRI의 원이름인 '원 벨트 원 로드(One Belt and One Road)'처럼 "허리띠를 죄거나 일방통행 도로를 가지는 않는다"라며 중국식 사업시행 방식을 비판한 것이다(연합뉴스, 2018년 11월 1일).

[9] 칼리드 알-팔리 사우디 산업에너지-광물부 장관은 "석유정제공장을 세우고 중-파경제회랑과 관련해 파키스탄과 협력함으로써 파키스탄의 경제발전이 안정되기를 원한다"라고 밝혔으며, 굴람 사와르 칸 파키스탄 석유부장관은 "사우디아라비아는 CPEC 사업의 중요한 파트너가 될 것"이라고 호응했다(연합뉴스, 2019년 1월 4일).

누적의 악순환을 벗어나는 것이 관건이다.

이처럼 중-파경제회랑 사업은 여러 가지 심각한 도전 요인과 부작용에 직면하고 있음에도 불구하고, 전체적으로는 중국과 파키스탄을 긴밀한 경제적 동반자로 만드는 분수령이 되고 있다. 양국은 지난 반세기 동안 정치, 외교 및 안보 영역에서의 준동맹적 관계를 유지해 왔지만, 경제관계는 여전히 취약한 고리로 남아 있었고 인접국 간에 누릴 수 있는 최소한의 호혜적 결속력조차 갖지 못했다. 이 회랑 사업을 통해 중국과 파키스탄의 경제적 동반자관계는 하나의 선택지가 아니라 사활적 성격을 갖게 되고 양국은 전면적 경제협력 관계에 진입하게 되었다. 전면적인 '전천후 전략적협력동반자관계'로 전환하는 문턱을 넘어선 양국은 함께 다면적 공동운명체를 만들어가는 도정에 들어서게 되었다. 정치·군사안보 등 (국제 세력관계의 변화에 따라 부침이 좌우되는) 상위 정치 영역에서의 기존 협력관계에 더하여 경제, 시장, 시민사회 영역에서의 협력 강화는 중-파 관계의 안정성과 지속성에 기여할 것이다.

3. 인도의 우려 요인

뉴델리는 일대일로 구상이 천명된 이후 일관되게 회의론과 경계론을 피력해 왔던바, 중국 정부의 거듭된 초빙에도 불구하고, 인도는 2017년 5월 베이징에서 개최된 일대일로 포럼에 불참했다. 도리어 뉴델리는 중-파경제회랑의 설계가 미해결 분쟁지역으로 남아 있는 길기트-발티스탄(Gilgit-Baltistan) 지방을 통과한다는 이유를 들어 인도에 대한 주권 침해라고 비난하는 성명을 발표했다.[10] 이 사업에 대해 경계심을 표명하는 인도의 주요 우려 요인 세 가지는 중-파경제회랑 노선의 길기트-발티스탄 통과 문제, 중국의 남아시아 지역 및 인도양에 대한 영향력 확대 가능성, 파키스탄 경제 성장의 부정적 파급효과 등이다.

먼저, 길기트-발티스탄 문제 해결에 대한 인도, 파키스탄, 중국의 입장은 각각 다음과 같다. 뉴델리는 중-파경제회랑이 현재 국경 분쟁지역인 잠무-카슈미르의 길기트-발티스탄 지방을 통과하며 이는 허용될 수 없다고 비난한다. 과거 공국이었던 잠무-카슈미르 지역은 1947년 10월 인도연방(the Indian Union)에 양여되었다. 뉴델리는 잠무-카슈미르 전 지역을 인도 영토라고 주장하며, 인디라 간디 수상과 줄피카르 부토 파키스탄 대통령이 서명한 '심라협정(Simla Agreement)'(1972.7)의 합의 사항을 들어 분쟁은 양자 협상으로 해결되어야 한다는 입장이다. 뉴델리는 2007년에 카슈미르의 현재 통제선(LOC)을 수용할 의사가 있음을 암시한 적도 있다(Wagner, 2016: 3). 만약 지금도 그 의향이 유효하다면, 길기트-발티스탄 주민에 부여하는 입법적·행정적 대표성 강화 조치, 일례로 지방의회 선거 및 헌법상 '주' 지위 부여는 잠무-카슈미르 영토분쟁의 항구적 해결을 위한 방도가 될 수 있을 것이다. 그러나 뉴델리는 이 지역에서 2015년 여름 실시된 지방의회 선거에 대해 파키스탄이 길기트-발티스탄의 무력적·불법적 점유를 호도하려는 시도에 불과할 뿐이라고 비난했다.

파키스탄은 잠무-카슈미르 지역에 대해 유엔에서 채택된 일련의 결의안들에 근거하여 이 지역을 분쟁영토로 간주하며, 이 지역 주민들의 주민투표에 따라 영유권이 결정되어야 한다고 주장한다. 과거 '북부지역(Nothern

---

10   인도 내무부는 2017년 5월 13일 "국가 간 연결 사업은 국제적으로 통용되는 법규·규범·개방성·투명성·평등에 기반을 두어야 하는데, 중국 일대일로 프로젝트의 하나인 중-파경제회랑은 인도 영토를 일부 침해"한다고 비난했다(유경완, 2017).

Areas)'로 불리던 이곳은 2009년 행정개혁의 일환으로 길기트-발티스탄으로 개명되었으며 지방 입법의회도 도입되었다.[11] 파키스탄은 이곳을 분쟁지역으로 간주하고 '주'의 권리를 부여하지 않았기에 길기트-발티스탄은 현재 행정상 특별지위를 갖고 있다. 지역 주민들은 더 많은 정치참여와 지역 투자를 요구하고 있다. 만약 이슬라마바드가 이 지역을 주로 승격시킨다면, 이것은 카슈미르 분쟁에 대한 이슬라마바드의 공식입장과 상치된다. 파키스탄의 한 주가 되어버린다면, 이곳은 더 이상 분쟁지역이 아니게 되며, 인도와의 영유권 분쟁은 간접적인 방식으로 종결되는 결과를 낳는다. 양국이 현재 통제하고 있는 각각의 카슈미르 지역을 자국 영토로 통합하는 것으로 끝나기 때문이다(Wagner, 2016: 3). 길기트-발티스탄 지역은 인도가 육로로 아프가니스탄과 중국 서부로 통할 수 있는 유일한 통과 루트로서 파키스탄-인도 간 경제협력의 가교가 될 수 있다. 그러나 이슬라마바드는 이곳이 분쟁 미해결 지역이라는 이유로 인도 화물의 통과를 허용치 않는 배타적 정책을 고수하여 인도와의 경협 기회를 차단해 왔다.[12]

베이징은 길기트-발티스탄 지역의 지위 정상화, 즉 파키스탄이 이 지역을 '주'로서 헌법상의 지위를 부여하는 것이 인도와의 영토분쟁 해결에 도

---

11 가장 최근의 선거인 2015년 여름 선거에서는 파키스탄무슬림연맹-나와즈(PML-N)가 과반수를 획득했다(Wagner, 2016: 3).

12 2010년 체결된 파키스탄-아프가니스탄 통상운송조약은 인도로 향하는 아프가니스탄 화물차량은 파키스탄을 통과할 수 있지만 인도에서 아프가니스탄으로 향하는 화물차량의 파키스탄 통과는 불허하여, 모든 상업적 운송이 차단된 상황이다. 인도에 대한 배타적 정책에 대해 파키스탄 국내에서도 비난이 적지 않다. 파키스탄의 인도 배제 정책은 아프가니스탄, 이란, 중앙아시아를 육로로 인도와 연결하는 육상 가교의 지리적 장점을 살리기는커녕 통과료 수입과 운송로 주변 지역의 상업적 발전 등을 스스로 포기함으로써 경제성장을 저해하고 결과적으로 정치·사회적 불안정과 테러리즘의 발호를 방조했다는 비판을 받고 있다(라신, 2016).

움이 될 것이라고 이슬라마바드를 설득하고 있다. 그러나 주 지위 부여는 영토분쟁에 대한 자국의 기존 입장을 약화시킬 것이라는 이유로 이슬라마바드는 이를 거부하고 있다(Rifaat and Maini: 23). 베이징은 잠무 카슈미르 영토분쟁을 국제법정에서 해결하고자 하는 이슬라마바드의 입장보다는 양자 간에 직접 협상으로 해결하자는 뉴델리의 입장에 더 가깝다. 이것은 베이징이 양자 협상을 통한 담판이 사실상 실현가능한 방도라고 보고 있음을 의미한다.

뉴델리가 CPEC에 반대하고 저항하는 또 다른 이유는 이 회랑이 파키스탄과 중국 간의 협력 프로젝트라는 점에 기인하는 안보·전략적 우려이다. 인도는 중-파경제회랑 사업을 통한 중국과 파키스탄의 경제협력 강화를 단순히 경제 문제로만 볼 수 없는 위치에 있다. 전통적으로 뉴델리는 중국을 협력자보다는 경쟁자, 때로는 (잠재적) 적국으로 인식해 왔다. 인도인들의 부정적 대중 인식과 경계감, 중국의 위협이 상존한다는 인식은 1962년 10월 아루나찰 프라데시 지역의 군사적 충돌로부터 시작하여 최근의 도클람 고원 위기(2017년 6월)에 이르기까지 역사적 기억에 근거하고 있다(Fang, 2014: 8~11).

인도의 안보·군사 분야 엘리트 및 전략연구자들은 대체로 중-파경제회랑을 중국이 남아시아와 인도양 지역으로 진입하고 영향력을 확대하기 위한 프로젝트로 파악한다. 중국의 의도를 경계하고 의심하는 인도인들에게 동 지역으로 중국의 성공적 진출은 인도의 지정학적 경쟁자의 등장을 의미하며, 이른바 '진주목걸이'로 비유되는 중국의 중장기적 인도 포위 전략으로 해석된다(Rifaat and Maini: 24). 중국은 과다르항 임차권 확보 그리고 항구 확장 및 인근 산업공단 건설의 시작에 뒤이어, 2017년 7월에는 홍해 남쪽에 있는 바브엘만데브(Bab el-Mandeb)해협에 가까운 지부티에 최초의 해외 군사기지를 설치했고, 몇 달 후 스리랑카 함반토타항에 대해 99년간의 항구 운영권을 확보했으며, 2018년부터는 파키스탄 서부 지와니 반도에서 해·공군기지 건설을 시작했다. 뉴델리는 이와 같은 일련의 중국 해외활동을 인도 포위의 증좌로 보고 있으며, 중국이 인도양 전역에서 인도의 이익을 훼손하고 자국의 입지를 강화하려는 강고한 전략을 추진하는 것으로 해석하고 있다.

특히 중-파경제회랑의 관문인 과다르항의 해군기지화 가능성이 민감한 문제이다. 뉴델리는 중국이 현대화된 과다르항을 원양 해군을 위한 인도양의 작전기지로 사용하지 않을까 우려한다. 인도는 자신의 배후에 위치한 과다르항이 교역·경제 허브 역할을 넘어 군사 거점화하는 것을 경계한다. 중국의 군사적 존재감이 커지면 남아시아와 인도양 지역에서 현상타파는 피할 수 없는 귀결이 될 것이기 때문이다. 그동안 인도는 파키스탄을 제외한 스리랑카, 방글라데시, 몰디브, 네팔, 부탄 등 인근 국가들에 대해 연성 헤게모니를 유지해 왔다. 주변국들이 인도의 국익을 배려하고 존중하도록 해왔으며, 주변 국가들 간의 이해 갈등 조정자 역할을 수행해 왔다. 일대일로 기획의 일환으로 진행되고 있는 중국의 남아시아 국가들에 대한 인프라 투자 및 해외 직접투자의 증대는 이들의 대중 채무 증가 등 중국 의존도를 높이게 되며, 지역 문제에 대한 베이징의 목소리를 키울 것으로 예상된다.[13] 이것은 필연적으로 남아시아 이웃국가들에 대한 인도의 헤게모니 침식 혹은 '네트워크 권력의 축소'를 의미한다(도파·원동욱, 2017: 59~60). 그러므로 뉴델리는 자신의 앞마당으로 간주하는 남아시아와 인도양 지역

---

[13] 함반토타항의 항구 운영권을 넘긴 스리랑카는 말할 것도 없고, 압둘라 야민(Abdulla Yameen) 대통령이 지난 몇 년간 친중 정책을 폈던 몰디브의 대외채무 80% 채권자가 중국이다.

에서 중국의 존재감 증대를 방관하기 어려운 입장에 있다. 중-파경제회랑 사업의 의도를 지전략적 관점에 치우쳐 해석하는 인도 일각에서는 이 사업을 중국의 제국적 야심을 반영한 공세적 과잉 팽창으로 매도하지만, 지역 경제협력 사업을 무작정 비난하고 반대하는 데는 한계가 있다는 것이 고민이다.

마지막으로, 대파키스탄 강경론자들을 포함하여 인도-파키스탄 관계 개선에 회의적인 관찰자들은 중-파경제회랑 사업을 통한 파키스탄 경제성장의 부정적 파급효과를 우려한다. 숙적 파키스탄이 경제성장에서 성공 스토리를 쓰게 된다면, 인도와의 경제협력 필요성을 떨어뜨려 잠무 카슈미르 영토 분쟁에 대해 공세적 태도를 취하지 않을까 경계하는 것이다. 또 파키스탄이 성장한 경제력에 힘입어 군사력 증강에도 박차를 가할 것이며, 파키스탄의 군사비 증액은 양국 간 군비경쟁의 자극제가 되지 않을까 염려한다. 다른 한편으로 이와 상반되는 입장도 적지 않다. 인도 정부나 정책연구소의 현실주의자들은 안정되고 민주적인 파키스탄이 인도의 국익에 가장 잘 기여할 것이라고 생각한다. 중-파경제회랑의 운송 인프라가 길기트-발티스탄을 통과한다는 이유로 뉴델리의 정책결정자들이 공식적으로는 반대 입장을 표명하지만, 경제적 측면에서 중국의 파키스탄 지원을 결코 반대하지 않는다는 것이다(Jacob, 2017: 91~92).

물론, 국제 정세와 국내 정치의 정황적 맥락을 고려하면, 파키스탄 경제성장의 파급효과는 양면성을 갖는다고 보는 것이 더 신중한 접근이 될 것이다. 경제성장이 군사력 증강과 군비경쟁이라는 '안보딜레마'를 초래할 개연성도 높지만, 동시에 그것은 파키스탄의 치안 강화 및 사회 안정화에 기여하고 더 나아가 정치적 민주화를 자극하는 계기가 될 수도 있다. 파키스탄의 민주화는 과대 성장한 국가영역을 제어할 시민사회의 강화와 안정의 제도화에 도움이 될 것이며, 이는 인도와의 신뢰 구축과 긴장 완화에 기여할 수 있다.

4. 중국-인도-파키스탄 관계의 함의

중-파경제회랑 프로젝트의 1단계 5개년 사업이 막바지에 접어든 현 시점에서 이 사업을 둘러싼 주요 관계국들의 대응이 향후 중국-인도-파키스탄 삼자관계에 미칠 영향은 단선적이기보다는 복합적·다층적 성격을 띨 수밖에 없다.

중-파경제회랑을 통해 남아시아 지역과 인도양에서 중국의 활동과 영향력이 확대될 것은 자명하며, 인도는 이를 견제하고자 하나 경제력과 군사력에서 중국에 한참 미치지 못한다. GDP 기준 중국의 1/5에 불과하며 국방비도 중국의 28%에 불과하다.[14] 이 점에서 뉴델리에게는 역외국가와의 연합이 필요하다. 인도양, 동아시아는 물론이고 글로벌 차원에서 중국 견제를 위한 우군이 필요한 미국의 전략적 입장도 인도와 일치하며, 이미 2010년을 기점으로 양자 간 경제·안보 협력의 플랫폼 형성 시도가 본격 시도되어 왔다. 워싱턴은 오바마 정부 시기 힐러리 클린턴 국무장관 주도로 '신실크로드(New Silk Road)'와 '아시아-태평양경제회랑(Asia-Pacific Economic Corridor)' 등을 제안하고, 2010년에 뉴델리에서 '미국-인도전략대화'를 개최

---

[14] 국방기술품질원이 발간한 『2018세계방산시장연감』에 따르면, 세계 2위인 중국의 국방비 지출은 2280억 달러, 세계 5위를 차지한 인도의 국방비 지출은 639억 달러이다(2017년 기준). 2008~2017년 기준 국방비 지출 증가율 상위 3개국은 중국(110%), 인도(45%), 러시아(38%)다.

한 이래 매년 정례화하여 중국 견제 노력을 본격화한 바 있다.

미국에 대한 인도의 위상이 높아진 이유는 먼저, 인도의 안정적 경제성
장과 국력 성장으로 인도양과 인근 지역 그리고 국제무대에서 인도의 존
재감이 커졌기 때문이다. 인도는 남아시아의 대국으로서 자신의 인구·경
제 규모와 잠재력에 합당하게 국제규범의 형성·수정 및 글로벌 이슈에 대
한 발언권을 갖고, 국제규범 준수와 질서 유지에 역할하려고 노력하며, 또
이러한 발언권과 역할을 국제사회에 요청해 왔다(Ayres, 2017: 87~89). 다음
으로, 워싱턴이 양국이 공유한 민주주의 가치의 중요성을 전략적 관점에
서 재평가했기 때문이다. 중국 주변의 러시아, 중앙아시아, 파키스탄, 이란
등이 모두 권위주의적 자본주의 발전모델을 추구하는 것을 고려하면, 인
도의 민주주의 체제와 자유주의적 자본주의 발전모델의 가치는 미국(크게
는 서방)에게 매우 귀중한 것이다. 미국은 인도양 지역에서 중국의 대항마
를 발견했다. 이 말(馬)은 중국보다 작고 힘이 약하지만 '자연동맹'으로 인
정하고 의지할 만한 장점을 갖추고 있다. 미국이 재정적·군사적으로 지원
한다면 인도양 지역뿐만 아니라 인근 동남아 지역에서도 우군으로 역할할
수 있다. 중-파경제회랑이 가져올 자국의 헤게모니 침식을 우려한 인도가
미국 주도 인도-태평양전략의 적극적인 파트너가 된 것이다.

또 다른 대중 견제의 한 축은 미국의 오랜 동아시아 동맹국인 일본이다.
일본은 중국이 G2로 부상하기 전부터 인도와의 파트너십을 전략적 관점
에서 보고 있었던바,[15] 인도와 2008년 안보협력 선언을, 2011년에는 포괄

---

15 일본은 이미 1990년대 말부터 커져가고 있는 인도의 중요성과 관계 강화의 필요성을
    인식하고 있었던바, 2000년 8월 요시히로 모리 총리가 정부 수반으로서는 10년 만에
    처음으로 인도를 방문하여 '21세기 글로벌동반자관계(Global Partnership in the
    21st Century)' 협정을 체결했다. 2005년 4월에는 준이치로 고이즈미 총리가 방인하

적 경제동반자협정을 체결하여 정치·경제적 시각과 이해관계의 공유를 확인한 바 있다.

베이징이 일대일로 대기획을 통해 인근 중앙아시아, 동남아시아, 남아시아, 중동 및 아프리카 등지로 영향력 투사 노력을 본격화하자 일본, 인도 및 미국은 해당 지역에 대한 중국의 영향력 배가에 대해 우려감과 함께 전략적 협력의 필요성을 공유한다. 워싱턴은 '아시아 재균형' 정책을 통해 일본과의 동맹관계를 강화하고 인도와 안보·군사 협력을 증진하는 방식으로 대응하고 있다. 아시아-태평양 범주가 아니라, 핵심 파트너로서 인도를 포함한 '인도-태평양 지역' 범주에서 안보·군사전략을 실천하고 있다는 데 이전의 대중국 견제 전략과 근본적인 차이점이 있다. 재무장과 전쟁 가능 국가화를 고무하여, 일본에게 중국을 견제하는 대항마 역할을 부여했으며, 인도에게는 인도양과 남아시아 지역에서 중국의 영향력 확장을 억지하는 견제자 역할을 기대한다. 인도가 중국을 견제하도록 미국과 일본이 다면적 지원을 제공한다면, 뉴델리의 역량과 자신감은 배가될 것이다(Tu and Won, 2017: 182~183). 인도-태평양 전략 개념에 따라 미·일 역시 인도와의 삼각협력이 적어도 중국견제라는 목적에 관해서는 공동 이익과 의견 일치를 보장하는 셈이다.

흔히 이와 같은 워싱턴의 인도-태평양 전략개념의 맥락에서, 나렌드라 모디 총리의 집권 이후 더욱 가까워진 미국-인도 관계를 한 축으로, 그리고 중-파경제회랑이 견고함을 더하게 된 중국-파키스탄 관계를 이에 맞대응하는 다른 한 축[중국-파키스탄 축(Chinese-Pakistani axis)]으로 대비한다(Hussain,

---

여 글로벌 동반자관계 강화를 위한 '8중 이니셔티브(Eight-fold Initiative)'를 제안했다(Oxford Analytica Daily Brief Service, 2005.8.23).

Zahid, 2017: 9~10). 물론 중-파경제회랑 사업은 전통적인 정치, 외교, 안보 동반자로서의 중-파 관계에 전면적 경제협력을 부가함으로써 양자관계를 더 견고하게 만들어주는 시멘트 역할을 하고 있는 것은 사실이다. 그러나 이 회랑으로 인해 중-파 관계가 견고해진다고 해서 중국과 인도와의 관계가 그 만큼 자동으로 악화되지는 않을 것이며, 또 중국이 파키스탄의 희망대로 무조건 의지할 만한 동반자가 된다는 뜻은 결코 아니다. 특히 인도-파키스탄의 분쟁 관련 사안에서는 더욱 그렇다.[16] 중국은 준동맹인 파키스탄과 인도 사이에서 '책임 있는 강대국'으로서의 국제적 책무와 국익에 따라, 사안에 따른 유연한 선택을 해왔다.

또한 인도양과 남아시아 지역에서 크게는 BRI, 작게는 중-파경제회랑 사업이 가져올 중국-파키스탄 동반자관계의 강화가, 인도-태평양 전략과의 경합·대립으로 인해 중국-인도 관계를 냉각·긴장시킬 것이라고 가정한다면 그 역시 좀 단선적이다. 그 이유는 무엇보다도 먼저, 중국과 인도가 서로 상대에 대해 느끼는 '위협 인식의 비대칭(the asymmetry of threat perceptions)' 때문이다(Fang, 2014: 8~11). 인도는 중국-파키스탄 축의 강화, 회랑의 길기트-발티스탄 통과 문제, 심지어 파키스탄의 경제성장 가능성까지 자신의

---

[16] 예를 들자면, 카슈미르 분쟁 해결 방안에 대해 중국은 양자 협상을 선호하는 인도의 해법에 찬성하고 있으며, 1999년의 인도-파키스탄 간 카르길 전쟁에서도 중국은 일방적으로 파키스탄 편에 서는 것을 거부했다. 2008년의 핵공급자그룹(NSG: Nuclear Suppliers Group) 협상에서도 중국은 인도의 NPT체제 가입 면제 안건에 찬성해서 파키스탄의 격렬한 비난을 받은 바 있다. 냉전 종결 이후 인도-중국 관계는 꾸준히 개선되어 왔으며, 미해결 영토문제에도 불구하고 정치·경제적 협력의 폭을 확대해 왔다. 국제적 이슈에 대한 입장 표명이나, 주요한 국제 협상 과정에서 양국은 BRICS와 SCO 등의 틀을 이용하여 서방에 반대되는 입장에 자주 의견 일치를 보여왔다(Wagner, 2016: 3).

안보에 대한 위협 요인으로 간주하는 반면, 중국은 인도를 경쟁국으로 인식하지 않을 뿐만 아니라, 차바하르항17 개발과 '아시아-아프리카성장회랑(AAGC: Asia-Africa Growth Corridor)'(Panda, 2017) 등에 대한 인도의 대응 행보를 별로 민감하게 받아들이지도 않고 경쟁 요인으로 간주하지도 않는 편이다. 베이징은 미국-인도의 전략적 협력관계 강화 추세에 대해서도 뉴델리가 중-파 관계에 대해 인식하는 만큼 위협으로 수용하지 않는다. 적대국 사이의 불신과 방어적 맞대응이 군사·안보적 긴장을 더욱 고조시켜 가는 '안보딜레마'가 자동적으로 작동된다고 보기 어렵다는 뜻이다.

다음으로, 인도는 자신이 중국 견제를 위한 전선국가(戰線國家)가 되거나 초병 역할을 떠맡기를 원치 않는다(Oxford Analitica Daily Brief Service, 2005). 미국 및 일본과의 해상 합동군사훈련에 참여하고 있지만, 그것은 미국과 일본의 안보이익이 자국의 그것과 일치하는 선에서 참여하는 것이다. 뉴델리는 자국이 인식하는 중국의 잠재적 안보위협에 상응할 만큼 대비하려는 것이지, 미국과 일본의 대중 압박·포위 정책에 심사숙고 없이 앞장설 의사는 없다고 봐야 한다. 요컨대, 인도는 외세로부터 어떤 편익을 제공받는 대가로 자국의 전략적 독자성을 포기하지 않는다는 원칙을 독립 이후 지금까지 고수해 왔으며, 이것은 대중 견제의 경우에도 마찬가지이다.

그러므로 중국-인도 관계에서 지전략적·군사안보적 경쟁의 관점을 지나치게 강조한다면 양자관계의 복합적 성격을 간과하여 전체적인 변화의 흐름을 놓칠 위험이 있다. 중-인관계의 복합적 역동성의 핵심적 동인은 경제적 상호의존성의 증대이다. 2008년 세계 금융위기 이후 글로벌 경제성

---

17 차바하르항은 오만 만에 위치해 있으며 호르무즈해협의 입구에 해당한다. 인도양으로 바로 나갈 수 있는 이란의 유일한 항구로서 경쟁 위치에 있는 파키스탄 과다르항과는 76 해리(약 140km) 떨어져 있다.

장은 정체상태에 있지만, 중국-인도 교역량은 지속적으로 증가하는 추세이며, 844억 달러(2017년 기준)는 중국-파키스탄 교역액인 124억 달러(2017년 기준)의 약 7배 수준이다(The Times of India, 2018.3.7). 이런 긍정적 추세 속에서 중-파경제회랑은 아시아 전체 교역과 경제성장을 더욱 자극하는 효과를 낳을 것이다. 더구나 베이징의 21세기 해상실크로드 기획의 많은 부분이 인도의 교역로와 겹치므로, 중국은 인도의 인프라 개발에 기회와 지원을 제공할 수 있다. 인도와 중국 간 교역량의 획기적 증대, 인프라 개발에서의 협력, BRICS와 SCO 등 국제기구를 통한 공동 입장 견지 등 상호의존성의 증대로 인해, 가장 쉽게 군사적 긴장이 고조될 수 있는 경우인 국경지역의 충돌 가능성도 완화되고 있다. 2017년 6월, 티베트-부탄-시킴(인도) 접경 지역인 도클람 고원에서 발생했던 분쟁이 유혈충돌로 비화하지 않고 중국-인도 양군의 대치 정도로 종결된 것이(김석수, 2016: 101~103) 그 긍정적 징표의 하나다.

파키스탄과 인도 관계 역시 과거 네 차례의 전쟁에도 불구하고 '영원한 숙적'으로 동결되어 있지는 않다. 상호 안보위협 국가이자 경쟁국이라는 기본적 경계심과 불신이 지속적으로 유지되고 있지만, 관계 개선의 징후와 의지가 엿보이는 사례들이 없는 것은 아니다. 2008년 뭄바이 테러사건 이후 정체상태에 있었던 양국 간 대화가 모디 총리의 집권 이후 미약하나마 재개 움직임을 보이고 있다. 모디 총리가 속한 인도 인민당(BJP)은 힌두민족주의적 성향이지만, 모디 총리는 대외정책과 경제정책의 추진에서 실용주의를 기조로 사안별로 접근하고자 하기 때문이다. 모디 총리는 '액트 이스트(Act East)' 슬로건하에서 동남아시아, 일본, 미국 등과 동방에서 정치·경제적 협력관계를 강화하는 데 초점을 맞추고 있다. 동시에 인도 경제의 현대화를 목표로 한 '메이크 인 인디아(Make in India)' 정책은 해외직접투자

유치와 첨단기술 도입에 유리한 환경을 조성하여 국내 직접 생산을 늘리고, 이를 통해 인도 산업 생산력 증대와 지속가능한 적정 경제성장을 이루는 데 목적이 있다. 인도의 경제 현대화 과제가 순조로이 진행되기 위한 필요조건 중의 하나는 국내외 안보 환경을 안정적으로 유지하는 것이다. 그 우선적 과제는 파키스탄과의 관계 개선, 아프가니스탄과 파키스탄에 근거를 둔 탈레반 세력 및 기타 종교적 극단주의 무장세력들이 벌이는 테러행위의 억제와 차단이다. 경제 현대화에 매진하는 인도와 마찬가지로 중-파경제회랑 사업의 성공으로 경제성장의 돌파구를 열고자 하는 파키스탄 역시 인도와의 관계 개선에 과거보다는 더 유연한 자세를 보이고 있다.[18]

이처럼 중국과 인도의 교역량 증대, 중국의 인도 인프라 개발 지원 및 공동 이용 가능성, 국경분쟁에서 충돌 자제 등 중-인관계 개선의 징후가 포착되고 있고, 모디 총리의 파키스탄에 대한 화해적 접촉, 인도 공군기지를 공격한 테러집단에 대한 샤리프 총리의 단호한 대처 및 뉴델리의 절제된 대응 등에서 드러나듯이 인도와 파키스탄 역시 관계정상화의 필요성을 인식하고 있음을 엿볼 수 있다. 중-파경제회랑의 진척이 중-인, 인-파 양자관계 개선의 촉매제 역할을 할 가능성은 열려 있다.

---

18 파리에서 열린 21차 UN기후협약당사국총회(COP2)에서 모디 총리와 샤리프 총리의 회동, 모디 총리의 파키스탄 라호르 총리관저 방문(2015.12) 등은 과거의 경색된 관계와는 다른 좀 더 유연한 접근을 알리는 신호로 보였다. 양국 간 화해 분위기가 조성되는 시점에서 이슬람 극단주의 무장세력이 주도한 것으로 추정되는 테러 공격이 인도 공군기지 파탄코트에서 일어났다(2016년 1월). 이 테러는 파키스탄과 인도 간의 고위급 대화를 결렬시키겠다는 의도로 이루어진 것이었다. 나와즈 샤리프 총리는 인도 정보 당국의 혐의를 받은 '자이쉬 에 무함마드' 조직원들을 체포하여 테러집단을 응징하겠다는 의지를 보여주었다. 이것은 이슬라마바드의 대화 지속 의사를 명백히 보여주는 대응 조치이며, 뉴델리 역시 이에 호응하여 과도한 비난보다 절제로서 대응하고자 했다(라신, 2016).

5. 결론

중국과 파키스탄은 정치·외교·군사적으로 긴밀한 우호·협력관계를 지난 반세기 이상 유지해 왔다. 중-파경제회랑은 기존 중-파 관계에서 가장 약한 고리였던 경제적 유대를 확대·강화함으로써 양국 간 경제협력이 일반적 필요를 넘어 사활적 요소가 되도록 만드는데 주요 목적이 있다. 양국은 중-파경제회랑을 당면한 대내외 과제를 달성하고 도전 요인을 해결하는 핵심 기반사업으로 간주하여, 양국 협력관계의 질적 전환은 물론 지역 간 경제의 협력·통합에 기여할 대전환의 이정표로 자리매김하고자 한다. 중국과 파키스탄 양자관계에서 중-파경제회랑의 핵심적 의미는, 장기간 유지되어 온 정치·외교·군사적 관계를 넘어 경제적 관계에서도 밀접한 동반자관계로 전환했다는 데 있다. 중-파경제회랑 사업이 성공적으로 진행되면, '전천후 전략적동반자관계'라는 수사에서 장기간 빈 칸으로 남아 있던 긴밀한 경제적 동반자관계의 내용이 채워지게 되고, 양국의 경제적 동반자관계는 하나의 선택지가 아니라 사활적 성격을 갖게 되는 것이다. 각 요소 간의 균형이 이루어진 중-파 간의 다면적 관계는 양자관계의 안정성과 지속성을 확보하는 데 큰 도움이 될 것으로 전망된다.

중국과 파키스탄의 경제회랑 구축 사업은 양국 모두의 경제력과 군사력 증대 및 국제문제에 대한 영향력을 제고하고 인도의 지역 강대국으로서의 위상을 침식할 것이 분명하다. 뉴델리는 자신의 영향권으로 간주하는 남아시아 지역과 인도양에서 중국의 존재감 증대를 좌시하기 어렵다. 인도가 우려하는 중-파경제회랑의 길기트-발티스탄 지구 통과 문제와 파키스탄의 경제성장 전망은 양면적·복합적 성격을 갖는다. 인-파 관계에 긍정적으로 작용할 가능성도 열려 있다. 반면에 중국의 해외 군사기지 확보에 대해 인도 역시 세이셸 군도의 어섬프션(Assumption)섬에 군사기지 건설 계획으로 대응했으며, 이 같은 맞대응은 중-인 간의 지전략적 경합 요인으로 작용할 것이다.

인도양과 남아시아 지역에서 중-파경제회랑 사업으로 더 심화될 중국-파키스탄의 전략적 동반자관계와 미국·인도·일본이 주도하는 인도-태평양 전략 간의 경합과 대립으로 인해 중국-인도 관계가 냉각되고 긴장될 것이라고 가정한다면 그 역시 좀 단선적인데, 그 이유는 다음과 같다. 먼저, 중국과 인도 간에는 위협 인식의 비대칭성이 존재하기 때문에 적대국 간의 '안보딜레마'가 자동적으로 작동될 가능성이 낮다. 또 중-파 전략적 협력관계가 더욱 강화된다고 해서, 인도-파키스탄의 갈등·분규 상황이 벌어질 때 중국이 무조건 파키스탄을 지지하지도 않을 것이다. 다음으로, 인도가 중국 견제를 위한 전선 국가의 역할을 거부할 것이기 때문이다. 뉴델리는 자신이 인식하는 안보 위협의 정도에 따라 그에 상응한 대비를 하고자 할 뿐, 미국과 일본의 구상에 따라 인도의 전략적 독자성을 포기할 의사는 없다. 정리하자면, 중-파경제회랑 사업 그리고 이 사업을 둘러싼 주요 관계국들의 대응이 중국-인도-파키스탄 삼자관계에 미칠 영향은 단선적이기보다는 복합성·복잡성·다층성을 보일 것이다. 중-파경제회랑 사업이 뉴델리의 우려처럼 삼자관계를 더 긴장·냉각시킬 수도 있지만, 그 반면으로 중-인 국경분쟁과 인-파 국경분쟁, 탈레반 등 종교적 극단주의로부터 기인하는 테러문제, 인-파 간의 안보딜레마 등 장기적으로 고착되어 온 갈등을 완화하고, 중국-인도 간 그리고 인도-파키스탄 간 양자관계 개선의 촉매제 역할을 할 가능성도 열려 있다.

참 고 문 헌

강봉구. 2017. 「모디 총리 시기 인도-러시아 전략적 파트너십의 진로」. ≪대한정치학회보≫, 25집 1호, 87~111쪽.

라신, 장뤽(Jean-Luc Racine). 2016. "파키스탄, 인도와 중국 사이에서". ≪르몽드 디플로마티크≫, 2016년 6월호.

김석수. 2016. 「인도와 중국의 영역권, 연결성 그리고 세력권 경쟁」. ≪세계지역연구논총≫, 36집 2호, 91~112쪽.

민귀식. 2018. 「중국 해상실크로드와 해양물류네트워크 구축전략」. ≪중소연구≫, 42권 2호, 115~148쪽.

도파·원동욱. 2017. 「중국-파키스탄 경제회랑과 남아시아 권력구도의 변화 전망: 네트워크 권력이론에 기초한 분석」. ≪현대중국연구≫, 18집 4호, 29~69쪽.

유경완. 2017. "인도, 중국 주도 일대일로 포럼 불참". *Issue Special,* July/August.

연합뉴스. 2018.11.3. "시진핑, '일대일로 제동' 파키스탄 총리 만나 '우린 운명공동체'".

연합뉴스. 2018.11.18. "중국, '일대일로 파트너 빚의 바다 빠뜨려' 펜스 연설에 발끈".

연합뉴스. 2019.1.4. "사우디, 파키스탄에 대규모 정유시설 건설, 일대일로와 연계".

Akhtar, Aasim Sajad. 2018.6.1. "The China-Pakistan Economic Corridor." *Monthly Review.*

Ashraf, Malik Muhammad. 2016. "China-Pakistan Economic Corridor: Analysing Indian Factor." in Khan et al.(eds.). *China-Pakistan Economic Corridor — A Game Changer.*

Ayres, Alyssa. 2017. "Will India Start Acting Like a Global Power?: New Delhi's New Role." *Foreign Affairs,* November/December.

Eichengreen, Barry. 2017. "The Renminbi Goes Global: The Meaning of China's Money." *Foreign Affairs,* March/April.

Fang, Tien-sze. 2014. *Asymmetrical Threat Perceptions in India-China Relations.* New Delhi: Oxford University Press.

Godement, François. 2014. "China's Neighbourhood Policy." European Council on Foreign Relations. Asia Centre. *China Analysis,* February.

Goodman, Matthew P. and Jonathan E. Hillman. 2017. "The Scramble for Eurasia." *The National Interest,* September/October.

Hameed, Maham. 2018. "The Politics of China-Pakistan Economic Corridor." *Palgrave Communications,* Vol.4, No.64.

Husain, Ishrat. 2017. "CPEC & Pakistani Economy: An Appraisal." Centre of Excellence for CPEC.

Islamabad.

Hussain, Ejaz. 2017. "China-Pakistan Economic Corridor: Will It Sustain Itself?" Fudan J. Hum. Soc. Sci. 10, pp.145~159.

Hussain, Zahid. 2017. "The China-Pakistan Economic Corridor and the New Regional Geopolitics." Asie. Visions. 94. ifri Center for Asian Studies, June.

Jacob, Jabin T. 2017. "China's Belt and Road Initiative: Perspectives from India." *China & World Economy*, Vol.25, No.5, pp.78~100.

Khan, Minhas Majeed, A. R. Malik, Saira Ijaz, Ume Farwa(eds.). 2016. *China-Pakistan Economic Corridor — A Game Changer*. The Institute of Strategic Studies Islamabad.

Markey, Daniel S., and James West. 2016. "Behind China's Gambit in Pakistan." Council on Foreign Relations, May 12.

Oxford Analitica Daily Brief Service. 2005.8.23. "Japan/India: Is India Japan's New Diplomatic Front?"

Panda, Jagannath. 2017. "The Asia-Africa Growth Corridor: An India-Japan Arch in the Making?" *Focus Asia — Perspective & Analysis*, No.21, August.

Rafiq, Arif. 2017. *The China-Pakistan Economic Corridor: Barriers and Impact*(PEACEWORKS 135). United States Institute of Peace.

Ramay, Shlakeel Ahmad. 2016. "China-Pakistan Economic Corridor: A Chinese Dream Being Materialized through Pakistan." SDPI. *Policy Brief.*

Rifaat, Hamzah & Tridivesh S. Maini. "The China-Pakistan Economic Corridor." STIMSON. *A Visiting Fellow Working Paper*.

Small, Andrew. 2015. *The China-Pakistan Axis: Asia's New Geopolitics*. Oxford: Oxford University Press.

The Times of India. 2018.3.7. "India-China bilateral trade hits historic high of $84.44 billion in 2017."

Tu, Bo and Won Dong-wook. 2017. "An analysis on the Developmental Change of India's Hedging Strategy against the Belt and Road Initiative and Its Effect on Indo-Pacific Regional Cooperation." ≪21세기 정치학회보≫, 27집 3호, pp.167~192.

Wagner, Christian. 2016. "The Effects of the China-Pakistan Economic Corridor on India-Pakistan Relations." *SWP Comments 25*, April.

10장

일대일로에 대한 터키·아제르바이잔의 경제회랑 조성, 연계, 이행전략

| 박지원 |

1. 서론

유라시아 지역에서 중국은 일대일로(一帶一路) 구축의 핵심사업으로 일대일로 연선국가들과 중국을 연결하는 6대 경제회랑을 건설하고 있다(Vinokurov et al., 2016: 4). 이를 통해 일대일로상의 핵심 도시들을 연결하여 주요 산업단지들을 경제협력에 활용하는 방안을 제시하고 있다(National Development and Reform Commission, 2015.3). 과거의 실크로드 주변국을 아우르는 중국의 '실크로드 경제지대(SREB: Silk Road Economic Belt)' 실현은 유라시아 배후지로부터 천연자원 공급과 이를 바탕으로 한 안정적 성장이라는

---

* 이 장은 한국슬라브유라시아학회의 ≪슬라브학보≫, 34권 1호(2019)에 게재된 「일대일로와 터키, 아제르바이잔의 경제회랑 조성, 연계, 이행전략」을 수정·보완한 것이다.

목표에 기반하고 있다. 6대 경제회랑 가운데 터키 및 아제르바이잔과 직접 관계가 있는 것은 '신유라시아 대륙교량(New Eurasian Land Bridge)'과 '중국-중앙아시아-서아시아 경제회랑'의 두 가지이다. 신유라시아 대륙교량은 중국의 수출 루트를 주요 소비지인 유럽까지 연결하는 것으로, 중국의 충칭부터 독일의 뒤스부르크 또는 중국의 청도에서 폴란드까지 연결하는 다양한 교통로를 총칭한다(Inan and Yayloyan, 2018: 33). 현재 유럽의 15개 도시와 중국의 20개 이상의 도시를 연결하는 철도 루트가 총 39개에 이르는 것으로 알려지고 있다(Shepard, 2017). 이 가운데 대표적인 루트는 러시아 시베리아횡단철도를 활용하는 북쪽 루트와 카자흐스탄을 관통하는 남쪽 루트다. 중국은 이 두 개의 루트 외에도 남쪽으로 아시아 및 유럽의 약 30여 개 국가를 포함하는 새로운 철도운송 루트를 계획하고 있다. 여기에서 터키와 아제르바이잔이 기대하고 있는 사업은 중국에서 카자흐스탄에 이르는 남쪽 루트 중에서, 카스피해를 관통해 아제르바이잔-조지아-터키를 거쳐 유럽까지 이어지는 경제회랑의 조성이다.

중국의 또 다른 계획은 중국-중앙아시아-서아시아 경제회랑으로, 다른 것들이 대부분 교통로 연결을 염두에 두고 있는 것과는 달리, 이 루트는 원유·가스 등의 에너지 운송로 확보와 경제벨트 구성을 목적으로 하고 있다. 중국은 중앙아시아 5개국과 터키 및 이란을 연결하는 경제회랑 건설을 통해(HKTDC, 2018.5.3) 에너지를 포함한 다양한 경제협력 추진을 염두에 두고 있다. 이미 중국과 중앙아시아 사이에는 투르크메니스탄 천연가스의 러시아 공급을 주목적으로 하는 세 개의 천연가스 파이프라인이 존재하는데, 이를 서아시아 지역과 연결하는 방식의 협력도 가능할 것으로 보고 있다.

중국의 일대일로 계획에 대한 터키·아제르바이잔 두 국가의 기본적인 대응과 노선은 일대일로와 연계한 사업의 적극적인 수용과 추진이다. 서부 지역에 대한 중국의 원대한 연결 계획과 인프라 건설이 자국 경제에 큰 도움이 될 것으로 판단하고 있는 것이다. 레제프 타이이프 에르도안(Recep Tayyip Erdogan) 터키 대통령은 지난 2018년 5월 14일 채텀하우스(Chatham House)에서 행한 연설에서 중국과의 경제협력을 강조하면서, 일대일로에서 자국의 '매개자(link)' 역할을 강조했다(Erdogan, 2018). 아제르바이잔 경제부 장관도 일대일로 계획에서 중국의 유럽발 물류 중 10~15% 정도가 자국을 경유하기 바란다고 밝힌 바 있다(Trend News Agency, 2018). 양국 모두 일대일로와의 연계와 경제회랑 건설, 자국 내 연계 프로젝트의 수행 등을 통한 경제성장 효과 극대화를 목표로 하고 있다. 터키와 아제르바이잔은 일대일로의 주요 경로국으로서 역할할 수 있는 준비가 되어 있는가? 양국에서 어떤 방식의 경제회랑 구축이 진행되어 왔으며 향후 추진 계획은 무엇인가? 라는 질문에서 본 연구가 시작되었다.

따라서 이 장에서는 일대일로와의 연계선상에서 터키와 아제르바이잔의 경제회랑 발전계획과 의미를 분석하고자 한다. 이 분석을 바탕으로 향후 일대일로 경로국으로서의 전략적 성패를 가늠해 볼 수 있을 것이다.

2. 경제회랑의 역할과 발전

경제회랑(economic corridor)은 효율적인 교통 시스템을 통해 연속된 지역 간의 경제활동과 투자를 촉진시킨다(Brookings Institution, 2013). 특정 지역의 경제주체들을 연결하며, 대체로 많은 경제적 자원과 요인들이 집중되어 있는 도시지역의 점(node)과 허브(hub)를 잇는 역할을 한다(Brunner, 2013: 1). 경제회랑은 지역의 교통 루트를 단순히 상품·서비스의 교환이나 내륙국의

그림 10-1 　지역회랑 발전의 4개 구역

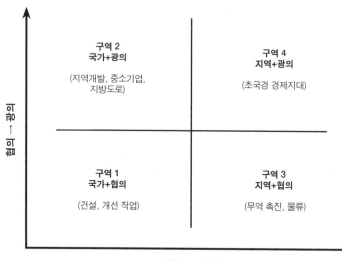

자료: Srivastava(2011: 11).

대외 출구 역할을 하는 것으로 보는 것이 아니라, 교통 루트를 연결하는 주변 지역들의 경제·사회적 발전을 촉진하는 도구로 이해한다(Mulenga, 2013: 2). 따라서 이러한 경제회랑의 개발은 초기 단계에는 자국 내의 주요 교통 인프라 환경 건설과 개선을 중심으로 진행되지만, 점차 주변지역 물류 인프라와의 연결에 초점을 맞추게 된다. 또한 단순한 인프라 개발에서 점차 지역경제 발전을 위해 다양한 경제적 요인들을 연계해 나가는 방식으로 발전한다. 스리바스타바(Pradeep Srivastava)는 회랑을 국가-지역 단위의 성격 정도와 개발의 협의-광의 구분에 따라 다음의 4가지 구역으로 구분하고 그 특징을 정의했다(Srivastava, 2011: 10~12).

1구역(zone I)은 한 국가의 기존 도로를 개보수하거나 기초 단계의 고속 도로 등을 건설하는 사업이 포함되며 협의의 경제회랑 발전단계로 구분할 수 있다. 인프라 투자에 많은 투자와 시간이 소요되는 단계이다.

2구역은 한 국가 내에서 경제회랑을 확대하기 위해 1구역보다 더 다양한 개발 활동들이 이루어지는데, 대개 '지역개발계획'이라는 이름으로 도시화, 도시 인프라 개선, 산업개발, 비즈니스 환경개선, 중소기업 역량 강화 및 관광 인프라 개발 등의 다양한 활동이 포함된다. 대체로 장기간의 개발기간이 소요되고 많은 자원이 투여되므로 지속가능한 인프라 구축을 위해서는 정부의 명확한 계획이 수반되어야 한다(Bhattacharya, 2015: 26~28). 이 과정에서 단순히 국가 차원의 재정투자뿐만 아니라, 민간재원의 공동 투입을 통해 개발이 이루어지는 경우도 많다.

3구역은 1구역에서 시행되는 국가 차원의 인프라 개발이 국경을 넘어 타 국가 및 지역 차원으로 발전하는 것이다. 국가 간의 무역을 촉진하고 물류환경을 개선하기 위해 상호 무역장벽을 낮춰서 상품 및 인적자원의 이동을 가능한 한 빠르게 할 수 있는 기반을 마련하는 것이다. 이 과정에서 대형 물류기업이 국가 간 물류환경 표준화나 개선 작업에 긍정적인 역할을 함으로써 국제 상품·서비스 거래에서 비용 절감과 물류 원활화를 기대할 수 있다.

4구역은 경제회랑 발전의 마지막 단계로, 국가 단위 개발이 지역 단위로 전환되고 국가 차원의 연계된 경제발전 계획이 지역 단위로 발전되는 것이다. 이 단계의 실현을 위해서는 개발계획에 대한 국가 간의 합의가 있어야 하는 등 장기간의 시간을 요한다.

3. 아제르바이잔의 경제회랑 연계 전략: 지역 내 교통물류 허브화

1) 동-서 경제회랑 조성

터키와 아제르바이잔 정부의 일대일로 경제회랑에서 중요한 연계 프로젝트는 '바쿠-트빌리시-카스(BTK: Baku-Tbilisi-Kars)' 철도다. 이 철도는 아제르바이잔의 수도 바쿠에서 조지아의 트빌리시, 터키 동부 도시인 카스까지, 3국을 연결하는 국제철도다. 총연장은 약 838.6km이며 전체 구간 중 503km가 아제르바이잔을, 259km는 조지아를, 76km는 터키를 통과한다(AKÇAY, 2017: 82). 〈그림 10-2〉는 BTK 철도의 노선이 관통하는 노선을 보여주고 있다.

BTK 철도는 아르메니아와 아제르바이잔 간 영토분쟁 이후인 1993년 터

그림 10-2 **BTK 철도 연결 노선**

자료: News Agency Report.az.

키, 조지아, 아제르바이잔이 아르메니아를 우회하는 철도노선 건설을 논의하면서 본격화되었다.[1] 2007년 11월 시작된 철도건설은 2017년 12월에야 전 구간이 완공되었으며 이후 본격 운행되기 시작했다.

BTK 철도는 처음 논의 단계와 건설 및 가동 시기에서 볼 수 있듯이 중국의 일대일로가 본격화되기 훨씬 이전부터 시작된 개발계획이다. BTK 철도 건설은 원래 스리바스타바의 경제회랑 구역 구분에서 3구역에 해당하는 국가 간 인프라 개발에 주요 목적을 둔 사업이었다. 초기 건설 단계에는 국가 간 철도 연결을 통한 물류 활성화가 주목적이었고 철도와 연계된 직접적인 지역개발계획은 본격화되지 않았다. 그러나 철도 건설 중에 중국의 일대일로 정책이 발표되면서 터키 및 아제르바이잔에 더 중요한 의미를 갖게 되었다. 아제르바이잔-조지아-터키의 3국 간 철도 연결이 중국의 일대일로 건설과 연계됨으로써 국가 간 물류 기능을 확장하는 역할을 할 수 있게 된 것이다.

그리고 현재 BTK 철도는 일대일로를 주축으로 한 중국과 유럽의 운송회랑에서 아제르바이잔의 허브 역할을 강화한다는 의미에서 중요한 루트로 볼 수 있다. 아제르바이잔은 일대일로의 중국-유럽 육상 루트에서 자국의 허브화를 추진하고 있다. 중국과 유럽을 연결하는 루트는 카스피해(Caspian sea) 동쪽의 카자흐스탄 악타우(Aktau)와 투르크메니스탄의 투르크멘바시(Turlmenbashi)라는 두 개의 항구로부터 연결될 수 있다. 양국의 이 두 항구는 물류 루트상의 위상 확보를 위해 경쟁하게 될 것이며, 아제르바

---

[1] 1991년 아제르바이잔 나고르노-카라바흐 지역의 아르메니아인들이 독립을 선언한 이후, 1992년 아르메니아가 아제르바이잔을 침공했다. 이후 터키와 아제르바이잔이 아르메니아와의 외교관계를 단절하면서, 기존의 터키-아르메니아-조지아 철도노선(Kars-Gyumri-Tbilisi)을 대체하기 위한 논의가 이루어졌다.

이잔으로서는 카스피해 서안의 연결 루트로서 허브 역할을 강화할 수 있다는 구상이다(Lianlei, 2016: 30). 먼저 아제르바이잔 정부는 바쿠항을 국제 수준의 물류운송 중심지로 발전시키기 위한 개발을 계속하고 있다. 2010년 11월 '신바쿠 국제해상물류 콤플렉스(New Baku International Sea Trade Port Complex)'가 착공되어 2018년 5월 14일 완공되었다. 완공식에 참석한 알리예프(Ilham Aliyev) 대통령은, 신항구는 현재 연간 1500만 톤의 화물과 10만 개의 컨테이너 처리가 가능하지만 향후 50만 개까지 처리능력을 확대할 것이라고 밝혔다(Azernews, 2018.5.14). 신항구 건설이 한창이던 지난 2016년 3월 17일 아제르바이잔 정부는 바쿠 대통령령을 통해 바쿠 인근지역을 단순 물류허브가 아닌 자유무역지대 형태의 '특별경제구역(SEZ)'으로 지정했다.[2] 이를 통해 신바쿠항의 물류 기능을 더욱 활성화하려는 계획을 추진하고 있다.

이처럼, 현재로서는 바쿠항의 역할이 물류 중개 기능에 초점을 맞춰 발전하는 선에 머물고 있으나, 일대일로 경제회랑상에서 카스피해를 통과하는 물품의 단순 중개 정도로는 장기적인 이익이 크지 않을 수 있다. 중국은 동-서 운송 루트 상에서 이미 중앙아시아의 카자흐스탄을 물류허브 거점으로 구상하고 있는 형국이기 때문이다. 카자흐스탄은 현재 자국 내에 10개의 경제특구를 지정하고 있는데, 중국과 접경해 있는 카자흐스탄의 동쪽 호르고스(Khorgos)의 '호르고스 이스턴게이트(Khorgos-Eastern Gate)'는 중국과 중앙아시아를 연결하는 전략적 물류허브로 운영되고 있다.[3] 그뿐

---

2   The Ministry of Transport, Communications, and High Technologies of The Republic of Azerbaijan, "New Baku International Sea Trade Port Complex," http://www. mincom.gov.az/en/view/pages/105/(검색일: 2018.11.23).

3   Khorgos - Eastern Gate, http://www.sezkhorgos.kz/about-eng(검색일: 2018.11.25).

아니라, '호르고스 이스턴게이트 경제특구'는 단순한 물류허브를 넘어, 중국 제조기업들의 투자를 통해 생산과 물류가 복합적으로 이뤄지는 경제특구를 지향하고 있다. 또한 카스피해 동편의 악타우에도 경제특구가 조성되어 있는데, 이 특구는 카스피해 동편에서 물류허브 역할을 하도록 설계되어 있다. 카자흐스탄 정부의 의도는 카자흐스탄 동편의 호르고스와 서편의 악타우를 중심으로 하는 물류체계를 일대일로상에서 최대한 활용하겠다는 것이다(박지원, 2016a: 35). 이에 더해, 양 경제특구는 중국 제조기업들의 투자를 유치해서, 물류를 넘어 제조로까지 그 기능을 확장하고 있다. 아제르바이잔의 바쿠가 제조업 기능이 결여된 단순 물류 중개 기능에 만족한다면 장기적으로 제조업 기능을 가진 카자흐스탄의 경제특구와 물류 중심지에 비해 경쟁력이 약화될 수밖에 없다.

아제르바이잔은 지난 2009년 바쿠에서 북쪽으로 약 20km 떨어진 숨가이트(Sumgait) 지역에 대규모 공단을 설립한 바 있다. '숨가이트 테크놀로지파크(STP)'는 아제르바이잔 제조업의 중심지로 현재 약 4500여 명이 근무하고 있는 대규모 산업공단이다.[4] 현재 전자장비·케이블·기계·철강류·건설자재 등의 다양한 제품을 생산하는 기업들이 입주해 있는데, 향후 STP를 신바쿠항의 물류 특구와 연계되는 경제특구로 지정하고 제조업 투자유치를 확대한다면 경제회랑 허브로서의 기능적 역할이 확대될 것으로 보인다.

2) 남-북 교통회랑 연계 계획과 전략

BTK와 일대일로를 기반으로 한 동-서 루트와 함께, 아제르바이잔은 자

---

4   Sumgait Technologies Park, https://www.stp.az/about.php(검색일: 2018.11.25).

국을 중심으로 하는 '러시아 남부-아제르바이잔-이란' 남북 철도 개설을 통해 물류허브 역할을 강화하겠다는 의도를 가지고 있다. 러시아-아제르바이잔-이란을 연결하는 구상은 '국제 남북 교통회랑(INSTC: International North-South Transport Corridor)'의 일부 구간으로, 지난 2000년 9월 12일 러시아의 상트페테르부르크에서 러시아, 이란, 인도 3국이 설립한 협의체의 합의에 근거하고 있다.5 당시 3개국은 러시아의 상트페테르부르크에서 카스피해를 거쳐 페르시아만과 인도양까지 연결하는 교통로 건설에 합의했으며 이후 아제르바이잔, 아르메니아, 카자흐스탄, 키르기스스탄 등 주변 11개국이 옵서버로 참여하게 되었다. 남북으로 약 7200km를 연결하는 이 운송로는 육로와 해로를 모두 포함하고 있으며, 기존의 러시아 서부 지역에서 발틱해와 북해를 거쳐 중동으로 연결되는 루트에 비해 운송 기간과 비용을 대폭 절감할 수 있을 것으로 기대되고 있다. '인도 화물운송협회(the Federation of Freight Forwarders' Associations in India)'의 조사에 따르면, 새로운 루트를 통해 비용은 약 30%, 운송 기간은 40% 감축이 가능할 것으로 보고 있다.6

아제르바이잔 정부의 의도는 '국제 남북 교통회랑'에서 바쿠를 중심으로 하는 '러시아-바쿠' 구간과 '바쿠-이란' 구간의 연결로를 활성화해서 아제르바이잔을 동서와 남북을 연결하는 운송 중심지로 발전시키는 것이다. 이러한 의도는 단순히 중국 일대일로와의 연계에 그치는 것이 아니라 국제

---

5   International North-South Transport Corridor, http://www.instcorridor.com(검색일: 2018.11.28).

6   "International North South Transportation Corridor for better Indo-Russian connectivity inches towards reality," 2018.7.12, https://economictimes.indiatimes.com/articleshow/58099129.cms?utm_source=conte.ntofinterest&utm_medium=text&utm_ campaign=cppst(검색일: 2018.11.28).

물류 루트의 중심지로서 향후 다양한 역할을 수행하겠다는 의지를 보여주는 것이다. 사실 러시아에서 이란을 거쳐 인도에 이르는 경로는 러시아에서 카스피해로 직접 이란을 통하는 루트, 카스피해 서편을 통하는 루트, 카스피해 동쪽 중앙아시아를 통하는 루트 등 크게 세 가지로 구분할 수 있다 (Azernews, 2018). 하지만 이 중에서 주요 경로는 카스피해를 통하는 루트와 카스피해 서편인 아제르바이잔을 통하는 루트다(Shindie, 2018: 1~24). 러시아로부터 카자흐스탄, 투르크메니스탄, 이란을 연결하는 남북 루트로는 지난 2014년 12월 개통된 '남북 국제철도(North-South Transnational Railway)'가 있는데 이 철도는 카자흐스탄의 우젠(Uzen)-투르크메니스탄의 베레켓(Bereket)·에트렉(Etrek)-이란의 고르잔(Gorgan) 등 3개국을 남북으로 연결한다. 동 철도는 유라시아 대륙을 남북으로 관통하면서 중앙아시아 지역과 이란을 연결해 지역 내의 경제 연계성을 확대시킬 것으로 기대되었으나, 자원수출 위주의 이란과 중앙아시아의 경제적 보완관계 설정의 어려움, 이란과 투르크메니스탄 등 중앙아시아 국가들 간 경제규모의 비대칭성 등으로 인해 일정한 한계에 부딪혔다(박지원, 2016b: 46~49). 초기에 구상되었던 남북 루트는 러시아의 아스트라한(Astrakhan)에서 육로를 거치지 않고 카스피해를 통해 이란의 네브셰히르(Nevshehir)를 경유해 인도까지 연결하는 3국 간 루트였다. 하지만 이후 러시아 아스트라한과 아제르바이잔의 바쿠, 이란을 연결하는 육상운송 루트가 제시되었고 이 루트의 경우 선박에 대한 화물 환적이 불필요하다는 장점이 부각되었다. 〈그림 10-3〉은 러시아로부터 아제르바이잔과 이란, 인도를 연결하는 INSTC 철도 연결 노선을 보여주고 있다.

아제르바이잔 정부는 러시아와 자국, 이란을 연결하는 남북 철도 건설과 복구에 매우 적극적으로 나서고 있으며 현재 러시아와 아제르바이잔,

그림 10-3　International North-South Transport Corridor 철도 연결 노선

자료: Economic Ideal .

아제르바이잔과 이란을 연결하는 루트는 완공된 상태이다. 지금은 이란 국내에서 주요 물류 도시인 아스타라(Astara)와 라시트(Rashit)를 연결하는 구간이 건설 중으로, 향후 2년 내에 완공될 것으로 기대하고 있다. 아제르바이잔 정부는 이란에 해당 구간 건설에 대한 우대성 차관 약 5억 달러(USD)를 제공했다(Azernews, 2018.11.22). 이란 내 구간이 모두 완공될 경우 남북을 연결하는 INSTC 철도의 전 구간이 개통되며, 일대일로상의 동서 경제회랑과 러시아와 이란을 연결하는 남북 교통회랑의 교차지로서 아제르바이잔의 위상은 강화될 것이다.

중국의 일대일로에 편승하기 이전에도 지역 내에서 교통물류 중심지 역할을 담당하고자 하는 아제르바이잔 정부의 목표는 명확했다. 하지만 일대일로 이전의 아제르바이잔의 경제회랑 발전 전략은 BTK 철도 연결을 통

그림 10-4   일대일로에서 아제르바이잔의 경제회랑 발전 전략

초기	현재	향후
• 바쿠-트빌리시-터키 간 3국 철도 연결 • 지역 내 물류 개선 초점 (3구역)	• 신바쿠항 개발로 일대일로 물류 허브 역할 강화 • 물류 기능에 중점(3구역)	• 자국 내 생산기능 연계 • 경제회랑의 남북 확장과 연계(4구역)

자료: News Agency Report, az.

해 주로 3국간의 물류를 원활화하고 그 과정에서 아르메니아의 외교적 고립을 탈피하는 정도의 목적에 불과했다. 그러나 이후 아제르바이잔 정부는 바쿠 신항만의 건설과 함께 카스피해 동편으로부터의 물류 연결을 확대하고자 노력하고 있다. 〈그림 10-4〉는 중국의 일대일로 추진 이전과 이후의 아제르바이잔 경제회랑 발전 전략의 변화를 보여주고 있다.

이러한 물류 기능 확대와 개선은 중국의 일대일로 계획 중에서 신유라시아 대륙교량 건설과 연계하는 것이다. 그런데 물류허브로서 아제르바이잔의 역할이 강화되기 위해서는 기본적으로 동서를 가로지르는 물동량이 담보되어야 한다. BTK 철도는 연간 약 660만 톤의 화물을 운송할 수 있지만 현재는 이에 크게 못 미치고 있다. 부정적인 전망에 따르면 신유라시아 대륙교량을 통한 중국-유럽 간 컨테이너 운송량은 연간 10만 개에 그칠 수도 있다고 한다(Babones, 2017.12.28). 향후 약 5000만 톤까지 증대될 것으로 기대되긴 하지만(Jardine, 2018.6.29), 현재로서는 물동량 증대의 실현을 위해서 전적으로 중국의 수출에 기댈 수밖에 없는 실정이다.

따라서 중국의 일대일로 계획과 연계하여 아제르바이잔이 추진하는 바쿠의 물류허브화를 위해서는 단순 물류 기능의 개선이 아닌 투자유치를 통한 제조업 생산능력의 확충이 필요하다. 아제르바이잔은 일대일로의 허브 역할을 활용하여, 제조업 부문의 구조조정을 겪고 있는 중국으로부터

생산시설 이전을 통해 철강·화학·조선·자동차·가전 등 제조업의 육성이 일정부분 가능할 것으로 기대하고 있다(Lianlei, 2016: 34). 하지만, 이러한 아제르바이잔의 중국에 대한 기대가 향후 어떤 방향으로 실현될지는 알 수 없다, 따라서 중국의 생산시설 이전에 대한 기대와 더불어 자국 내의 제조업 육성을 통한 생산 기능 연계와 수출형 경제구조 발전에 나서야 할 것으로 판단된다. 아제르바이잔 내에서 제조업이 활성화되면 중국으로부터의 단순 완제품 중개에 그치지 않고 자국 생산 제품을 수출할 수 있는 다른 대안을 갖게 된다. 이렇게 된다면 경제회랑 건설을 통한 단순한 물류 운송의 허브 역할에 그치지 않고, 생산시설 연계를 통해 타 국가와의 경제적 시너지 효과를 최대화할 수 있을 것이다.

4. 터키의 경제회랑 연계 전략: 중앙아시아 시장접근과 에너지

중국의 일대일로 계획에 대한 터키의 기본 입장은 적극적인 환영과 동참 의지 표명이다. 에르도안 터키 대통령은 지난 2017년 5월 14일 베이징에서 열린 '일대일로 국제포럼(Belt and Road Forum for International Cooperation)'에서 "일대일로는 참여하는 모든 국가에게 수혜가 돌아가는 프로젝트이며, 중국의 경제회랑 전략에서 터키는 '중간 회랑(Middle Corridor)'으로서, 터키에서 시작하여 조지아, 아제르바이잔, 중앙아시아를 연결하는 중요한 역할을 수행하게 될 것"이라고 강조했다.[7] 그런데 여기서 터키가

---

7   "A New Era will be Heralded in Our Region Based on Stability and Prosperity," Presidency of the republic of Turkey, 2017.5.14. https://www.tccb.gov.tr/en/ news542/75199/a-new-era-will-be-heralded-in-our-region-based-on-stability-

강조하는 역할은 아제르바이잔과는 달리 지역회랑 발전의 3구역(〈그림 10-1〉 참조)에 초점을 맞춘 지역개발 정책으로 이행될 가능성이 높다.

1) 중앙아시아 시장 접근성 개선

일대일로 정책 전개에서 터키의 경제회랑 발전 목표는 중국의 '신유라시아 대륙교량(New Eurasian Land Bridge)'과 '중국-중앙아시아-서아시아' 경제회랑 두 가지 모두와 관계가 있다. 그리고 전자와 연계한 터키의 전략은 아제르바이잔과 마찬가지로 물류 경유지로서 자국의 위상 제고이다. 다만 아제르바이잔의 경제회랑 목표가 단기적으로는 물류 중개역에 초점을 맞추고 있다면 터키의 그것은 중국 물류의 중개지 역할을 하면서도 동시에 일대일로를 통해 중국이 의도하는 물류 전개 방향과 역방향(reverse direction)의 무역 원활화 기능에 초점을 맞출 가능성이 크다. 즉, 일대일로에서 터키의 목표는 유럽시장을 향한 물류 기능 개선보다는 중국 및 중앙아시아 시장에 대한 터키의 접근성 강화이다. 터키는 중앙아시아 국가들이 구소련에서 독립한 초기부터 특별한 민족적·문화적 유대감을 갖고 접근했다. 터키는, 이 지역에서 러시아의 영향력을 배제하고 대신 터키가 지역의 주요 세력이 되기를 바라는 서방의 기대와 협조를 통해, 중앙아시아 지역에 대한 영향력 확대를 적극 추진해 왔다(박지원, 2016b: 37). 하지만 터키와 중앙아시아 국가들의 대내외적인 문제로 인해 경제협력은 기대만큼 확대되지 못하고 정체되었다. 2010년대 이후에 카자흐스탄과 투르크메니스탄을 중심으로 교역이 크게 확대되기는 했지만, 터키의 기대에는 미치

and-prosperity(검색일: 2018.12.8).

표 10-1　터키의 중앙아시아 국가별·연도별 수출 금액

(단위: 천 달러)

구분	2013	2014	2015	2016	2017
카자흐스탄	1,039,420	977,487	750,157	623,715	746,586
키르기스스탄	388,336	421,431	294,702	308,933	343,655
타지키스탄	283,620	277,384	162,783	151,621	156,134
투르크메니스탄	1,957,484	2,231,264	1,857,964	1,241,470	1,038,687
우즈베키스탄	562,526	603,013	488,654	533,018	680,780
총계	4,231,386	4,510,579	3,557,260	2,858,757	2,965,842

자료: ITC Trade Map 국가별 수출입 자료

지 못했던 것이 사실이다. 〈표 10-1〉은 터키의 중앙아시아 각국에 대한 수출 금액을 보여주고 있다.

중앙아시아 국가 중 투르크메니스탄과 카자흐스탄에 대한 수출 규모가 가장 큰 가운데 전반적으로 2016년에 수출 금액이 저점을 찍은 뒤, 회복되고 있는 추세이다.[8] 터키는 중국의 일대일로를 통해 중국, 중앙아시아와 자국을 연결하는 교통 인프라가 개선되면 중앙아시아에 대한 시장접근성이 개선될 것으로 기대하고 있다. 아직까지 터키에서 중앙아시아로 가는 대부분의 물류는 러시아나 이란을 경유하고 있으며, 카스피해에서 카자흐스탄의 악타우항이나 투르크메니스탄의 투르크멘바시항으로의 직항은 항로 연결이 매우 드물다(Kadilar and Ergüney, 2017: 89). 일대일로의 연결을 통

---

[8]　2015~2016년의 터키 수출이 감소한 것은 당시 국제유가가 크게 하락하면서 중앙아시아 국가들의 경기가 침체한 데에 기인한다. 또한 러시아에 대한 서방국가들의 경제제재로 인해 러시아 경제에 의존하는 중앙아시아 국가들에게 부정적인 영향을 주었다. 루블화 평가절하로 같은 EAEU 회원국인 카자흐스탄, 키르기스스탄에 일정 기간 러시아산 상품 유입이 확대되었다.

해 카스피해 연안의 카자흐스탄과 투르크메니스탄의 항로가 활발하게 운영되고 아제르바이잔을 통한 철도운송이 원활하게 될 경우, 터키의 중앙아시아에 대한 경제적 영향력이 확대될 것이다. 이미 많은 터키 건설기업들이 중앙아시아에 진출해 있지만 건설 분야 기업 진출은 한층 더 활발해질 것이며(Brodie, 2017.10.28), 그 밖에도 전반적인 터키의 중앙아시아에 대한 투자도 확대될 것이다(Talbot, 2018: 102~103).

일대일로와의 연계 계획 가운데 터키에서 완료되었거나 진행 중인 대표적인 인프라 건설 과제는 앞서 기술한 바 있는 아제르바이잔과 조지아를 연결하는 BTK 철도, 보스포러스해협의 유럽 지역과 아시아 지역을 철도로 연결하는 '마르마라이(Marmaray)' 철도, 터키의 서쪽 끝에 위치한 도시인 '에디르네(Edirne)와 BTK 철도의 터키 종착지인 카스(Kars)를 고속철로 연결하는 사업 등 3가지 프로젝트다(AKÇAY, 2017: 82~84). 이상의 인프라 개발 프로젝트들은 유럽에 대한 터키의 물류 인프라를 일정부분 개선하는 데 도움이 되겠지만, 양국 간의 현 물류 상황을 혁신적으로 바꾸는 프로젝트로 보기에는 무리가 있다. 터키는 오히려 카스피해와의 연결성 강화를 통해 중앙아시아 지역과, 나아가 중국에 대한 시장접근성을 염두에 두고 있다고 볼 수 있다. 2016년 11월 터키를 방문한 중국 경제사절단은 철광석, 면류, 농작물 등 3억 달러가량의 터키산 제품에 대한 수입계약을 체결했다(Asia Times, 2016.11.8). 이를 통해 터키 정부는 중국과의 무역 불균형 문제 해결을 위해 대중국 수출을 확대하려는 의도를 보여주었다. 터키와 중앙아시아 그리고 중국을 연결하는 운송 인프라의 개선은 지금까지 유럽에 치우쳤던 터키 수출 시장의 지향점을 동쪽의 아시아 지역으로 이동시키는 계기를 만들 것이다.

2) 유라시아 에너지 중개국으로서의 역할

중국과 터키는 공히 에너지 자원 수입국으로, 원유나 천연가스 등 에너지 교역을 통해 이익을 공유하기가 쉽지 않다. 그러나 터키는 중국의 일대일로 정책이 본격화된 이후 중국과의 협력을 통한 에너지 안보의 확보와 에너지 회랑의 강화를 위해 노력하고 있다. 터키는 원유의 경우 'BTC (Baku-Tbilisi-Ceyhan: 아제르바이잔-조지아-터키 세이한)' 파이프라인을 통해 유럽에 대한 원유 공급 및 자국 수요를 충당하고 있다. 그리고 천연가스는 유사한 루트인 'BTE(Baku-Tbilisi-Erzurum)' 라인으로 자국의 에르주름까지 이어지는 공급선을 확보하고 있다. 그러나 터키 정부는 자국 내의 점증하는 에너지 수요와 에너지 안보 문제에 새롭게 대응해야만 했다(Esen, 2016: 284).[9] 대내적으로는 신재생에너지와 핵에너지 사용을 증대시키는 데 역점을 두었고(Mykin, Tache and Karaman, 2017: 294), 대외적으로는 자국을 과거와 같은 단순한 에너지 중개국이 아니라, 카스피해의 에너지 공급국과 유럽의 수요국을 다양한 루트를 통해 연계하는 행위자로 자리매김하고자 했다. 이와 같은 상황에서 중국 일대일로의 일부인 '중국-중앙아시아-서아시아'경제회랑 건설은 터키 정부의 에너지 관련 계획과 경제회랑 건설에 직접적인 도움이 된다.

터키 정부는 자국의 에너지 허브화 정책을 실현하기 위해 중국을 주요 투자국으로 삼고자 했다. 터키의 에너지 수입 경로 다변화에서 중요한 역할을 하는 것은 '트랜스 아나톨리안 천연가스 파이프라인(TANAP: Trans-

---

9   2015년부터 2030년까지 터키의 에너지 수요는 연간 약 4.5%씩 성장하지만 자국 내 생산규모는 이에 훨씬 못 미칠 것으로 예측되어, 러시아 등 일부 국가에 크게 의존하고 있는 에너지 수입구조와 관련된 에너지 안보문제가 대두되었다.

그림 10-4 **TANAP, TAP 가스 운송로**

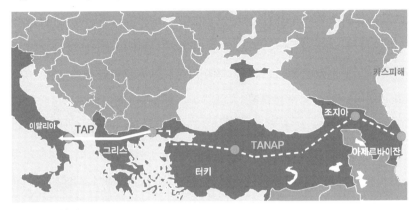

자료: Arcelor Mittal.

Anatolian Natural Gas Pipeline)'이다. TANAP은 아제르바이잔의 샤 데니즈 2(Shah Deniz-2) 가스전과 카스피해의 천연가스를 터키를 통해 남유럽으로 공급하기 위해 건설된 가스 운송로로 총연장 1850km에 달하며 '남코카서스 파이프라인(South Caucasus Pipeline)'과 동일한 루트로 건설되었다.[10] TANAP은 그리스, 알바니아, 이탈리아로 이어지는 '트랜스 아드리아 파이프라인(TAP: Trans Adriatic Pipeline)'으로 연결되어 유럽에 천연가스를 공급하는 역할을 하는 터키의 주요 공급 운송로다.

중국의 일대일로 계획에서 실질적 자금 집행역을 수행하는 '아시아인프라개발은행(AIIB: Asian Infrastructure Investment Bank)'은 총사업비 약 86억 달러가 소요되는 TANAP의 건설 과정에서 6억 달러의 자금을 제공했다(AIIB, 2016.12.7: 10~11). 터키는 TANAP 파이프라인에 30%의 지분을 가지고 있는데, 기존의 천연가스 구매가격보다 낮은 가격에 가스를 공급받고 이를 타

---

10   TANAP, https://www.tanap.com/tanap-project/why-tanap/(검색일: 2018.12.24).

국에 재판매할 수 있는 권한을 갖게 되었으며, 러시아로부터의 천연가스 수입을 줄여 에너지 안보를 강화하는 효과를 얻었다(Ali, 2015: 199). 이는 터키가 단순히 아제르바이잔과 유럽을 연결하는 예전의 천연가스 통과국이 아니라, 카스피해를 중심으로 한 천연가스 경제회랑의 조성을 통해 지역의 에너지 허브이자 영향력 있는 조정자 역할을 할 수 있게 되었음을 의미한다.

다만 TANAP 건설에 AIIB를 통한 자금지원이 이루어졌음에도 불구하고 현 시점에서 이러한 투자가 중국의 에너지 수급과 관련해 직접적 이익을 주고 있다고 보기는 어렵다. 아제르바이잔을 제외한 터키 등의 이해관계 국가들은 대부분 에너지 수출국보다는 수입국에 가깝기 때문이다. 그러나 향후 이뤄질 추가적인 '중앙아시아-중국' 파이프라인 건설에서 이 같은 자금제공을 기반으로 한 사업 수행 경험이 중국에게는 자산이 될 수 있다 (*Eurasuanet*, 2017.5.15).

또 한 가지 중국의 장기적인 포석은 '중국-중앙아시아-서아시아'에너지 운송 루트 경제회랑 조성 과정에서 터키와 이란 또는 터키와 사우디아라비아를 연결하는 에너지 운송 루트의 활용 여지를 만들 수 있다는 것이다. 중앙아시아에서 이란으로 연결되는 가스관은 터키로 연결될 수 있으며 남쪽으로는 터키에서 이라크와 사우디아라비아까지도 연장할 수 있다. 결국 터키로서는 향후 일대일로 계획에 따라 자국에서 중동으로 연결되는 운송로의 추가적인 확보를 기대할 수 있고 이 경우, 에너지 중개국으로서의 역할을 강화하려는 터키의 경제회랑 건설계획은 탄력을 받게 될 것이다.

5. 결론

터키와 아제르바이잔은 모두 중국의 일대일로 정책에서 주요 협력국의 일원인 국가들이다. 두 국가 모두 일대일로에서 경제회랑의 조성을 통해 중국의 개발계획에 편승한 경제적 수혜를 얻고자 하고 있다. 아제르바이잔의 경제회랑 조성 전략은 자국을 중심으로 남북과 동서를 연결하는 운송로의 건설을 통해, 중국에서 유럽으로 가는 루트에 더해 북쪽으로 러시아와 이란까지 연결하는 물류 허브로서의 역할을 강화하는 것이다. 동서를 연결하는 '바쿠-트빌리시-카스' 철도는 중국에서 중앙아시아, 카스피해를 거쳐 유럽으로 향하는 교역 물동량에 대응하기 위해 건설되었다. 아제르바이잔 정부가 2018년 5월 '신바쿠 국제 해상물류 콤플렉스'를 완공함으로써, 바쿠는 카스피해 동편의 물동량을 유럽으로 중개하는 일련의 시스템을 갖출 수 있게 되었다. 또한 아제르바이잔은 '국제 남북 교통회랑(INSTC)의 일부로서 바쿠를 중심으로 러시아와 이란을 연결하는 운송로 건설을 적극 추진해 왔고, 현재 이란 국내 구간의 완공만을 앞두고 있다. 이 모든 구간이 완공된다면 카스피해를 중심으로 동서남북을 연결하는 아제르바이잔의 물류 허브화 기능은 현저히 개선될 것으로 보인다. 그런데 처음 기대했던 것과는 달리 중국에서 유럽으로 가는 물동량이 크게 늘지 않고 있다. 아제르바이잔 정부로서는 단순한 물류 기능 확장보다는 자국 내 제조업의 활성화를 통해 경제회랑의 기능을 좀 더 다층화 할 필요가 있다. 바쿠 인근에는 '슘가이트 테크놀로지파크(STP)'라는 아제르바이잔의 제조업 중심 단지가 있는데, 향후 투자확대를 통해 이곳의 기능을 확대, 활성화한다면 바쿠의 물류 허브와 함께 시너지 효과를 기대할 수 있을 것이다.

터키 역시 일대일로 경제회랑 연계의 수혜를 기대하고 있으나 아제르바

표 10-2　**터키와 아제르바이잔의 경제회랑 조성과 주요 지향점**

구분	경제회랑 전략		주요 지향점
	현재	미래	
터키	3구역	4구역	물류, 제조
아제르바이잔	3구역	3구역	물류(일대일로 역방향), 에너지

이잔과는 다른 의도를 갖고 있다. 터키 역시 표면적으로는 일대일로의 연결을 통해 유럽과의 물류 연계를 강조하고 있으나 실제로는 중앙아시아 지역에 대한 접근성 개선을 염두에 두고 있다. 전통적으로 중앙아시아 국가들에 대한 연대감이 강한 터키는 BTK 철도를 통한 카스피해 동편의 중앙아시아 국가들에 대한 물류 접근성 확대와 나아가 경제적 영향력 확대를 기대하고 있다. 물론 여기에 더해 아제르바이잔을 통한 물동량이 증대된다면 추가적으로 그 통과수수료 수입을 기대할 수 있을 것이다. 중국의 경제회랑 건설을 통해 터키가 기대할 수 있는 다른 측면은 중국과의 에너지 협력이다. 중국의 '중국-중앙아시아-서아시아' 경제회랑 건설은 이 지역에서 원유·가스 등의 에너지 운송로 확보와 경제벨트 구성을 목적으로 하고 있다. 중국은 중앙아시아 5개국과 터키 및 이란을 연결하는 경제회랑을 건설하고 에너지를 포함한 다양한 경제협력을 염두에 두고 있다. 터키는 AIIB의 투자를 통해 건설한 TANAP 천연가스 파이프라인을 기반으로, 아제르바이잔-조지아-터키를 연결하는 기존의 BTE 천연가스 파이프라인을 더해 자국의 에너지 허브로서의 역할 강화를 기대하고 있다. 터키는 TANAP 파이프라인에 30%의 지분을 보유하게 됨으로써 기존의 천연가스 구매가격보다 낮은 가격에 가스를 공급받으면서 이를 타국에 재판매할 수 있는 권한을 갖게 되었고, 러시아로부터의 천연가스 수입을 줄여 에너지

안보를 강화하는 효과를 기대할 수 있게 되었다. 이는 터키가 카스피해를 중심으로 한 천연가스 경제회랑의 조성을 통해 지역의 에너지 허브이자 영향력 있는 조정자 역할을 할 수 있게 되었음을 의미한다.

아제르바이잔과 터키는 중국의 일대일로 계획에 따른 경제회랑 건설에서 각자의 지향점을 갖고 있다. 다만, 일대일로 계획을 활용하고 공존하되 지나치게 의존적인 구상과 기대는 큰 부작용을 낳을 수 있다. 중국과 협력할 수 있는 부분은 협력하면서 자국 내에서 자립할 수 있는 영역을 확대해 나가는 것이 중요하다. 그런 측면에서 아제르바이잔은 남북 철도 운송로의 활성화 및 제조업 육성이, 터키는 에너지 허브로서의 역할이 더욱 강화될 필요가 있다. 이를 통해서 자국 내 경제회랑의 순기능이 증대될 뿐 아니라, 캅카스 주변국에 대한 파급효과도 커질 수 있다.

참 고 문 헌

박지원. 2016a. 「경제특구를 활용한 기업의 중앙아시아 진출전략」. KOTRA Global Strategy Report, 16-003.

_____. 2016b. 「중앙아시아 대외관계 확장의 제한적 영역: 터키 및 이란과의 경제협력과 전망」. ≪중동문제연구≫, 16권 3호, 31~62쪽.

AIIB. 2016.12.7. "Project Document of the Asian Infrastructure Investment Bank: Trans Anatolian Natural Gas Pipeline(TANAP) Project." PD0015-AZE.

Ali, Alipour. 2015. "Turkey's Stance towards the Main Developments in the South Caucasus." *Insight Turkey,* Vol.17, Issue.1, pp.191~211.

Bhattacharya, Amar, J. Oppenheim and N. Stern. 2015.7. "Driving Sustainable Development through better infrastructure: Key Elements of a Transformation Program." *Brookings Institution Working Paper,* 91.

Brunner, Hans-Peter. 2013.8. "What is Economic Corridor Development and What Can It Achieve in Asia's Subregions?" *ADB Working Paper Series on Regional Economic Development,* No.117.

Erdogan, Recep Tayyip. 2018.5.14. "Turkey's Refional and Global Vision." Transcript of Seech at Chatham House.

Inan, Feride and Diana Yayloyan. 2018.3. "New Economic Corridors in the South Caucasus and the Chinese One Belt One road." *The Economic Policy Research Foundation of Turkey Research Paper.*

Kadilar, Rizar and Erkin Ergüney. 2017.9. "One Belt One Road Initiative: Perks and Challenges for Turkey." *Turkish Policy Quarterly.*

Lianlei, Bai. 2016. "Azerbaijan in the Silk Road Economic Belt: A Chinese Perspective." *Caucasus International,* Vol.6, No.1, pp.27~39.

Mulenga, Gadzeni. 2013. "Developing Economic Corridors in Africa: Rationale for the Participation of the African Development Bank." *Regional Integration Brief,* No. 1. African Development Bank Group.

Mykin, Mehter, Sibel Ileana Tache, and Ahmet Başar Karaman. 2017. "Energy Policy of the EU and the role of Turkey in Energy Supply Security." *Economic Sciences,* Vol.10(58), No.2, pp.287~302.

Shindie, Shankar. 2018.9.28. "International North South Transport Corridor." FIATA World Congress.

Srivastava. P. 2011.5. "Regional Corridors Development in Regional Cooperation." *ADB Economics*

Working Paper Series, No.258.

Talbot, Valeria. 2018. "Turkey and China: Towards a Stronger Partnership." in the Valeria Talbot(eds.). *Turkey: Towards a Eurasian Shift?* Milano: Ledizioni Ledi Publishing.

Vinokurov, Evgeny et al. 2016.8. "Development of Transport and Infrastructure in Eurasia." *IIASA Project 'Challenges and Opportunities of Economic Integration within a Wider Europe and Eurasian Space' Workshop Report.*

AKÇAY, Nurettin. 2017.12. "Turkey-China Relations within the Concept of the New Silk Road Projects." *Aralik*, Vol.1, No.3, pp.73~96.

Esen, Ömer. 2016. "Security of the Energy Supply in Turkey: Prospects, Challenges, and Opportunities." *International Journal of Energy Economics and Policy,* Vol.6, Issue.2, pp.281~289.

Asia Times. 2016.11.8. "China and Turkey rev up efforts to strengthen ties." http://www.atimes.com/china-turkey-rev-efforts-strengthen-ties(검색일: 2018. 12.22).

Azernews. 2018.5.14. "President Aliyev: New Baku Port to play key role in boosting Azerbaijan's transport potential." https://www.azernews.az/nation/131936.htm(검색일: 2018.11.23).

Azernews. 2018.11.22. "Qazvin- Rasth railway opens today." https://www.azernews.az//region/141401.html(검색일: 2018.12.1).

Azernews. 2018.11.27 "Country receives direct access to western market via North-South project." https://www.azernews.az/business/141638.html(검색일: 2018.12.1).

Babones, Salvatore . 2017.12.28. "The New Eurasian Land Bridge Linking China and Europe Makes No Economic Sense, So Why Build It?" *Forbes*. https://www.forbes.com/sites/salvatebabones/2017/12/28/the-new-eurasian-land-bridge-linking-china-and-europe-makes-europe-makes-no-economic-sense-so-why-build-it/#403650fe5c9c(검색일: 2018.11.10).

Brodie, N. 2017.10.28 "Why is Turkey so eager to be led down the Belt and Road?" *EastAsiaForum*. http://www.eastasiaforum.org/2017/10/28/why-is-turkey-so-eager-to-be-led-down-the-belt-and-road/(검색일: 2018.12.9).

Brookings Institution. 2013.10.9. "Economic Corridors." Report. https://www.broo-kings.edu/research/economic-corridors/(검색일: 2018.11.10).

Eurasuanet. 2017.5.15. "New Bank Serves as Financial Catalyst for Central Asia's 'Belt and Road' Development." https://eurasianet.org/new-bank-serves-as-financial-catalyst-for-central-asias-belt-and-road-development(검색일: 2018.12.24).

HKTDC. 2018.5.3. "The Belt and Road Initiative." http://china-trade-research.com/business-news/article/The-Belt-and-Road-Inititiative/obor/en/1/1X000000/1XOA3687.htm(검색일: 2018.11.12).

International North-South Transport Corridor. http://www.instcorridor.com(검색일: 2018.11.28).

International North South Transportation Corridor for better Indo-Russian connectivity inches towards reality. 2018.7.12, https://economictimes.indiatimes.com/artic-leshow/ 58099129.cms?utm_source=con.tentofinterest&utm_medium=text&utm_campaign=cppst(검 색일: 2018.11.28).

Jardine, B. 2018.6.29. "With new railway, Turkey seeks to isolate Armenia and integrate Azerbaij-an." *Eurasianet*. https://eurasianet.org/with-new-railway-turkey-seeks-to-isolate-armenia-and-integrate-azerbaijan(검색일: 2018.11.19).

Khorgos - Eastern Gate. http://www.sezkhorgos.kz/about-eng(검색일: 2018.11.25).

National Development and Reform Commission. 2015.3. "Vision and Actions on Jointly Building Silk Road Economic Belt and 21st-Century Maritime Silk Road." http://en.ndrc.gov.cn/ newsrelease/201503/t20150330_669367.html(검색일: 2018.11.7)

Presidency of the republic of Turkey. 2017.5.14. "A New Era will be Heralded in Our Region Based on Stability and Prosperity." https://www.tccb.gov.tr/en/news542/75199/a-new-era-will-be-heralded-in-our-region-based-on-stability-and-prosperity(검색일: 2018.12.8).

Shepard, Wade. 2017.4.13. "London Links Deeper Into The 'New Silk Road' With New Direct Train To China." *Forbes*. https://www.forbes.com/sites/wadeshepard/2017/04//13/london-links-deeper-into-the-new-silk-road-with-new-direct-train-to-china/#162b8d465263(검색일: 2018.11.10).

Sumgait Technologies Park. https://www.stp.az/about.php(검색일: 2018.11.25).

TANAP. https://www.tanap.com/tanap-project/why-tanap/(검색일: 2018.12.24).

The Ministry of Transport, Communications, and High Technologies of The Republic of Azerbaijan. "New Baku International Sea Trade Port Complex." http://www.mincom.gov.az/en/view/ pages/105/(검색일: 2018.11.23).

Trend News Agency. 2018.2.13. "Азербайджан надеется занять значительную долю в танзитных перевозкахиз Китая в Европу." https://www.trend.az/business/economy/2860310.html (검색일: 2018.11.13).

◆ 지은이

강명구

한국산업은행(KDB) 미래전략연구소에서 러시아 및 유라시아지역 경제를 연구하고 있으며, 현재 한국비교경제학회, 한국슬라브유라시아학회 이사 등을 역임하고 있다. 안양대학교 겸임교수, 한국유라시아슬라브학회 이사 등을 역임했다. 관심 분야는 러시아 및 유라시아지역 경제 및 산업 등이다. 최근 주요 논저로는 「신북방정책과 신동방정책을 통한 한·러 협력 연구」(2019), 「러시아 자동차산업 동향과 시사점」(2019), 「러시아 건설업 동향과 협력 방안」(2019), 「러시아 에너지 전략과 한러 천연가스 협력의 가능성 및 제약요인」(2018), 「중앙아시아 경제 특징과 전망」(2018), 「러시아의 동북아 에너지정책과 한·러 에너지 협력 방안」(2017) 등이 있다.

강봉구

한양대학교 아태지역연구센터에서 러시아 및 유라시아 지역의 대외관계를 연구하고 있으며, 한국슬라브유라시아학회, 대한정치학회 등에서 이사를 역임했다. 관심 분야는 미국, EU, 중국, 인도 등과 러시아/유라시아지역과의 관계, SCO 및 BRICS 등이다. 주요 논저로는 「중국-파키스탄 경제회랑(CPEC)의 국제정치」(2019), 「모디 총리 시기 인도-러시아 전략적 파트너십의 진로」(2017), 「불신을 넘어 동반자로?: 러시아와 이란간 전략적 협력의 동인과 전망」(2016), "Facelift of the Shanghai Cooperation Organization: Does Softer Balancing Continue?"(2016), 「러시아와 이란의 전략적 제휴?: 시리아 내전 개입의 의도를 중심으로」(2016), 「우크라이나 위기와 미국-러시아 관계: 대외 정체성 대립의 장기화」(2015), 「유라시아경제연합(EEU)과 EU: 정체성 대립의 새로운 전선」(2014) 등이 있다.

김영진

한양대학교 아태지역연구센터에서 러시아 및 유라시아 지역경제, 동북아 지역경제 등을 연구하고 있으며, 현재 한양대학교 교수, 한국비교경제학회 회장, 대외경제정책연구원 정책자문위원 등을 맡고 있다. 고려대학교 아세아연구소 선임연구원, 러시아 모스크바대학교 경제학부 교환연구원, 영국 옥스퍼드대학교 St. Antony's College, Senior Associate Member 등을 역임했다. 관심 분야는 러시아 및 유라시아 지역경제, 비교경제 제도, 동북아 지역경제 등이다. 최근 주요 논저로는 「자원기반 경제에서의 경제발전의 성과와 한계: 투르크메니스탄의 에너지 정책을 중심으로」(2018), 「EU 신규가입국들에 있어 제도개혁이 FDI 유입에 미친 영향에 대한 분석: 중동부유럽의 EU 신규가입국을 중심으로」(2017), 「유라시아 지역통합의 동학: 유라시아 지역주의 對 서구지향 지역주의」(2016), 「지역주의와 지역화의 맥락에서 본 유라시아경제연합(EAEU) 결성의 의미」(2016), 「체제전환국의 경제자유화가 경제성장에 미친 영향에 대한 분석: 중동부유럽과 유라시아 국가를 중심으로」(2015) 등이 있다.

민귀식

현재 한양대학교 국제학대학원 중국학과 교수다. 고려대학교 경제학과를 졸업하고 현장 근무를 하다가 뒤늦게 유학해, 중국사회과학원에서 2007년 정치학 박사 학위 취득 이후 한양대학교 중국문제연구소 연구교수를 지냈다. 중국의 대외 에너지 전략으로 박사 학위를 받았지만, 현재는 중국 정치사상과 정치 문화에 관심이 많다. 현재는 '남중국 신월(新月)해양벨트 연구: 남중국의 대아세안 전략이 한국의 신남방정책에 주는 함의'를 주제로 연구 과제를 수행하면서 중국과 아세안 관계를 들여다보고 있다. 주요 저서로는『한중관계와 문화교류: 양국 장기체류자의 문화갈등과 적응』(공저, 2013),『중화전통과 현대 중국』(공저, 2012), 『협상은 문화다』(공저, 2011), 등이 있고, 주요 논문은 「전략적 집단' 중국 현·향진 영도간부의 행위기제 연구」(2018), 「중국해상실크로드와 해양물류네트워크 구축전략」(2018), 「후농업세시대 중국 향진정부 거버넌스 변화」(2015), 「현대중국 권위주의정치의 전통·정치문화 요소 탐구」(2012) 등이 있다.

박지원

대한무역투자진흥공사(KOTRA)에서 러시아 및 유라시아지역경제를 연구하고 있으며 현재 대통령직속 북방경제협력위원회 전략경제분과 전문위원, 대외경제정책연구원 러시아·유라시아실 정책자문위원 및 한국슬라브유라시아학회 이사 등으로 활동하고 있다. 산업통상자원부 등 정부의 북방정책 관련 자문 활동에 참여하고 있으며 한국외국어대학교 연구교수, 한국비교경제학회, 한국슬라브유라시아학회 이사를 역임했다. 최근 주요 논저로는『푸틴 4.0: 강한 러시아』(공저, 2019), 「러시아 혁신성장 정책의 평가와 협력 시사점」(2019), 「일대일로와 터키·아제르바이잔의 경제회랑 조성, 연계, 이행전략」(2019), 「러시아와 중앙아시아의 경제협력: 평가 및 대내외 과제」(2018), 「러시아 혁신성장정책의 평가와 과제」(2018), 「러시아 극동지역 주요산업 협력방안」(2018), 「서방의 대러시아 경제제재 현황과 시사점」(2018) 등이 있다.

변현섭

현재 대통령직속 북방경제협력위원회 경제협력팀 사무관으로 재직 중에 있다. 롯데경제연구소 수석연구원, 롯데백화점 모스크바점 점포개발팀장, 한양대학교 아태지역연구센터 연구교수를 역임했다. 관심 분야는 러시아 경제, 한-러, 중-러, 일-러 경제협력 등이다. 최근 주요 논저로는『북방에서 길을 찾다』(공저, 2017), 「사할린-홋카이도 철도 연결 사업의 가능성 분석과 러-일 물류협력의 방향」(2017), 「러시아 특별경제구역(SEZ)의 문제점과 개선 방향: 선도개발구역(ADT)에 주는 시사점을 중심으로」(2017) 등이 있다.

윤성학

대우경제연구소, UzDaewoo Bank, 러시아 IMEMO 연구소, 대외경제정책연구소, 현재는 고려대학교 러시아·CIS연구소에서 러시아 및 중앙아시아 지역 연구를 하고 있다. 또한 민족화해협력범국민협의회 정책위원 및 산업통상부 유라시아실 자문교수 등을 역임하고 있다. 주요 논문으로는 「남북러 가스관의 경제적 효과에 관한 연구」(2012), 「중앙아시아 진출 외국기업의 사회적공헌활동에 관한 연구」(2012) 등이 있으며, 주요 저서로는 『현대 중앙아시아의 이해』(2018), 『러시아 에너지가 대한민국을 바꾼다』(2013), 『러시아 비즈니스』(2002) 등이 있다.

이상준

국민대학교 유라시아학과 교수로서 한국슬라브유라시아학회장(2018)을 지냈으며, 현재 한러대화(KRD)포럼 경제통상분과 간사위원, 한러비즈니스협의회(KRBC) 부회장을 맡고 있다. 관심 연구 영역은 러시아 및 포스트 소비에트 유라시아 국가 경제 등이다. 최근 논문으로는 「러시아 에너지전략과 한러 에너지 협력의 가능성 및 한계」(2018), 「푸틴 집권 4기 러시아의 동북아 한반도 정책과 한러 외교협력의 과제」(2018), 「한국과 체제전환 경험 EU 국가와의 중견국 경제협력 모형」(2018), 「유라시아 경제통합 회원국간 상호작용」(2017) 등이 있다.

조정원

연세대학교 미래사회통합연구센터에서 연구교수로 근무하면서 중국경제와 산업, 중국의 대외경제협력을 연구하고 있으며, 중국지역학회 연구이사, 한국슬라브유라시아학회 홍보이사를 역임했다. 관심 분야는 중국 에너지, 환경정책과 중국 자동차 산업, 중국경제, 중국과 러시아 및 중앙아시아 국가들 간의 경제협력이다. 최근 주요 논저로는 「중국의 사회기술 시스템 전환은 왜 어려운가: 신에너지자동차 정책을 중심으로」(2019), 「우크라이나 사태 이후 러중 경제협력: 극동지역의 성과를 중심으로」(2018), 「투르크메니스탄의 경제 발전 정책과 투르크메니스탄 - 중국 경제협력」(2018) 등이 있다.